拉丁美洲历史文化读本
AMÉRICA LATINA

NUEVA HISTORIA MÍNIMA DE MÉXICO

墨西哥简史

［墨］巴勃罗·埃斯卡兰特·冈萨尔博等——著
张小梅——译

华中科技大学出版社
http://www.hustp.com
中国·武汉

湖北省版权局著作权合同登记 图字：17-2018-357 号

图书在版编目（CIP）数据

墨西哥简史 /（墨）巴勃罗·埃斯卡兰特·冈萨尔博等著；张小梅译．-- 武汉：华中科技大学出版社，2020.11
（拉丁美洲历史文化读本）
ISBN 978-7-5680-6641-9
Ⅰ．①墨… Ⅱ．①巴… ②张… Ⅲ．①墨西哥－历史 Ⅳ．① K731

中国版本图书馆 CIP 数据核字 (2020) 第 180008 号

墨西哥简史 ［墨］巴勃罗·埃斯卡兰特·冈萨尔博等 著
Moxige Jianshi 张小梅 译

策划编辑：亢博剑 刘晚成
责任编辑：江彦彧
责任校对：刘 竣
责任监印：朱 玢
装帧设计：璞茜设计 2815932450@qq.com
出版发行：华中科技大学出版社（中国·武汉） 电话：（027）81321913
武汉市东湖新技术开发区华工科技园 邮编：430223
印 刷：湖北新华印务有限公司
开 本：880mm × 1230mm 1/32
印 张：13.75
字 数：257 千字
版 次：2020 年 11 月第 1 版第 1 次印刷
定 价：49.80 元

华中出版
本书若有印装质量问题，请向出版社营销中心调换
全国免费服务热线：400-6679-118 竭诚为您服务

前言

1973 年，墨西哥学院出版了第一版《墨西哥简史》，目的是对当时的墨西哥人普及最基本的墨西哥历史知识。当时有五位作者参与了首版《墨西哥简史》的撰写工作，他们分别是丹尼尔·科西奥·比列加斯（Daniel Cosío Villegas）（同时也是项目主管）、伊格纳西奥·伯纳尔（Ignacio Bernal）、阿雷汉德拉·莫雷诺·托斯卡诺（Alejandra Moreno Toscano）、路易斯·冈萨雷斯（Luis González）和爱德华多·布兰克尔（Eduardo Blanquel）。彼时普遍认为，首版《墨西哥简史》是关于墨西哥历史的最具集成性且最准确的版本。此后出版的新版本中又增加了后来几年得到的另一项研究成果（洛伦佐·梅耶尔［Lorenzo Meyer］），但在新世纪到来之前，旧版的内容基本保持不变。在过去三十年间，《墨西哥简史》总印量超过了 25 万份，并且在全球被翻译成 14 种语言出版[1]，包括盲文版本。但是，学者们孜孜不倦的研究和分析，让历史知识每天都得以更新和丰富。因此，在过去三十年间，关于墨西哥历史中诸多曾经未知的片段，我们现在已经有了新的认知，另外，很多曾经存在疑惑或争议的地方现在也得到了清晰的界定。在此过程中，我们纠正了一些错误，并因对于过去的现象和事件采用了新的演绎方式以及新的理解和解释方式而获得了更深刻的认知。这些变化都在历史专题出版物中得到了体现和表达，也应该在我们目前编撰的墨西哥历史普及读本中反映出来。还值得指出的是，现在的墨西哥人关于墨西哥简史的知识要求相比过去更高，因为他们普遍教育水平更高，而且他们的社会责任感和政治意识也比过去更为强烈。

因此，墨西哥学院认为现在有必要推出新版本的《墨西哥简史》[2]，也就是我们现在拿在手中的这个版本。旧版本《墨西哥简史》的编撰工作遵循集中化和简约化原则，新版本并未偏离这一传统，但是新版本是完全崭新的、原创的作品：七位新作者为新版墨西哥简史提供了全新文本，采用了新的阶段划分方式、新的研究方法、新的解释思路和解读路径，覆盖的范围更加广泛，

① 未含中文译本。
② 本中文版出版时仍以“墨西哥简史”为名。

更重要的是，采用了更为现代和更有依据的研究视角——我们在21世纪头几年所拥有的知识相比过去更为完整、更为完善。当然，为了让任何读者都能理解并享受阅读的过程，本版的作者们试图通过清晰简洁的写作方式让历史读本具有娱乐性和教育性，在这方面与之前的版本相比则是有过之而无不及。

在未来，墨西哥学院将会根据需要而在更多新的版本中纳入目前正在进行中的历史研究和调查所能提供的发现和结果。《墨西哥简史》旨在成为一个能反映出墨西哥历史的动态文本，每天都在变得更好、更准确。

目 录

-1-

古代墨西哥

巴勃罗·埃斯卡兰特·冈萨尔博

（*Pablo Escalante Gonzalbo*）

墨西哥是由众多墨西哥族群组成的。之所以这样说，不仅是因为在墨西哥不同族群间存在着显著的社会差异，而且还因为墨西哥不同地区间的种族背景、文化传统和生态环境都相去甚远。最老的一个分类方法，同时也是历史上最重要的分类方法之一，是将农业文明人口和不稳定的农业人口及狩猎采集者群体区分开来，前者覆盖了墨西哥疆域的南半部，后者则居住在墨西哥北部气候干燥（沙漠气候）的地区中。虽然我们偏爱将伟大的特诺奇提特兰城（Tenochtitlan）视作思考墨西哥民族的基点，我们对于蒙克祖玛·伊尔维卡米纳（Moctezuma Ilhuicamina）和内萨瓦尔科约特尔城（Nezahualcóyotl）[①]也都很熟悉，但是我们也不应该忘记墨西哥人的其他祖先：有些曾经住在墨西哥北部奇瓦瓦山脉（Chihuahua）的小定居点里，与熊和狼毗邻而居；还有一些曾赤身裸体地走在南下加利福尼亚州（Baja California）[②]荒瘠的土地上，穿越时光永恒地凝望着海平线。

墨西哥南部的一些原住民族群，诸如纳瓦人（los nahuas）[③]、萨波特克人（los zapotecos）以及玛雅人（los mayas），因族群人口众多且政治发达，得以在历史长河中幸存下来，并且顺利融入西班牙征服者们所建立的新秩序体系中。虽然方法各异，但是这些原住民族群得以在今天的墨西哥历史中占据一席之地，将其风俗习惯、历史记忆和族群面貌融入墨西哥民族的血脉中，构成了墨西哥底色的一部分。但是，另外一些原住民族群则没有这么幸运。诸如居住在科阿韦拉（Conhuila）、哈利斯科（Jalisco）和萨卡特卡斯（Zacatecas）的原住民族群，他们拒绝臣服于西班牙殖民者的统治，随着种族灭绝，关于这些狩猎者的历史和族群记忆也都消逝在历史长河中。另外一些族群，诸如塔拉乌马拉人（los tarahumaras）

---

① 亦称内萨城。（本书注释若无特殊说明，均为译者注）
② 墨西哥最北部的州。
③ 纳瓦人也被称作纳瓦特尔人（Náhuatl），是墨西哥历史上最为悠久、最有影响力的印第安原住民族群之一。

和瑟里人（los seris），躲避于峡谷和沙漠海滩的边缘并勉强幸存了下来，如今也只是在历史的缝隙留下了自己存在的痕迹。

出于墨西哥简史对文本简洁性的要求，我们必须去梳理占据中心位置的主流历史的脉络，讲述霸权历史和大都市历史：圣洛伦佐（San Lorenzo）的奥尔梅克文明（Olmeca）①、特奥蒂瓦坎（Teotihuacán）②、图拉（Tula）③……关于中美洲文明的历史，目前有充足的信息可供深入阐述。而关于墨西哥北部原住民族群的历史，由于我们目前掌握的资料分散且零碎，将其纳入墨西哥简史的综述框架中则是困难重重。

如果在地图上画一条线，从西向东连接起几个重要的考古学遗迹，诸如位于墨西哥北部的索诺拉州（Sonora）的瓦塔班波（Huatabampo）、位于杜兰戈州（Durango）的小镇萨佩（Zape）、位于萨卡特卡斯州的查尔奇威特斯（Chalchihuites）、位于圣路易斯波多西州（San Luis Potosí）的墨西哥中部小城雷耶斯山谷（Villa de Reyes），以及位于墨西哥东北部塔毛利帕斯州（Tamaulipas）

---

① 圣洛伦佐是北美奥尔梅克文明的遗迹，位于墨西哥的韦拉克鲁斯州。从公元前1200年至公元前900年，圣洛伦佐是奥尔梅克文明的主要中心。

② 特奥蒂瓦坎为一个曾经存在于今日墨西哥境内的古代印第安文明，存续时间约为公元前200年至公元750年。

③ 图拉是中美洲重要的历史遗迹，位于墨西哥城以北65公里，是古代墨西哥最重要的城市之一，被考古学家们认为是墨西哥历史上托尔特克文明的首都、托尔特克帝国的统治中心。图拉在公元900年至1150年达到鼎盛时期，后毁于战争。

的小城圣安东尼奥诺嘎纳（San Antonio Nogalar），我们会得到一条曲线，曲线两端高、在（北部山脉和平原之间的）盆地区域降至低点——这条曲线勾勒出了中美洲在其扩张的巅峰时期所形成的北部边界，大概形成于公元 900 年左右。中美洲北部边界的形成以及中美洲文明的兴盛，是漫长的历史发展过程的产物，开端于墨西哥人驯化并人工种植玉米以及其他各类作物。在此过程中，墨西哥人也发展出密集型的农业技术，社会阶层开始分化，与数百公里外的交流网络开始发展成形，复杂的庆典设施和工具也得以发明，诸如放置在金字塔顶端的寺庙和球场等，都开始陆续出现。

狩猎采集者

人类定居美洲的历史开端于公元前 4 万年左右。50 万年前，直立猿人已经学会了如何使用火，但是智人刚刚开始出现，而史前人类、亚种尼安德特人此时还未完全灭绝。有一点需要强调的是，正如我们今天所知道的，人类在美洲和世界上其他地区同时开启了他们各自族群的历史。

随着更新世[①]的到来，海平线开始下降，人类来到了美洲。在

① 亦称洪积世，从 2588000 年前到 11700 年前。

更新世的末次冰期威斯康星冰期[1]，有上千年的时间里，亚洲北部和美洲的东北部曾是一片连接在一起的大陆。彼时尚年轻的亚种智人，穿过绵延不绝的海浪，跨过这片曾经连接着两个大陆的土地，来到了美洲。

更古老的证据表明，人类在墨西哥土地上的起源最早可以追溯到公元前 35000 年。从公元前 35000 年到公元前 5000 年这段时间里，墨西哥人学会种植玉米和菜豆，并通常以狩猎采集者团体的形式组织在一起。这些狩猎采集者群体内的成员变化无常、多疑敏感，经常又在内部分化成更多个小组织。在食物匮乏的季节，每个家庭居住在不同的地方，各自盖起临时的棚屋或者修筑洞穴用作容身之所，并享用着居住点附近的所有可用资源。而到了丰收的季节，一般来说通常是夏季，这些分散在四处的家庭结伴汇聚在一起，形成较大规模的团体，以便共同狩猎和采集食物。最后，这个较大规模的狩猎采集者群体中的一些小团体可能会重新进行组合，形成一个中大型的团体，以便在团体内部交换女性资源，组织大型的远征狩猎活动，或者是守卫他们共同的领地。一个狩猎采集者小团体一般只有几十个人，而一个中大型的狩猎采集者

① 威斯康星冰期为美洲的称法，时间跨度为公元前 100000 年到公元前 8000 年；关于此冰期，在不同地区有不同称呼。

群体则可以聚集几百人。

在进入农耕文明之前的这个时期，我们称之为石器时代，其大部分时期处于冰川纪的寒冷期。此时还有马、羚羊和猛犸象嬉戏奔跑在美洲大地。其他的诸多物种则随着气候变化而逐渐消亡，最终导致了第四纪全新世①的到来。

以墨西哥人作为血肉之躯的个体的历史记载，最早可以追溯到公元前 7000 年，此后不久，美洲巨型动物开始灭绝。居住在墨西哥山谷里的狩猎采集者习惯于对猛犸象穷追猛打，直到将其驱赶至特斯科科湖（Tetzcoco，亦被写作 Texcoco）广阔水域旁的沼泽地带。当这些巨型动物困陷于泥潭中时，狩猎者们开始围猎，用矛把猛犸象刺得伤痕累累，直到它们倒下、精疲力竭或者死掉。9000 年前的某一天，一位时年 25 岁，身高 1.5 米左右的女性，也参与了狩猎日活动，但是很不幸她被击中并摔倒，死后她被脸朝下地埋在了泥潭里。这位女性在各类书籍里被误称作“特佩克斯潘男人”②。

公元前 7000 年左右的这段时期在人类历史上尤为重要，地球气候急剧变化，一些物种开始消亡，但是同时也促进了人类经济

---

① 全新世（墨西哥称之为 Holoceno）是最年轻的地质年代，从 11700 年前开始。
② 特佩克斯潘男人（hombre del Tepexpan）是一具前哥伦布时期的骷髅骨，为考古学家们于 1947 年在位于墨西哥中部的特斯科科湖旧址上通过考古挖掘发现。

活动的多样化。墨西哥人发明了带有锋利尖端的矛，专门用以捕猎中小型动物，诸如美洲狮、野猪、鹿、兔子和浣熊。此外，有充足的考古证据表明，公元前7000年至公元前5000年之间，这些狩猎采集者团体强化了与采集相关的活动：他们在最好的植物旁清理土地上的杂草，系统性地收集水果和种子，很有可能还浇灌了灌木丛。对自然周期进行干涉的结果之一，是墨西哥人开始驯化并人工种植辣椒、牛油果和南瓜（混种南瓜）。自此之后，这些作物都不能再自我繁殖。接下来，用来粉碎谷物的砂轮登上了历史舞台，它与手持的石磨非常相似。

然而，狩猎采集者们开始种植作物的行为并不意味着墨西哥就此进入了农业社会。此间，人们不断实践，进行了长达多个世纪的试验和改造。我们将这个历史时期称为前新石器时代的地平线期（公元前5000年至公元前2500年）。在此阶段，作为人类干预自然进程的结果，出现了人工种植的玉米。数百年间，墨西哥人一直在尝试驯化野生玉米，通过对其进行改造以期生产出较小的玉米芯，最终创造出长度20厘米左右的玉米芯，这也成为今天这种已被广泛种植的作物的典型特征，同我们现在看到的玉米已经没有什么区别。同期开始人工种植的作物还包括扁豆、菜豆、墨西哥白柿和黑巧克力柿。

在前新石器时代末期，采集者变成了农业生产者，已经不能远离他们低矮的灌木丛，因此出现了作为永久定居点的小村子。在这些原始的小村子里，日后能定义中美洲的所有特征都初步成形。在此出现了石磨盘和手磨石；人们开始种植美洲大南瓜，如今中美洲人日常惯用的南瓜子酱汁就是用它的种子制成；人们开始驯化和饲养犬只；同时也有证据表明此时开始出现了活人献祭，死者崇拜也开始萌芽。相比采集者祖先，定居在这类永久性的小村子里的家庭组成了最有凝聚力的社会单元，同时也是持续力最为长久的社会单元。这是没有社会分层的社会阶段，社会成员之间感受不到差别，成员之间最大的不同只不过是不同成员归属于不同的家庭而已。从技术层面，可以将这一社会单元定义为部落。

文明的曙光

一般都认为中部美洲的历史开始于公元前 2500 年，彼时定居生活已经很普遍了，而且开始出现陶瓷制品。此时已经可以开始遥望中部美洲古典时期的到来，因此又被称作前古典时期（Preclásico），特别是它的第一个阶段前古典时期早期（公元前 2500 年到公元前 1200 年），这个时期同时也被称作前古典时期村落时代（Preclásico aldeano），因为此时中部美洲 90% 以上的定居点都采用了小村子的形式，通常有 10 到 12 间房屋，总人口数量在 50 到 70 人之间波动。前古典时期早期阶段的房屋一般都是几组房间围绕一个庭院组成，这种建筑构造模式一直持续到西班牙人到来后的征服者时代，甚至之后。庭院是进行一般性工作的场所，围绕着庭院的房间则具有宿舍和仓库的功能，另外至少有一个房间是被用作厨房和祭坛的。

在前古典时期早期阶段，中部美洲出现了拥有超过 200 座房屋、总人口规模超过 1000 人的村镇。在这些村镇里，来自遥远地区的人们聚集于此进行物物交换，并且举行公共祭祀仪式。位于瓦哈卡谷地里的圣何塞莫戈特（San José Mogote）在其所在区域中脱颖而出——考古学家在考古现场发现的祭祀文物包括陶瓷制品碎片、贝壳、鲨鱼牙、龟壳鼓和海螺小号，它们全部都来自墨西哥湾沿岸。在那些年里，人们在圣何塞莫戈特这个人群聚集的中心修建了一座涂抹着灰泥的凉亭，并准备修建一个祭坛。

在这些城镇里产生了最早的中部美洲酋邦制度（jefatura）。等级社会赋予一些成员更高的级别，例如酋长和他的子孙后代们，或许还包括一些武士；并使用独特的器物和服装来强调并突出他们的特权级别。一些宗教上或者军事上的权威会成为酋邦的首领，他们控制着社群盈余的管理工作，并且监督新生的商业活动。表面上看，似乎这些酋邦在推动中部美洲朝向前古典时代中期的伟大发展中发挥出了重要作用，但实际上，在大多数中部美洲地区，酋邦的存在时间都很短暂。很快，酋邦制度下的等级区别让位于阶级划分，政府管理工作实现了专业化，并且为贵族子孙们所垄断。

公元前 1200 年左右，中部美洲地区开始兴建一些水利工程、运河、梯田，很有可能也有人工浮田“奇南帕”（chinampa）[①]。兴建农业工程带来的一个直接影响就是农业收成显现出优化迹象，人口也因此增加。公元前 1200 年到公元前 500 年之间大概 700 年的时间，我们称之为前古典时代中期阶段。这个阶段的典型特征是出现了全职工作的职业分工和社会阶层分化，兴建了城市化的仪式庆典中心，并发展出了一整套象征性的抽象图案，我们通常习惯性地称之为“奥尔梅克式的”。也正是在此阶段，在中部美洲一些地区出现了最早的王国或领地。

在中部美洲不同区域的大型村镇之间开始交流象征威望的物品和祭祀崇拜物品，似乎不同地区的统治集团也因此而开始就某些宗教和政治概念达成一致意见，并且，物物交流也有利于某些造型艺术传统和风格偏好被广泛传播及接受。今天我们已经知道，

① 人工浮田“奇南帕”是中部美洲地区后古典文明时期阿兹特克人开创的一种农业耕作方式。由于墨西哥谷地多湖，因此农民们会利用泥土抬高湖床、通过在排筏上铺垫淤泥而修建出浮动小岛或是直接打桩围湖造田，以此将易受水涝侵害的沼泽改造成良田。在这些人工园地上一年四季都可以从事农业生产。因湖底泥土肥沃，奇南帕农田颇为高产。新的耕地四周通常建有运河，其整体视觉效果类似于漂浮的人工岛。

在巴尔萨斯盆地、墨西哥谷地、墨西哥湾沿岸和其他地区几乎都同时出现了奥尔梅克文化的某些特征。这种同时性与此前的一个老旧观点相左，老观点认为自圣洛伦佐或拉文塔（La Venta）开始的军事扩张或商业拓展导致了奥尔梅克文化特征在中部美洲被广泛传播，传播始于墨西哥湾地区。

今天已经被普遍确认为奥尔梅克文化特征的因素包括发现了巨石桌或使用毛石工程技术（在某些情况下被用作宝座，在另外一些情况下则被用作祭坛）；偏好使用硬玉翡翠以及其他绿色石头来制作祭祀贡品；高频率使用美洲豹的表现意象，并通过不同的方式与不同的人类角色联系在一起，如跃动中的各类猫科动物、与人类搏斗的猫科动物、以猫科动物的皮毛制成斗篷、拟人化的猫科动物等等。雕塑作品中的奥尔梅克人面部具有显著特征，眼睛深邃、眼睑深凹且呈现倾斜状，嘴唇凸出，偶尔会张开厚厚的嘴唇露出凶狠的獠牙。在他们脑袋的正上方中心处有一个切口，有时候在这个切口里会出现一根玉米芯。除此之外，还发现了一些典型的奥尔梅克符号元素，诸如我们今天通常所说的“火焰眉毛”、两根交叉成X形的绷带、形似句点的一滴雨点以及一道条纹。

在墨西哥湾的冲积平原里发现了最多的城市化的仪式庆典中心，它们是最大且功能最为完善的，雕像最大密度地集中于此，并使用了最大规格的石材。公元前1200年，人们在圣洛伦佐修建了一个巨大的地台，大量的仪式广场和精英住所建筑于地台之上，可以免受洪水肆虐的威胁。这个人工高原上的不同地点上安放着宝座、王柱碑、巨石头像以及其他雕像。规格最大的雕像是宝座，也就是我们后来熟知的祭坛；统治者们尊坐于宝座之上，主持仪式庆典，或者也很有可能是为了参与其他某些政府事务。雕刻在这些巨大座位上的精细图案，宣称着统治者归属于一个特殊血统，并展现出统治者与超自然的联系，特别是与崇山峻岭内部的关联，那里是孕育优秀和杰出事物之地。也有一些图案将统治者与宇宙轴心以及玉米之神联系在一起。巨石头像通常都是用回收的宝座制成的，最有可能的是，统治者在世时使用过的王座将会成为制作他自己庞大头像的原材料。统治者的巨石头像被直接放置于地台之上，仿佛他们是直接从土地中诞生出来的，如同树木，如同玉米秆子。

在 300 年间，圣洛伦佐的定居点一直都是其所在区域的政治中心，直到公元前 900 年，在一些雕像被摧毁并被掩埋之后，圣洛伦佐突然被抛弃了。在公元前 900 年到公元前 500 年间这 400 年的时间里，在圣洛伦佐附近的地区出现了一些新的定居点，但是它们的吸引力都无法和拉文塔相比，拉文塔接替了圣洛伦佐曾经的影响力。人们在拉文塔修建了中部美洲的第一座大型“金字塔”，一个巨型的锥体矗立于夯土堆之上，周围环绕着众多广场和小型平台。

对于拉文塔的居民们来说，寻访图斯特拉斯（Los Tuxtlas）的玄武岩矿的路途，比从圣洛伦佐过去更为遥远。但是，与他们的先人一样，拉文塔人为寻找原材料而不知疲倦地四处旅行，他们沿着河流和海岸拖动木筏；当没有水流时，他们就用滚动的树干拖着原材料挪行。

拉文塔人在石头上续写了圣洛伦佐辉煌的雕塑传统，并且用新的创作丰富了这个宝库，比如装饰有成列玄武岩柱的坟墓。在拉文塔的全盛时期,用装饰石如硬玉翡翠制成的小雕像多种多样。同样，在拉文塔以及其他历史遗迹诸如圣餐桌山（Cerro de las Mesas）和佩斯克罗河（Río Pesquero）的考古发现中都存在上述特征。

人们倾向于认为，那些位于墨西哥湾并实现了部分都市化的繁荣村镇里居住着雕刻家、祭司、武士和统治阶级，这些繁荣村镇共同组成了某种程度上的大都市，并在此诞生了中部美洲奥尔梅克文化的其他表现形式。但是正如我们上文已经表述过的观点，这些数据并不足以支撑扩张起源于墨西哥湾的假设。更有可能的是，中部美洲的新贵们几乎同时拥有那些可以被称之为奥尔梅克文化特征的方方面面，这些新贵们因为彼此间的交流活动而建立起紧密的联系。

我们可以继续将前古典时代中期居住在墨西哥冲积平原上的居民们统称为奥尔梅克人，这是我们强行武断地赋予使用米塞索克语系（mixezoque）的各个族群的共同名字。但是，在米塞索克语系地区所使用的各种形式和符号的总集合并未表现出某种独特的民族性或种族性，或者说奥尔梅克式的特征，实际上它只不过是一种超区域现象的一个组成部分而已。

除了墨西哥湾之外，很多地方都有奥尔梅克式的特征存在，其中位于格雷罗（Guerrero）的特奥潘特瓜尼特兰地区（Teopantecuanitlán）以及位于莫洛雷斯（Morelos）的查尔卡钦戈（Chalcatzingo）因其仪式区域的广阔性和庆典的丰富性而广为知名。每个地区都表现出各自的独特特征，比如，在特奥潘特瓜尼特兰地区发现有 T 字形的王柱碑，而在查尔卡钦戈则有关于雨和洞穴的特别表现形式。但是，在这两个地方都发现了一整套的祭祀用品、符号和奥尔梅克式仪式惯例。关于这一整套集合，我们在特拉帕科亚（Tlapacoya）和特拉蒂尔科（Tlatilco，位于墨西哥谷地）以及很多中部美洲的其他地区也都见到过。

区域多样化的起源

前古典时代中期的典型特征是统一性，而前古典时代晚期（公元前 500 年—公元前 200 年）的典型特征则是区域多样化。到公元前 500 年，中部美洲地区的奥尔梅克文化的影响力逐渐消失殆尽，并被这些年间以非凡势头崛起的几个不同区域的文化所取代：新的建筑风格倾向于纪念性功用，并且雕像、祭祀陶器以及秩序符号等方面也发生了一些变化。在中部美洲文明史上产生这种倾向的动机尚不明确，但有一点我们可以肯定的是，这些地区已经达到了一定的人口统一性并积聚了几个世纪以前所没有的大量财富。区域的成熟导致了具有重要意义的人口集中，并且巩固了垄断着控制性职能的贵族的地位。这些控制性的职能具有特别的政治性质，治理不再仅仅只是基于代表性原则和对外邦社会的领导，而是基于有关政府有效性的评论和争论，涉及政府为赢得战争而采取的行动、组织市场活动以及推动城市化进程所做出的诸多工作。

前古典时代晚期开始的标志性事件之一是阿尔班山（Monte Albán）的崛起。瓦哈卡谷地三个分支里较大的村庄曾经持续着稳定的扩张，但是到公元前 500 年左右停止了发展，开始加入兴建城市的大军中。

阿尔班山曾是一个石质山脉，既没有水，也没有人居住于此，但是坐享位居谷地中央的地理便利。在阿尔班山的顶峰可以俯瞰瓦哈卡谷地三个分支的风景以及周围的山脉。阿尔班山从一开始就是按照建造一个大型社区或大区的理念来兴建的，这也证实了一个学界猜想，猜想认为阿尔班山的创立是周围城镇聚合在一起形成了一个广泛联盟的结果。

阿尔班山这个岩岬之地适应了人口不断增长的需求，在前古典时代晚期结束之前，已经拥有超过 15000 位居民。在这座新兴城市里兴建的第一座公共建筑是我们今天熟知的舞蹈者浮雕。建筑的名字来自于覆盖其上的石碑上所雕刻的人物形象，他们似乎是在移动或扭曲着身体，舞者们赤身裸体且内脏器官裸露在外。这些角色更有可能代表着战争中的俘虏，而且全部的浮雕组合在一起肯定与阿尔班山的手下败将长名单完全吻合。

在阿尔班山建立的时期，圣何塞莫戈特已经举行了公开赞颂军事战绩的庆典。在达英苏（Dainzú）谷地中，一个依赖阿尔班山而建的小中心坐落于特拉科鲁拉（Tlacolula）的分支上，在那里也发现了关于献祭者（被砍首）的浮雕主题以及与蹴球游戏相关的献祭浮雕。到公元前 200 年，在阿尔班山兴建了一座箭头形状的建筑，同更早的建筑作品一样，这也是用浮雕石碑来宣扬武力征服的荣威。但是，这些石碑上不再刻画肢体残缺的俘虏，而是使用每个村庄的地名符号，并配有面部朝下的脑袋图案。

先前的证据以及其他关于古典时代的证据似乎可以表明，阿尔班山的政治巩固、城市发展和地区霸权都是建立在密集的军事活动基础之上的。穷兵黩武的军事活动带给阿尔班山的影响之一就是发现了重要的税贡收入来源，能够为城市带来财富和繁荣。

我们都知道，墓葬艺术是古典时代曙光时期的萨波特克人的重要特征之一。在阿尔班山早期的几百年的历史中也存在过墓葬艺术：墓地由一排又一排的大石块修建而成，铺陈着灰泥和绘画来做装饰，还有人形陶瓷容器（也就是我们今天熟知的骨灰盒）总是放置在墓穴主人的身体旁边。

在墨西哥谷地中出现了令人称奇的城市化和人口集中化，情况类似于瓦哈卡。更重要的是，在前古典时代晚期，在墨西哥湖水域周边就兴建起了两座城市。这是墨西哥历史上令人惊叹的辉煌时期，但是我们对它的认知还相当不足。可以确定的一点是，奎奎尔科（Cuicuilco）不仅仅是一个建在环状基座上的金字塔，它还包括一个庞大无比的墓地（今天已经被现代化的住宅单位所覆盖）和数不胜数的小丘陵，时至今日我们依然可以从贯通整个区域的大道上看到它们的身影。以这个宗教中心的巨大尺寸来推算，彼时城市的规模也应该相当庞大。遗迹上有些地方的泥层深达 15 米，这给研究工作造成了重重困难，我们从未推演出这个聚居点的全景图以及关于它的完整历史。

奎奎尔科吸引了南方谷地偏远地区的人口聚集于此，而特奥蒂瓦坎则吸引了北部和东部的人口。据推算，在公元前 200 年到公元前 100 年间，特奥蒂瓦坎吸引了将近四万人口生活于其中。

当然，这两个城市之间的人口集中形式还是有区别的：在奎奎尔科，有难以计数的宗教纪念碑集群，此后在中部美洲的聚居点里都没有出现过这么多纪念碑群；而特奥蒂瓦坎则为众多人口提供居所，人们因黑曜石产业而被吸引前来，但是它缺乏类似于奎奎尔科那样的仪式庆典系统。与其说是一座城市，还不如说特奥蒂瓦坎是一个由若干村镇组成的聚合体。

公元前 50 年，希特尔火山（Xitle）爆发，终结了奎奎尔科的兴旺历史。但是直到几百年后，奎奎尔科才彻底荒废；新的火山爆发后，岩浆彻底埋葬了奎奎尔科。随着城市消亡，奎奎尔科文化中的两个重要显著特征也在墨西哥谷地中消逝：圆形基座上的庆典平台和大瓶状墓穴的圆柱状入口，由此可以进入墓穴内部。有趣的是，这两个特征都于公元前 200 年左右就出现在墨西哥西部（哈利斯科、米却肯［Michoacán］、纳亚里特［Nayarit］、科利马［Colima］），并成为这些区域此后一千年的典型特征。目前没有证据表明，奎奎尔科和墨西哥西部之间曾经有所关联，但是也不能就此妄下结论来否定这种可能性。

在中部美洲的其他地区，前古典时代晚期的建筑以及其他事物都显现出了与古老的奥尔梅克文化之间的某种关联。在梅斯卡拉（Mezcala）文化中，有一个源自于奥尔梅克时代的特色实践一直持续传承至今未曾中断——拟人形象的小石雕。梅斯卡拉石雕人像的抽象技巧似乎源自于奥尔梅克艺术中非自然主义的一面。但除了上述证据外，还有非常明显的迹象表明奥尔梅克现象从墨西哥湾地区转移到了玛雅地区。

在公元前500年到公元前400年间，拉文塔突然荒废并被抛弃，但是拉文塔区域里的一些小地方一直都有人居住，诸如特雷斯萨帕特斯（Tres Zapotes）和圣餐桌山，这些地方还延续着一些奥尔梅克传统，诸如王柱碑石雕和矗立在巨石阵上的祭坛等，还保存了奥尔梅克式石像集合的某些特征。很有意思的是，在拉文塔附近涌现的后奥尔梅克时期的雕像与南方一些地区的雕像之间展现出某种强烈的相似特性，诸如格里哈尔瓦高地（Grijalva）、恰帕斯海岸（Chiapas）和危地马拉海岸。南北雕像之间的相似性有助于我们认识一个名为“伊萨帕综合体”（Complejo Izapa）的文化现象，这个综合体最北端似乎是位于韦拉克鲁斯（Veracruz）的莫哈拉（La Mojarra），而它在南方则延伸到了今天的墨西哥和危地马拉的一些地方，比如墨西哥的伊萨帕以及危地马拉的阿巴赫塔卡利克（Abaj Takalik）和巴乌尔（El Baúl）。

一个至关重要的联结点是位于格里哈尔瓦河上游通道的恰帕德科尔索（Chiapa de Corzo）和自由城拉利贝尔塔（La Libertad）。这个巨大而蜿蜒曲折的条状地带也正是前古典时代晚期使用米塞索克语系的各部族所居住的地区，它所覆盖的区域从海湾的冲积平原一路向下并穿过了特万特佩克地峡（Tehuantepec）。东海岸和西海岸之间通过这条路线而产生的联结并不是此时才有的新鲜事，它已经存在了几个世纪。另一件事则很有可能在历史中真实发生过：在奥尔梅克时代的商业和政治版图崩溃后，居住于墨西哥湾的奥尔梅克后裔们加强了与自己种族的主干分支之间的联系。

在这个充满危机并需要不断进行重新调适的时代里，在伊萨帕综合体中涌现出了中部美洲思想史上最为超验性的发明：长纪历。这是一个采用进位制的日历系统，可以精准记录所有事件发生的日期。长纪历从一个固定的日期开始，等同于今天我们所熟知的公历中的耶稣诞辰日。中部美洲长纪历基准日对应的是公元前 3114 年 8 月 13 日，关于这个日期，我们目前还无法知道它是否对应任何一个特别事件。日历铭文中记载的最古老的内容是关于米塞索克语系居民们所居住的地区：恰帕德科尔索，公元前 36 年；特雷斯萨帕特斯，公元前 31 年；巴乌尔，公元 36 年；阿巴赫塔卡利克，公元 126 年；莫哈拉，公元 143 年和公元 156 年；圣安德鲁斯图克斯特拉（San Andrés Tuxtla），公元 162 年。

上述证据表明，我们今天所了解的玛雅经典系统，实际上是由使用米塞索克语的人们在危机时代和区域重组时代里发明出来的。祭坛和王柱碑的组合也并不是玛雅人的发明。如同我们今天所知道的，这种组合在奥尔梅克时代已经广泛流传并广为使用，在格雷罗、莫洛雷斯、墨西哥湾都曾发现它们存在过的痕迹，并且通过伊萨帕综合体的文化传输而传播并被移植到了玛雅地区。

在前古典时代中期，一些丛林里已经出现了玛雅人的农业定居点，比如塞巴尔（Seibal）和献祭祭坛（Altar de Sacrificios），位于乌苏玛辛塔河（Usumacinta）的一条名为帕西翁（Pasión）的支流里；蒂卡尔（Tikal）、乌夏克吞（Uaxactún）、纳克贝（Nakbé）、米拉多尔（El Mirador）和位于危地马拉的佩滕（Petén）都离坎佩切（Campeche）边境不远。在其中一些玛雅人的小村子里孕育出了后来实力强大的酋邦，并在前古典时代晚期发展出了完整且高级的仪式庆典区，它的典型特征是将不同的土丘聚集到一起并在其上修建两个或三个金字塔平台。这些建筑物的建筑形式和装饰风格都与后来的古典时代所表现出来的特征非常相似。但还是有几个后来的古典时代要素在此时并不具备，比如写实的面部肖像以及带有日期的碑文文本等。

居住在佩滕的玛雅族群曾扩张至南部和格里哈尔瓦，但是我们尚不清楚他们的扩张是采用和平方式还是诉诸武力。作为扩张的结果之一，玛雅文化和伊萨帕传统发生了第一次的亲密接触。卡米纳尔胡尤（Kaminaljuyú）和危地马拉高原的其他地区原本可能成为融合两极强势文化——米塞索克文化和玛雅文化——的合适地点。公元 292 年，在新兴的城市蒂卡尔，长纪历似乎已经和玛雅碑文以及玛雅建筑关联在了一起。不久之后，蒂卡尔将发展成为整个区域里最为繁荣兴旺的城市。

帝国时代

跨越公元前 100 年到公元 200 年的这段时期，一些学者为将其与前古典时代区分开来而称之为卓越古典时期（Protoclásico）。在此期间，墨西哥谷地中发生了一些重大事件：奎奎尔科荒废了，特奥蒂瓦坎则崛起成为区域内毋庸置疑的新政治中心和宗教中心。

在此阶段的前 200 年里，特奥蒂瓦坎人兴建了太阳金字塔、月亮金字塔和羽蛇神庙（Quetzalcóatl），还有我们今天熟知的亡灵大道（calzada de los Muertos），并由此开启了特奥蒂瓦坎历史中的城市化阶段。如果说，在西班牙殖民者到来之前，在美洲有定居点可以被称为城市，那它就是特奥蒂瓦坎。在这个面积达 20 平方公里的城市里，建筑和人行道遍布在城市的大部分表面上，几乎没有菜园和花园的空间。

在古典时代曙光时期（或称地平线时期，horizonte Clásico，公元 200—公元 650 年），大多数特奥蒂瓦坎人都以多家庭聚居的形式合住在用毛石砌成的复合式建筑物中，很少有人居住在土坯小屋子里，这表明了定居点里普遍的繁荣富庶。这些结构庞大的民宅建立在高大的斜坡地基上，房屋一般都没有窗户，配有一两个门廊，人们可以由此进出建筑物。这些建筑大部分都是正方形的（边长大概 60 米），有一些可能更大，另外还有一些呈 L 形。建筑物相对方向的边都是平行的，但是那些转角部分并不总是能相互呼应。也就是说，这些建筑并不是严格的正方形。每一座建筑都相当于一个街区（manzana）或一个街块。城市长长的步道被建筑物的斜坡地基和高大外墙下的阴影所覆盖，建筑物内部居民的生活对于街道上的行人来说则是一个谜。

建筑物内一般配有几个庭院，不仅通向不同的房间，同时也为建筑提供了自然光照明。正中央的庭院以及一些最重要的房间能够确保建筑物内所有居民可以聚集在一起进行宗教活动，并且在此管理与居民利益息息相关的各类行政事务。一般来说，每栋建筑物里很有可能平均居住着 20 个家庭，他们都从事着相同的职业，而且互相之间是亲戚关系。从对骨骼的遗传分析中可以推断出来，每个建筑物内的男性成员之间的联系相较于女性成员之间的联系更为紧密，这是一种父系制度下从夫居住的模式：女性们住到她们丈夫的家中，去开始新生活。

几组建筑物聚合在一起就形成了邻里社区（barrio），这些邻里社区内部的街道比环绕在建筑物周围的城市街道更窄。几个邻里社区聚集在一起，则形成了区（distrito）。每个区都有一个自己的仪式庆典中心，由三座神庙聚集联结在一个正方形的小广场上。这个小广场同时也是家庭代表和社区代表聚会商讨行政管理事宜的地方。

聚集在特奥蒂瓦坎城市区域中的一部分人口是手工业者，很有可能规模达到总人口的一半，他们有可能从事黑曜石、祭祀物品，或是陶器、骨头制品、贝壳制品、织物和绳索的生产。另一方面，特奥蒂瓦坎谷地里土地富饶肥沃，极宜种植农作物，但是只有零星人口分散居住在谷地中的小村子里。这种矛盾让我们可以做出如下推断：也许很多城市里的居民也是从事农业生产的，是兼职或全职的农民。

“西班牙殖民者到来之前的所有社会都施行的是暴君政权”这种想法非常普遍，在这个想法框架下，通常认为社会中某个极其富有的群体会采用强有力的政治控制手段奴役生产者社群从事辛苦繁重的工作。虽然它肯定不是民主制度，但是特奥蒂瓦坎的内部体系要远比我们在偏见观念下所能观察到的要丰富、复杂得多。有充足的考古学证据表明，在特奥蒂瓦坎，至少有四个基础方面是与社会分层有关的：合作社型的群体以民族的方式组合在一起，构成了社会的基础，而这些群体一般采用“城市社区”的组织形式；在民族之间也存在着一些内部的区别和分化，一些家庭比另外一些家庭更为富有，那些有首领们居住于其中的复合建筑物总是比同社区里的其他建筑物更大、更富丽堂皇，当社区里拥有最高职务的个体去世时，他们会享受到特别的墓葬安排；手工业者、农民和其他的劳动者的社区享有城市基础设施服务（街道、市场准入、排水系统、坚固耐用的房子），他们不是贫穷群体，当然也可以换一种方法来表述，即城市里一般民众居住的房子的质量与统治者阶层居住的房子质量一般来讲并没有什么本质的区别；会有一些建筑物通过其丰富的外墙装饰风格和宽敞的卧室来凸显出其主人的贵族身份，坐落在月亮金字塔东部的大宅院以及位于太阳金字塔北部的大宅院，似乎是政治和军事领导人家庭的居所，也有一些房子貌似是给僧侣居住的，他们全职从事宗教事务。

关于特奥蒂瓦坎的国王们，我们知之甚少。目前我们仅知的几件事是，特奥蒂瓦坎曾将羽蛇神视作超级神圣的保护神来崇拜，另外，如同此前的奥尔梅克王族一样，特奥蒂瓦坎王族也被当作玉米神来崇拜。墨西哥谷地里的大城市统治者们的权力，至少部分来自于他们成功运作的公共建筑——巨大的金字塔和大城市都是政府有效性的证明。在城市里，政府组织手工业品的生产活动，促进开展能确保原材料开采的交流活动，对外向其他地区输出产品，并且具有形成依赖于商贸的专业社群所必需的诸多可贵品质等。

所有社区、城区、手工业者、贵族、农民，作为同一个政治共同体的成员，处在同一个保护神的庇佑之下：水神特拉洛克（Tláloc）

和他的伴侣暴风雨女神查尔奇赫特利奎（Chalchiuhtlicue）。被几个世纪之后偶然来到此地的墨西加人称呼为“太阳金字塔”和“月亮金字塔”的金字塔，很有可能实际上是为水神特拉洛克和暴风雨女神查尔奇赫特利奎建造的。

太阳金字塔是一个巨大的象征性“水山”，因为特奥蒂瓦坎人在其周边挖掘了护城河以及一条小型的中央运河，通过这种方式可以模拟来自于金字塔顶端的天然洞穴中的水流倾泻而下并围绕它流动的场景。在月亮金字塔的广场上只有一个体型庞大的几何形雕像，表现的是身着翡翠玉石裙装的暴风雨女神查尔奇赫特利奎。

在特奥蒂瓦坎城市和周边农业区域之外更远的地方，特奥蒂瓦坎也产生了深远的影响力，它几乎以各种方式影响了中部美洲的全部地区。第一，特奥蒂瓦坎是墨西哥谷地中最大的生产组织者，同时也是托卢卡（Toluca）谷地中最大的生产组织者。现有证据表明，很有可能在这个区域里存在着两个族群之间的竞争：一个是纳瓦人（los nahuas），构成了特奥蒂瓦坎最大的人口组成部分，另外一个是特奥蒂瓦坎人中说奥托米语的族群。说奥托米语的族群中的一部分人（马特拉钦卡人［los matlatzincas］的祖先）在勒尔玛盆地从事密集种植业，另外有些人则从事森林开采、狩猎鹿群、种植和制造龙舌兰的相关产品（可以生产普尔克酒、索具、纺织材料等），还有一小部分人（奥托米人［los otomí］和马萨瓦人

[los mazahua] 的祖先）投身于特奥蒂瓦坎周边的农业生产。特奥蒂瓦坎直接控制的战略性资源包括位于奥图巴（Otumba）和帕丘卡（Pachuca）的黑曜石矿床，以及图拉 - 特佩吉（Tula-Tepeji）地区的石灰沉积物。

特奥蒂瓦坎对中部美洲第二个层面的影响要包括莫洛雷斯盆地，特奥蒂瓦坎在此收获棉花、可可豆和其他热带农作物；还包括普埃布拉 - 特拉斯卡拉谷地（Puebla-Tlaxcala），此地出产黏土，它是生产“薄型橙色”陶瓷制品的原材料，这是墨西哥古代最精致、最优秀的手工艺制品之一。特奥蒂瓦坎与上述两个地区维持着持续的沟通交流活动，也许还从这两个区域获得贡品。但是我们不能确认特奥蒂瓦坎是否直接控制了这两个地区的商品生产活动。

特奥蒂瓦坎在中部美洲展现权力的第三个表现是：将墨西哥谷地几百公里外的定居点都纳入其势力范围中。为了寻找朱砂矿，特奥蒂瓦坎人来到了位于圣路易斯波托西的里奥贝尔德（Río Verde）；特奥蒂瓦坎人对诸如蛇纹石和翡翠玉石之类珍贵玉石的狂热爱好，则将其带至了巴尔萨斯盆地（Balsas）。目前我们不能确认特奥蒂瓦坎人是不是不费吹灰之力就获得了这些原材料，他们更有可能是对当地人强行施加了一种非对称的商业关系。

为了寻找某些原材料，特奥蒂瓦坎人出没于墨西哥湾，有可能是为了寻找某种热带鸟类的羽毛、可可豆、朱砂矿藏或者是图斯特拉斯地区的高岭土。在卡特马科（Catemaco）潟湖区附近，特奥蒂瓦坎人在马塔卡潘（Matacapan）建立了一个殖民地。此举不仅确保了特奥蒂瓦坎人可以从潟湖地区获得某些原材料，并且还因此监管了一个重要的交流港口，来自美洲不同方向的诸多商业路线汇聚于此进行商贸往来，诸如来自韦拉克鲁斯北部的商业路线、来自尤卡坦半岛的商业路线、经过特万特佩克地峡的来自危地马拉海岸的商业路线，以及经过特奥提兰 - 图克斯佩克（Teotitlán-Tuxtepec）而来的米斯特克人（los Mixtecos）的商业路线。关于特奥蒂瓦坎人曾出现在马塔卡潘的证据非常丰富，比如，马塔卡潘当地多个家庭聚居于一栋大型建筑中的生活方式就是沿袭了特奥蒂瓦坎人的大都市生活模式。

关于特奥蒂瓦坎人、玛雅人以及萨波特克人之间的关系，长期以来争论不休。可以确定的是，在这几个文化之间有一种存续了长达几个世纪的紧密联系。很多特奥蒂瓦坎人的祭祀器具到达了瓦哈卡和玛雅地区，很多南方的手工艺人也模仿了特奥蒂瓦坎人的手工制作风格。但是，这种关联的本质到底是什么呢？

五十年前，人们首次明确认识到特奥蒂瓦坎对玛雅地区的强势影响力。自此之后，考古学进展以及对石碑文字的研究进展都进一步证实了这种影响，并能够精确描述出这种影响的实际性质。在建筑物和瓷器方面，以及对军事用具和其他象征符号的表述上，都可以清晰地看到特奥蒂瓦坎人对位于佩滕的几个玛雅城市产生影响的痕迹。特别是在蒂卡尔，特奥蒂瓦坎人的特征展现得最为清晰。除了特奥蒂瓦坎式的瓷器，诸如带盖的特色三脚容器，在蒂卡尔这个丛林大都市中还有一些建筑物采用了特奥蒂瓦坎式的建筑形态和手段，诸如平板台基和斜角上坡交替出现的特奥蒂瓦坎式的复合结构。而且最近在蒂卡尔还发现了与特奥蒂瓦坎的拉本蒂亚社区（La Ventilla）的“蹴球比赛记分牌”几乎完全相同的石头旗帜。

在蒂卡尔发现的一些杯子上刻有精美的武士主题图案，穿着特奥蒂瓦坎风格服装的武士们夸张地全副武装着来到一个玛雅人面前，玛雅人正在焚香欢迎特奥蒂瓦坎武士的到来。在位于蒂卡尔附近的乌夏克吞壁画上同样有关于特奥蒂瓦坎武士的主题，表现了一位玛雅贵族向特奥蒂瓦坎武士表示遵从顺服的仪式。最近这些年来对石碑文字的破解让我们能更好地理解这些图像所描述的故事。现在我们可以知道，在公元 378 年 1 月 31 日，一位名为西亚 · 卡克（Siyaj Kak），绰号“火生” 的外国人抵达蒂卡尔。8 天之前，他曾出现在坐落于乌苏玛辛塔河某个支流沿岸一侧的秘鲁谷地，对于从墨西哥谷地远道而来的人而言，这是进入佩滕的天然门户。这个外国人到来的当天，蒂卡尔国王“美洲虎爪王”（Chak Tok Ichaak）去世了。也就是说，在历史上，很有可能是一些外国人杀死了国王。

在乌夏克吞、贝胡卡尔（Bejucal）和蓝河阿苏尔河（Río Azul）地区发现的石碑铭文中同样提到了火生的到来。没有一段铭文曾提到火生是一位统治者，这些铭文中表示外国人火生的到来是为了扶持新的君主们来掌权。在蒂卡尔，火生建立的政权的领导者是特奥蒂瓦坎人“枭王”（Búho-Lanzadardos）。暴乱之后，新贵们认为将王柱碑从公共生活领域撤出去是理所当然的事情，因为王柱碑能够让人们铭记在特奥蒂瓦坎人入侵之前的君主们。新贵族们摧毁了当地所有的王柱碑，位于城市里的或是远离城市的都无一幸免。这是建立新王朝必须采取的行动，自此之后几代人的时间里，蒂卡尔国王们的合法性都与他们的特奥蒂瓦坎出身紧密相关。在某个王柱碑上有关于枭王的儿子蜷鼻王（Yax Nuun Ayiin Ⅰ）的雕刻图案，他的服装和姿态都不是玛雅式的。对枭王的孙子，暴风雨天空二世（Siyaj Chan Kawiil Ⅱ）的刻画则更加接近玛雅传统，而在他两侧配有两幅关于他父亲的图像，在图像中，他的父亲被描绘成一位全副披挂特奥蒂瓦坎式武装的武士。在黑石城（Piedras Negras）也有特奥蒂瓦坎人曾在此进行过武力压迫的证据。公元 431 年，很有可能在帕伦克（Palenque），特奥蒂瓦坎人建立了一个新的王朝。

在危地马拉高原地区，卡米纳尔胡尤在公元 400 年左右遭遇了特奥蒂瓦坎人的入侵。关于此次入侵事件并没有碑文记载，但是有一些考古遗迹可以充分证明这件事的历史真实性。特奥蒂瓦坎人在卡米纳尔胡尤创立了被学者迈克尔·科（Michael Coe）称为“特奥蒂瓦坎微缩版本”的城市。特奥蒂瓦坎殖民者们按照墨西哥谷地的传统方式在此修筑庙宇，陶瓷也复制了特奥蒂瓦坎的都市风格。人们死后更倾向于使用从出生地城市带来的陶罐陪葬。特奥蒂瓦坎人在这个高原地区建造城市是出于多种考虑，其中最重要的目的是控制区域内的黑曜石矿资源，尤其是查亚尔（Chayal）地区的黑曜石矿。

特奥蒂瓦坎与阿尔班山之间的关系似乎是低调而对称的。如果说特奥蒂瓦坎与玛雅的关系中清晰可见武力因素，特奥蒂瓦坎和阿尔班山之间的关系则更多的是外交性的。萨波特克的陶艺人觉得蒂卡尔的手工艺艺术比特奥蒂瓦坎的更有吸引力。在阿尔班山地区出土的文物中，按照特奥蒂瓦坎流行模式生产的物品只占很小一部分比例。在阿尔班山某个建筑物的门楣上刻画了特奥蒂瓦坎大使的一次来访场景，但是这位大使不是武士，他是一位背着几包柯巴脂①的祭司，来此是为了提供祭品。在特奥蒂瓦坎和瓦

① 一种天然树脂，特指前哥伦布时期中部美洲文化中用于仪式烧香等用途的芳香类树脂，其硬度在一般树脂和琥珀中间。柯巴脂名字来自纳瓦语“copalli”，意为“香”。如今，不少墨西哥和中美洲土著仍在仪式中使用柯巴脂。

哈卡的关系中存在一种互惠互利的基础，这在特奥蒂瓦坎其他的双边关系中未曾出现过：在特奥蒂瓦坎有一个萨波特克人的小社区，几个世纪以来，萨波特克人按照其传统生活方式聚居于此并繁衍生息。这些住在特奥蒂瓦坎的萨波特克人在死后被埋葬在地下穴室中，如同阿尔班山的风俗一样，而不是像特奥蒂瓦坎人那样在死后被直接埋葬在地下。另外，这些居住在特奥蒂瓦坎的萨波特克人的遗体周围有一些人像容器作为陪葬品，这与瓦哈卡谷地中发现的数百个墓穴里的情况一样。

关于特奥蒂瓦坎人是否到过中部美洲的西部，目前学界并没有充分证据来证明它的可能性。一些学者坚持认为，特奥蒂瓦坎人为了获得市面上流通的绿松石而最远抵达了今天的萨卡特卡斯州，比如高景地区（Alta Vista），并且从此区域内丰富的矿藏资源中获利。但是目前还没有充分的证据来支持这种论断。此外，位于米却肯州的廷加姆巴托（Tingambato）也引起了大家的注意，因为廷加姆巴托的建筑物与特奥蒂瓦坎建筑之间呈现出令人惊愕的相似性，但是从陶瓷制品来看，目前则还没有证据表明两地之间存在关联。最后，纳亚里特、哈利斯科和科利马的定居点因其仪式庆典中心所具有的典型特奥蒂瓦坎特征而吸引了人们的注意力，诸如平台基座、圆形广场、轴墓里的整套复杂陪葬系统，以及描述日常生活场景和动物图案的现实主义瓷器。但是，上述定居点更多仍是在一个区域性系统中运作，那里的居民与西马德雷山脉（Sierra Madre Occidental）和太平洋沿岸的居民有更多的交流往来，而不是与特奥蒂瓦坎。

危机和变化

本节将要讲述的历史阶段自公元 650 年延续至公元 900 年。通常以两个名字来命名此阶段：如果从墨西哥中部看过去，从特奥蒂瓦坎的终结及其后发生的剧烈变化来看，一般会称之为古典时代史诗时期（Epiclásico）；若从玛雅地区的视角来观察，玛雅王朝此时正处于繁荣的巅峰状态，一般则称之为古典时代晚期（Clásico tardío）。但是，无论采用哪种视角下的命名方式，此阶段开始的日期对应着那场终结了特奥蒂瓦坎霸权统治的危机发生的日期，而此阶段的结束日期则以玛雅古典文化的消亡作为标志。更确切地说，结束于公元 909 年——这是记录在卡拉克穆尔（Calakmul）和托尼那（Toniná）的纪念碑上的最后日期。

在公元 600 年之前，特奥蒂瓦坎文化在玛雅区域的影响已经逐渐消失。在此后的 100 年间，即直到公元 700 年，中部美洲逐渐抹去了特奥蒂瓦坎曾经存在过的痕迹：马塔卡潘的宏伟港口曾是交流的中心，那时则烟消云散；在位于圣路易斯波托西的朱砂矿区，特奥蒂瓦坎瓷器也难觅踪影了；莫洛雷斯和墨西哥谷底之间的贸易往来中断了。总而言之，特奥蒂瓦坎时代结束了。特奥蒂瓦坎系统的剧烈收缩，似乎是由于在交换活动网络中处于中间位置的城市为寻求更为活跃的地位而导致的，如同整个中部美洲地区一起撼动了一个试图统治所有地区的经济生活的强权统治。古老的大都市在危机中败北，并失去了五分之四以上的人口。

在玛雅地区，特奥蒂瓦坎文化影响力的消亡似乎是造成区域发展加速的众多原因之一。玛雅城市越来越兴旺发达：建筑、雕塑、仪式用品及祭祀物品等，都表现出多样化的特点，丰富程度前所未有。几个重要的玛雅城市都在公元 7 世纪迎来了它们最繁荣的时期，诸如坐落于恰帕内卡山脉（Chiapaneca）脚下的帕伦克城（Palenque）[①]，位于乌苏马辛塔河流域的黑石城和亚克斯奇兰（Yaxchilán），位于佩滕的蒂卡尔，位于尤卡坦半岛南部的卡拉克穆尔（Calakmul）等。同玛雅历史的其他时期一样，我们熟知关于玛雅历史辉煌阶段的诸多细节以及它与中部美洲其他历史之间的细微区别。玛雅人采用了兼具意形和意音功能的文字系统，使用语素，因此可以通过文字来复制口头辩论，并且他们使用了

① 玛雅第二大城邦。

我们今天所能看到的精确的纪年系统。有时候，玛雅人关于古典时代的描述显得颇为单调——仅仅只记录着出生日期、加冕日期、发动战争的日期、将寺庙献祭给神的日期、死亡日期等等。但是，学者们在过去 20 年里对完整的玛雅铭文所进行的成功解读，允许我们去探知不同铭文之间的细微区别和独特性：并不是所有的国王都采用了同一种行为模式，而不同的城市也都采用了自己的独特方法来记录各自的历史。在目前已经获得的可用铭文中，还有上百个故事我们至今无法破解，一无所知。而其中很多铭文都来自于公元 7 世纪左右的玛雅文化辉煌时期。

通过亚克斯奇兰的铭文，我们可以了解到很多人的生活，其中有一位特别幸运的国王是盾虎二世（Itzamnaaj Balam Ⅱ），他于公元 681 年至 742 年间在位，统治时间长达 60 年。在亚克斯奇兰最有名的门楣雕刻上，盾虎二世作为一位伟大的战士和城市守护者的形象而出现。他治下的领土繁荣，而他本人也荣享高寿，如同他长寿的母亲巴加尔夫人，他活到了 90 多岁。盾虎二世有过几任妻子，其中一位名为喀巴尔 · 苏克（Kabal Xook）的女士最为重要。国王将亚克斯奇兰的一座寺庙献赠予她，庙宇内部装饰富丽堂皇，布满了从其他城市运过来的美妙无比的雕刻作品。喀巴尔 · 苏克女士在盾虎二世死后 9 年才去世，她死后被安葬在这座妙不可言的庙宇中，陪葬品中有令人惊叹的两万个黑曜石刀片。

巴加尔二世（Kinich Janaab Pakal Ⅰ）[①]，亦称巴加尔大帝（Pakal el Grande）和他的儿子巴拉姆（Kan Balam）是玛雅文化繁荣顶峰时期的另一派代表。他们是来自帕伦克的领主，在他们的时代，帕伦克城邦被称作拉卡姆巴（Lakamba）。帕伦克的艺术家们将巴加尔二世和巴拉姆的故事铭刻于雕塑、墙壁和一些石头制品上，而不是王柱碑上。巴加尔二世是从他母亲那里继承了权力，这在父系社会中是一个罕见个案。初看，似乎是他的母亲萨克·库克（Sak Kuk）因没有男性兄弟而继承了权力。她的最后一位男性兄弟死于抵抗卡拉克穆尔的激烈战争中。在以某种摄政的形式统治了三年之后，面临领土内不断出现的反抗和暴乱，萨克·库克将权力授予其子，彼时的继承者巴加尔二世年仅 12 岁。巴加尔二世设法将城市从一场糟糕的军事失败中解救出来，并积聚了足够的财富来兴建古代墨西哥最大的宫殿之一以及为他死后去往亡灵之地“席巴巴”（Xibalba）而兴建的宏伟纪念陵墓——史称“铭文神庙”。在巴加尔二世建立的稳定统治的基础上，他的儿子巴拉姆将帕伦克城邦带至了权力巅峰。如同他的父亲，巴拉姆也对大兴土木充满热情，他主持兴建了三座著名神庙：十字圣树神庙、叶形十字神庙以及太阳神庙。

---

① 称之为二世是为了与其祖父区分开。

帕卡尔大帝的同时代者是卡拉克穆尔的领主们，风暴王尤考姆-卡贝萨（Yuknoom-Cabeza）和尤考姆大帝（Yuknoom el Grande）。风暴王尤考姆极其英勇，在面对一个比其领地的众多邻居们都更为好战的城邦时，热衷维护王国的军事威望以及对其他小城市的权威。当位于危地马拉佩滕省的城市纳兰永（Naranjo）希望获得解放，卡拉克穆尔的军队立即奔赴战场试图降服纳兰永，而尤考姆亲自披挂上阵刺杀了纳兰永的国王。铭文在描述此事的过程中使用了一个动词“kuxaj”来指代尤考姆对自己的敌人所行之事，一般来讲，对这个词语可以有两种解读：折磨他或者是吃了他。风暴王尤考姆的继任者是尤考姆大帝，后者调动卡拉克穆尔的所有力量来抵抗蒂卡尔王国，支持蒂卡尔的敌人或是直接组织袭击蒂卡尔的战斗。

关于玛雅王国的权力在7世纪所曾达到的高度，可以从它对墨西哥中部的影响力中看出来。然而，这种影响只不过是既往构成过特奥蒂瓦坎体系的边缘区域进行扩张的这个普遍现象所带来的一部分结果。韦拉克鲁斯中部和中北部的玛雅人群体，以繁荣的城市塔欣（Tajín）为首，渗入瓦斯特卡（Huasteca）和中央高原。在乔卢拉城（Cholula）发现的一些古代祭祀用品清晰地表明，此地区明显受到来自于墨西哥湾地区装饰风格的影响。墨西加人的群体也朝向乔卢拉发生了迁徙，这肯定有助于在普埃布拉和莫雷洛斯的定居点传播某些图像技法以及历法，特别是后者。而玛雅人则决定性地影响了卡卡斯特拉（Cacaxtla）和霍奇卡尔科（Xochicalco）这两个重要城市里的精英阶层的生活方式。在卡卡斯特拉著名的城墙壁画上，有来自于墨西哥湾地区的人物形象和符号，也有特奥蒂瓦坎式的风格集合。但是这些绘画的风格、场景的组合方式、人物刻画的手法，首先都是玛雅式的。从事绘画职业的艺术家们肯定也是当地贵族的一分子，对乌苏玛辛塔盆地的艺术传统相当熟悉。

在霍奇卡尔科所体现出的来自不同区域的传统之间的融合则更让人惊诧。霍奇卡尔科城市化的空间与我们在阿尔班山所看到的景象有相当多的共同点，但最重要的是它与玛雅的仪式综合体聚集系统还有卫城系统都非常接近。建筑物平台建造于乔卢拉式的斜坡和平基之上，但是运用了塔欣式的悬臂檐。羽蛇神庙的装饰复制了特奥蒂瓦坎主题，但是除了致敬之外，霍奇卡尔科人还是小心翼翼避免与颓废的大都市进行接触，而且更倾向于使用米却肯矿藏中的黑曜石，虽然发现米却肯矿石的旅程比从墨西哥谷地中运送矿石的路途要远得多。在霍奇卡尔科的历法铭文中，尽管创建新系统的努力很明显，但来自瓦哈卡的影响依然非常显眼。如同在卡卡斯特拉，我们再一次发现了霍奇卡尔科的风格元素，这只能归因于它与熟悉玛雅艺术的精英团体之间的紧密联系。毫无疑问，在羽蛇神庙里雕刻的人物，其形象风格来自于玛雅的造型艺术传统，很有可能来自遥远的科潘（Copán）。

面对因特奥蒂瓦坎被废弃而出现的真空，很有可能所有的区域都从各自的视角出发而急于建立一个古老交流网络的新脉络。这个交流网络过去被中央权力所控制，现在则建立了具有主动权的新的连接结点。毫无疑问，这是一个躁动的时代，同时也是一个武力活动频繁发生的时代：在勒尔玛诞生的过程中，特奥特南沟（Teotenango）发展成了一座易守难攻的大山；而霍奇卡尔科和卡卡斯特拉虽然屹立于山峰的顶端，却没有放松警惕，绕城修建了大量护城河和城墙；在卡卡斯特拉的城墙壁画上，有以描述残酷战争的方式来表达抗旱抗涝的内容；在霍奇卡尔科的羽蛇神金字塔里，那些雕刻在上半部分的人物手持着巨大的盾牌和飞镖。

公元 8 世纪，军事活动在玛雅地区也愈加频繁，其激烈程度和对抗规模前所未见。玛雅文化影响范围内的不同地区之间抗争不断（最终还加入了对经济资源的争夺），导致爆发了一场螺旋式的战争瘟疫，这场征战以玛雅文化的消亡作为终结，结束了玛雅文化曾经在低地地区持续了数个世纪的繁荣兴旺。发生在帕西翁河流域以及佩特克斯巴屯（Petexbatún）湖区的一些事件能够帮助我们了解这段时期的战争狂热。此地在 7 世纪 60 年代的十年间面临区域冲突，诸多地区卷入其中，如双柱城（Dos Pilas）、阿瓜特卡（Aguateca）、塞巴尔、阿瓜斯卡连特斯（Aguas calientes）和阿梅利亚（Amelia）。双柱城直到此时还是区域内最有权力的城市，却被地方贵族们就此抛弃。那些还留在双柱城里的人们修建了双重城墙，拦腰切断了旧广场和庆典区域。另外，阿瓜特卡的居民们也修建了城墙来提高防卫水平，最终他们不得不逃亡到一座小岛上，在那里他们同样选择通过修筑城墙来固守一方。在这场危机的尾声，大概公元 830 年，唯一一个还拥有少许繁荣兴旺景象的城市是塞巴尔。通常来讲，我们可以断定玛雅城市在公元 9 世纪进入了无解的危机之中，最终危机将导致城市被大批量遗弃：亚克斯奇兰在公元 808 年成了无人问津的荒地，不久之后帕伦克也步了它的后尘；蒂卡尔在大概公元 870 年时被抛弃；卡拉克穆尔在长达将近一个世纪的时间里不断衰败，最终在公元 909 年被彻底抛弃；同年，托尼那也被抛弃。

最新的史学研究发现取代了过去的传统观点，以前通常认为玛雅的覆灭是一场原因不明的神秘崩溃，而现在我们知道是战争导致了古老的玛雅王朝的灾难性覆灭。但是需要重申的是，在这些惊人且非理性的穷兵黩武背后还存在着更多的深层原因。我们看到的很有可能是关于一个刚刚出现的兴旺丛林所面对的最尖锐的求生战，它因为要承载快速增加的大量人口而变得异常脆弱，人们必须通过抗争来求生存。玛雅人享用着在河流周边的富饶土地上种植出来的丰富农作物，通常灌溉渠系统进一步优化了他们的收成。同时，玛雅人还开垦出更靠近内陆的土地用以种植农作物，通过砍伐树木、焚烧植被来获取可耕种的土地。但是河滨的土地还是很稀缺，而且玛雅人的砍伐和焚烧系统也有一个弱点：耕种过两三年后，地块就需要进行休养生息，有的地块还有可能需要休息十几年，以期恢复自然植被和土地的养分。

贵族们在征战中发现了一个增加资源的快捷途径，即向战败国强行征收税贡。但是连年征战牵扯到巨量的精力和时间投入，最终因为影响到了农业生产以及农业产出而被迫停止，特别是在使用水利灌溉技术的地区。有充分证据表明，在古典时代晚期阶段，玛雅农民们的饮食水平不断恶化，大部分人都营养不良，这是农业人口下降所带来的致命影响之一。但出现这种情况也很有可能是其他方面的事件所导致的：贪得无厌、毫无底线的精英阶层们在积累城市财富的过程中，向农民们施加了过重的税负。社会凝聚力松散、社会脆弱、贵族们通过发动战争来获取更多财富和更多资源，这些因素共同将玛雅帝国推到了崩溃的边缘。大批城市陷落，满目疮痍或是精疲力竭；而在另外一些城市里，农民们则抛弃了贵族：有那么几个月，农民们会隐入山里，任由贵族失去供养。

羽蛇神的武士们

到了公元900年，除了玛雅区域之外，古典时代史诗时期（即古典时代晚期阶段）中其他繁荣兴旺的城市塔欣、霍奇卡尔科、卡卡斯特拉也终止了发展，部分或者完全被荒弃。至于特奥蒂瓦坎城，曾经经过两个多世纪的发展而繁衍成为整个区域的中心，现在则完全变成了荒漠。至此，我们今天称为后古典时代（Posclásico）的历史阶段宣告拉开序幕，这个阶段一直延续到西班牙殖民者到来为止。

另一个标志着后古典时代开启的标志是位于中部美洲北方的定居点被大规模抛弃，以及由此而来的涌向南方的大规模移民潮。世代居住于巴希奥（Bajío）、哈利斯科州的高地地区以及马德雷山脉的居民们，朝向今天的普埃布拉 - 特拉斯卡拉、墨西哥、托卢卡以及塔拉斯卡高原（Tarasca）迁徙。他们中的绝大多数都是纳瓦人，但是也有一些帕梅人（los pames），还有可能有一些普瑞佩查人（los purépechas）。在殖民者的文献中，则将他们统一称为奇奇梅克人（los chichimecas）。这些族群习惯于居住在文明的边界上，居住于生存条件恶劣的荒芜地区，经常遭遇狩猎采集者群体。这些族群作为军事组织结构体，其成员通常都骁勇善战，并授予武士以最高的社会地位。

后特奥蒂瓦坎阶段的典型特征是持续不断的冲突以及北方暴发户穷兵黩武的好战。后古典时代的城市公共生活围绕着战争这个中心：武士们穿戴着带有宗教属性的衣物在公众面前露脸；战役通常都是以神之名而发动；在军事竞赛后所进行的活人献祭，通常被认为是为了维护宇宙秩序的正常运转而进行的必要活动。武士们的形象以及他们的功绩被史无前例地广为传颂。职业军人阶层中的精英团体，特别是雄鹰武士和美洲豹武士[①]，成为统治者们最重要的支持力量。将雄鹰和美洲豹表现为对立面的主题在后古典时代的图像中很常见，通常表现为二者之间的对抗、交配或并列——这是处于战争中的社会最喜欢的隐喻。

但是武力并不能解决所有的冲突，长期处于战争状态的社会也无法生存。通过诉诸结盟以及达成外交协议，后古典时代的帝王们寻求使冲突稳定化，并试图对冲突进行管理。同盟一般总是由三个王国组成，虽然偶尔也存在由四个王国组成的联盟。结盟和外交协议，旨在组织政治统治，划定并承认每个盟国在特定地区的势力影响范围以及涵盖的人口区域，并在政治共同体内分享、分配税收总收入。一些著名的后古典时代的联盟，诸如位于尤卡

---

① 雄鹰武士和美洲豹武士组成的职业军人阶层并不是世袭的，它由贵族和在战争中有英勇表现的平民组成。这也是阿兹特克文化崇尚武力的表现之一。

坦半岛上的奇琴伊察人（Chichén Itzá）、乌斯玛尔人（Uxmal）、玛雅潘人（Mayapán）结成的联盟，在米却肯的伊瓦奇奥人（Ihuatzio）、帕茨夸罗人（Pátzcuaro）和钦春钱人（Tzintzuntzan）结成的联盟，以及墨西哥谷地中在特诺奇提特兰人、特斯科科人（Tetzcoco）和特拉科潘人（Tlacopan）结成的联盟。

除了这些"朋友"间结成的联盟，还有一些不同部族间达成了一些短期的协议，确保在敌对国之间形成一定的外交关系。关于这一方面，来自米却肯的几位绅士们出席墨西加人的加冕典礼这个例子极具说服力：在参加了几天的宴会和娱乐活动之后，塔拉斯科（Tarasco）的达官显贵们回到了他们的领地，对墨西哥-特诺奇提特兰（México-Tenochtitlan）及其盟友们继续表示出公开的敌意。

后古典时代早期（900—1200 年）最重要的城市是图拉，位于今天的伊达尔戈州（Hidalgo）。在图拉，英勇的奇奇梅克战士和继承了特奥蒂瓦坎传统的南方纳瓦人混合在了一起。在图拉，武士们才是随处可见的主角：关于武士们的雕像占据着城市里最重要建筑的顶端，这些建筑的基座上通常装饰着行进中的土狼、美洲豹或是雄鹰，雄鹰的喙叼着流血的心脏。举行蹴球运动的操场在图拉尤为重要，以前应该曾被用来举行战争仪式，这些战争仪式的高潮部分一般是对敌方战犯执行砍首惩处。图拉是第一个使用令人毛骨悚然的骷髅头骨庙（Tzompantli）的中部美洲城市，骷髅头骨庙采用一种类似于算盘的巨大无比的架子结构，每一根横梁都挂了一串人头——这是奇奇梅克人对中美洲历史最后几个世纪所做出的贡献之一。也是在图拉，最早开始使用巨大的门廊，它由几个不同的平行的廊柱以及我们今天称为“查克穆尔”（chac-mool）的拟人形祭坛组成。这些元素都来自于西部山脉的定居点。

与特奥蒂瓦坎相比，图拉的成功更为低调谦逊。但是，图拉的政治和军事重要性足以促成它与更遥远的地区形成交流通道，随着这些通道的延展，图拉的影响力向南至少抵达了中美洲，向北至少抵达了锡那罗亚（Sinaloa）。在如今的新墨西哥州的农业绿洲定居点中，比如位于加尼翁恰克（Cañón del Chaco）的美丽城波尼托（Pueblo Bonito），发现了起源于中部美洲的手工制品，似乎是来自托尔特卡时代的，虽然我们不能确认这些手工艺品是不是顺着图拉的商业推动而来到了这里，或许它仅仅是区域性网络发挥作用的结果之一。但我们知道，那些位于河流沿岸的农业小村庄同马德雷山脉上的城镇进行了商业交流活动。也有证据表明，奇瓦瓦山脉和杜兰戈以及亚利桑那和新墨西哥的农民之间存在着接触。在今天墨西哥疆域的最北边有它历史上最完整的农业定居点，它是位于奇瓦瓦的帕魁姆（Paquimé，也被称作卡萨斯格兰德斯［Casas Grandes］）。帕魁姆修建了超级大的多家庭聚居建筑体，有四层楼高，预装了暖气和排水系统，周围环绕着大型平台以及用于仪式庆典的广场。在将货物运送至墨西哥北部的路途中，帕魁姆很有可能是很重要的一站。有可能是来自图拉的商人们也抵达了帕魁姆，遍布在新墨西哥周边地区的绿松石矿床吸引着商人们远道前来。

如同特奥蒂瓦坎人曾经经历过的一样，托尔特卡人在玛雅人地区也发挥着重要影响。虽然对于后者，更难准确定义两者之间产生联系的模式和方法。位于尤卡坦半岛的奇琴伊察城，在公元900年，基本上是在古典时代的旧城一侧完全修建了新城。在奇琴伊察新城，重新创造了一些具有图拉风格的图像和雕像：立柱组成的门廊与建筑连在一起，呈L形分布；在武士庙的顶端尖角上刻有两条羽毛状的蛇，它们直立凸出作为檐壁使用，借此可以走到屋顶外墙上；刻有武士脸庞的支撑柱体，用鹰和美洲豹图像装饰的门楣，甚至还有一个雕刻的骷髅头架子，复制了托尔特卡人的头骨串。

新奇琴伊察的建设者们不是来自托尔特卡的移民，而是实力雄厚的商人群体，是玛雅人的后代——他们总是自称为普囤人（Putunes），他们习惯于探访纳瓦人的城市并且对这些城市相当熟悉。需要强调的一点是，新城的建筑是由一个对图拉一无所知的人设计的。直到 1300 年，奇琴伊察都是尤卡坦半岛最强大的城市，也许在与乌斯玛尔人和玛雅潘人的结盟中也展现过它的强势地位。最后，玛雅潘人打破了三角盟友关系，并以暴政控制整个区域直到 1450 年。但是奇琴伊察的声望以及它信奉库库尔坎神（Kukulcán，即羽蛇神在尤卡坦语言中的名字）的精英改革阶层，则一直延续至西班牙殖民者的到来。

除了物质性的遗迹和文物，图拉还在中部美洲的城镇里留下了辉煌的王柱碑。图拉的声望超出了纳瓦人的疆域，它的名字总是与政治权力和文明关联在一起。同样的故事也发生于羽蛇神身上，羽蛇神是托尔特卡人传说中的领主。比如，危地马拉的玛雅奇切人（los mayas quichés）的第一个国王，即是因羽蛇神的授权而担任国王职务，奇切人语言里将羽蛇神称为库库玛兹（Kucumatz）。同样，米斯特克人也将统治着后古典时代的王朝奠基者称为羽蛇神。玛雅人和米斯特克人都曾在他们的记载中提及过图拉：玛雅人认为其皇族祖先来自于图拉，而米斯特卡人则认为他们的伟大皇帝、征服者“美洲虎”欧邱 · 贝纳多（Ocho Venado）曾经抵达图拉以确认他的王位。而 16 世纪的绝大多数纳瓦人分支，包括查尔卡人（los chalca）、特斯科科人、乔卢拉人、瓜廷昌特拉卡人（Cuauhtinchantlaca），当然还有墨西加人，以及更多的部落，都将图拉视作其统治血统的起源地。

为何图拉和羽蛇神在中部美洲人的意识形态中是一种根深蒂固的深刻存在？仅用居住于伊达尔戈的图拉城的托尔特卡人的表现、商业行为以及军事力量来进行解释，显然是不够的。还有更多其他因素。“图拉”（在纳瓦特尔语中的发音是 tollan）这个词在词源学上意味着“芦苇丛”，一个有着茂盛且充足的芦苇的地方。“芦苇丛”这个比喻用来指代大量人口的聚集，这是城市才能体现出的特征。在殖民地时代的原住民传统中，“图拉”这个词用来指代奇妙的城市、神话般的城市、居住着羽蛇神和混沌之神特斯卡特利波卡（Tezcatlipoca）等诸神的神之城市；同时，“图拉”也被当作绰号使用，用来指代一系列真实存在的城市或是历史上的城市，诸如乔卢拉、库尔瓦坎（Culhuacan）、特诺奇提特兰以及伊达尔戈的图拉。

所有这些城市的共同之处就在于它们的繁荣兴旺，城市规模、文明发展的高度、统治者表现出的智慧以及宗教信仰。图拉是出类拔萃的卓越之城，是奇妙之城，当然也是它在尘世的每一个化身的映照之城。很有可能所有的图拉之城的原型都来自于古代墨西哥最大、最强势以及最繁荣的城市，也就是特奥蒂瓦坎。在特奥蒂瓦坎诞生了纳瓦人的城市传统以及对羽蛇神的崇拜传统。伊达尔戈的图拉则强化了古代的神话，并在其中添加了一些与权力运行有关的新思路：图拉城的统治者以“羽蛇神”的神之名为自己命名，并且拥有一项特权，即通过用鹰爪和美洲虎的爪子刺穿鼻中隔软骨，为其他城市的统治者们确认统治权。

玛雅人和墨西加人对图拉和羽蛇神都相当熟悉，这反映出纳瓦人传统在南方的深远影响。纳瓦人影响扩散的过程开始于特奥蒂瓦坎时期，但是貌似在托尔特卡时期展现出更大的政治影响和宗教影响。玛雅人的羽蛇神可以是奇琴伊察的领主；同样，墨西加人在其来源中提及的图拉也有可能是乔卢拉的图拉。后者在长达几个世纪的时间里保留了特奥蒂瓦坎传统，与瓦哈卡保持着紧密联系，而且在后古典时期因为成了羽蛇神的主要神殿而广负盛名。可以确定的是，始终有好几个图拉城，也有好几个羽蛇神。至少在后古典时期，中部美洲不同王国的统治者都将自己与羽蛇神这个古老传说和象征符号联系在一起，作为为自己的权力赋予合法性的有效手段而加以战略性使用，以此带领大众承认其领袖的地位，并向贵族们的身份致敬。

如果墨西加人将伊达尔戈的图拉城视作羽蛇神的神圣之城，并赋予了乔卢拉或特奥蒂瓦坎最重要的历史作用，是因为这是“它的图拉”，是墨西加人的大都市。墨西加人已经构成了托尔特卡王国北方省份的一部分，可能是在今天的克雷塔罗州（Querétaro）一带。大概在公元 1200 年前，当墨西加人的大都市遇到危机并被抛弃时，他们蜿蜒下行到了墨西哥谷地地区。即使是在最辉煌的时期，墨西加人也喜欢游荡在亚特兰蒂斯人古老城市的周围和“查克穆尔”人形祭坛周边，挖掘寻找一些曾在特诺奇提特兰被用作祭品的文物碎片，在已经荒弃的城市中寻找图案来激发设计灵感，并创造出属于自己的艺术作品。墨西加人将自己视作图拉之城特诺奇提特兰的直接继承人，以及更遥远时代的特奥蒂瓦坎人的后代，他们出现于创世纪之初。

在 1200 年，貌似是随着冲突逐渐加剧，图拉城最终陷落，这标志着后古典时代晚期的开始，这个阶段以西班牙殖民者的到来为结束的标志。

水之王

在西班牙殖民者到来之前，墨西哥谷地经历了一段繁荣兴旺的城市发展阶段。谷地里涌现出大量城市，每个城市都有众多人口，城市里街道和小巷纵横交错，交易广场上人声鼎沸、生意兴隆，令史学家们惊叹不已。这些城市有恰尔科 - 阿登科（ChalcoAtenco）、霍奇米尔科（Xochimilco）、科约阿坎（Coyoacán）、库尔瓦坎、伊察帕拉帕（Iztapalapa）、特斯科科、特拉科潘、阿斯卡波察尔科（Azcapotzalco）、墨西哥 - 特诺奇提特兰、墨西哥 - 特拉特洛尔科（México-Tlatelolco），此外还有几十个中等规模的城市，诸如夸特林昌（Coatlinchan）、米斯科瓦克（Mixcoac）和塔库巴亚（Tacubaya）。超过两百万的人口居住在墨西哥谷地，分布于这些人口密集的地区。

大多数城市都由纳瓦人贵族的直系血亲来统治，但是也有很多城市的统治者来自于其他种族，特别是奥托米人和马特拉钦卡人。纳瓦人使用术语“城邦”（altepetl[①]）来指代城市，包括居住于其中的人口及所属的土地。每一个城邦都是由一个特拉托阿尼（tlatonani）或者一个“王”进行统治，由一群官僚来进行辅佐，包括法官、税收官、军官以及其他的行政官员。虽然每一个城市在内部管理上都享有相当高的独立性，但是有三个王区有着比其他区域更高的等级。其他地区要向这三个王区上缴贡品，并且这三个王区能够召集其他地区来参与战争或修筑公共工程。这三个王区分是特拉科潘、特斯科科和墨西哥-特诺奇提特兰，三者共同组成了后古典时代最著名的三角同盟。特拉科潘仅仅只分享其中五分之一的贡税收入，在联盟中的地位无足轻重，而斯斯科科与墨西哥-特诺奇提特兰之间则形成了一种对称关系，除了发动战争的权力——墨西加人是三角联盟毋庸置疑的军事首领。

① 在印第安原住民语言里本意为“水岭”，但一般意译为“城邦”。

三角联盟是必需的，没有一个墨西哥谷地里的王国能独立统治这些复杂的路网、商业广场、税贡省份以及由贵族后代形成的利益网络。三角同盟的形成事关行政管理能力，必须尊重王区对某些人口和族群的历史权威。这有助于我们理解为什么墨西加人和特斯科科人（刚刚在战争中打败了阿斯卡波察尔科的特帕内卡人［Tepanecas］）会邀请特拉科潘人参与到这个三角形的联盟中：在墨西哥谷地西部的城镇以及托卢卡区域的城镇中，特帕内卡人的影响力逐渐上升，特别是相对那些马特拉钦卡人，占据了优势地位；另外，阿斯卡波察尔科市场对于墨西哥谷地地区的经济至关重要。

16 世纪，繁荣的农业支撑着墨西哥谷地里的人口密度和城市复杂性。到有详细史料记载的殖民地时期之前两百年的前殖民地时期里，仅提及过两次大饥荒，都是因为长期干旱造成的。墨西哥谷地里农业的良好收成要归功于在大陆地区普遍使用了农业灌溉系统，而在岛屿和湖岸区域则普遍使用了奇南帕系统。人们用泥浆或蝙蝠粪便来对土地施肥，对有些作物则是采用幼苗培育系统，以便在每块田地上种植最有活力的植株。

后古典时代的纳瓦人种植的农产品和特奥蒂瓦坎人种植的农产品并没有区别，和托尔特卡人以及中美洲绝大多数人民所种植的农产品也都没有区别：一般都是玉米、芸豆、南瓜、辣椒、几种番茄、奇亚籽、苋菜籽以及其他一些农作物。墨西哥谷地资源丰富，还可以提供很多其他的可食用非农作物资源，诸如品种丰富的鱼类、禽类、青蛙、昆虫、蛇、兔子、鹿以及许多其他物种。在湖底有盐矿（特斯科科这一边），在附近的森林里则可以种植万年青，可以收获柴火。另外，区域内还有很多果树，诸如墨西哥山楂和黑樱桃，这也让区域的资源版图更加完整。

每个王国都依靠其臣民的生产劳动而生存，另外这些王国还向其势力影响范围内的其他人口征收税贡。每个定居点的生产者都需要以实物形式向他们的国王上贡，另外还有参战的义务以及参与修建公共工程的义务。那些最伟大的王们，比如参与三角联盟的王，还能从遥远的省份收到贡品，魁扎尔鸟和金刚鹦鹉的羽毛、黄金、精雕细琢的珠宝、装饰毛毯、棉布、玉石、可可以及其他的产品填满了他们的仓库。这些奢侈品被保存起来专供贵族享用，或者用于宗教节日。

在墨西哥谷地里所有的纳瓦人城市中，居民都被分成两个社会类别：贵族或被称为“皮尔利”（pipiltin）的上等阶级，以及普通人或被称之为“马赛瓦尔利”（macehualtin）的下等阶级。一般按照出身来划定是贵族还是平民，只有在特别情况下，比如实现杰出的武力成就，平民才可以转化成为贵族中的一分子。平民一般都是农业种植者、渔民、手工业者或其他种类的劳动者，要向贵族上贡。贵族成员则从事与统治、司法、组织战争、宗教崇拜等相关的工作，依赖平民生产并上贡到宫殿里的税贡为生。特拉托阿尼领主周期性地进行物品分配。一些贵族成员可以直接接收贡品，比如法官，因为某些土地的产出直接和他们的职位相关。另外一些人则拥有封地，可以继承或者出售土地。通常是那些在战争中表现优异的官员或者是特拉托阿尼领主希望奖赏的贵族才能得到封地，这两类人都可以直接享用土地的产出以及居住和劳作在这些土地上的农民提供的个人服务。

立法强化了阶层的差异，用以巩固权威的声望以及贵族的权力。贵族们穿戴的服饰和佩戴的珠宝，其他人等不得使用。虽然在市场中可以买到这些贵族专享的服饰和珠宝，但是如果平民违规使用被发现，会被处以死刑。贵族们的服饰是用棉布制成的，区别于普通平民穿的粗纤维服饰。贵族们的府邸更富有、更高大且装饰更精美。贵族们可以拥有三妻四妾，但是平民不可以。贵族们在配备有羽绒床垫的舒适大床上休憩，可以使用枕头、棉布床单和鹿皮，而平民们的生活则非常简朴。

对社会两个阶层的区分非常细致入微，但也伴随着一系列的例外和异常情况。参与公共工程不是手工业者的义务，他们只需要以实物形式上缴贡品。另外，一些享有盛誉的手工艺人与王宫关系密切，因此生活舒适，享受着国王的庇护。商人们同样不用通过工作来上贡，也不用被迫参与战事，不同于其他的一般平民，他们在敌对王国中从事间谍活动，因为商人们可以四处旅行而不引起怀疑。精英武士们，雄鹰武士、美洲豹武士、土狼武士和参与对抗奥特米人的战士，则过着一种非常独特的生活。他们以近乎疯狂的勇气投身于战斗，往往大部分都死于征战或者成为敌人献祭的牺牲品。但是在和平时期，这些精英战士们则享有特权，盛名被广为传播，平日饮酒作乐，出入则由名妓相伴。如果能侥幸活到老，一般会献身于培训事业，指导年轻的战士成长。

农民之间也有区别。有些农民将其耕作的土地视作自有土地，因为他们是某些家庭公社（自远古氏族时期就形成的社区）的成员之一，历史上的某个城邦承认了他们的定居权。这些劳作者，有些文献中将其描述为“家庭公社社员”，向他们的特拉托阿尼领主上贡。还有一些农民在被征服或是被赏赐给贵族及军事官员的封地上生活和劳作，某些文献中将其称为氏族劳力（拥有手的人）。在殖民地时期的文献中，一般认为氏族劳力的境遇比家庭公社社员的处境更糟糕一些，他们需要向拥有土地的贵族缴纳负担极重的税贡，通常以实物形式或者通过工作来支付。

在社会阶层的最底端也存在着细微的群体分化，相较于一般平民来说，这些最底层人民的生存条件更为艰难，或是会处于更危险的境地。后古典时代人口稠密的城市为流浪汉、天生的恶棍无赖、歹徒、犯罪分子提供了庇护所。原则上，所有的个体都归属于某个社群并接受社群的保护，但是一旦某个个体脱离他所从属的社群，就不可能再加入另外一个社群中，他将一无所有，只能沦落为流浪汉。这种事情时有发生，比如一个青少年决定逃离他父母的家，比如某人犯罪后畏罪潜逃，比如某个城市或某个社群因某些人犯下的巨大错误而对其判处流亡的惩罚，等等。因此，在文献记载中，此时出现了市场挑工、乞丐、妓女、小偷以及公路劫匪等形形色色的职业。有些文献记载的描述方式相当戏剧化，比如：衣衫褴褛、蓬头垢面的一个个游魂，浑身上下布满了伤痕，步履蹒跚地行走在街头，或是精疲力竭，或是酩酊大醉，在人群和人性的边缘试探；每晚游荡在市场的广场上，徒劳地从商贩们丢弃的垃圾里寻找零星食物来维生。

对于这些游离于社会组织之外的个体的描述令人印象深刻，特别是在一个进行着严格的合作的社会里发生这些个案，更让人觉得异常或是畸形。墨西哥谷地中的纳瓦人，或者从属于劳作者组成的家庭公社，或者从属于商人组成的氏族，或是从属于贵族家庭。若不从属于某个群体或阶层，就相当于这个人不存在。贵族的血脉被严格记录在法典中。长久以来的一夫多妻制允许统治者家庭在一代人之后可以组建一个带有烦琐的官僚主义特性的朝廷，由统治者或君王们的亲属霸占各项职位。至于劳动者群体，主要是家庭公社的平民，他们构成了西班牙殖民者到来之前的所有社会组织结构的核心单元。他们到底是按照氏族来联结的种族群体，还是由国家行政力量划定的行政区划内的地理群体，相关争论非常多。历史材料表明，关于这个争议问题的答案存在于两个理论的折中地带：毫无疑问，在家庭公社的平民成员之间存在某些血缘联系，成员之间彼此通婚，承认共同的祖先；但是同时，一旦在城市中建立了根基并且开始效忠国王后，家庭公社就开始作为行政管理单元而运转，这样是为了达到更好的税贡收集效果，并且方便组织成员参加战争和宗教崇拜活动。特拉托阿尼领主干涉平民家庭公社的事务会有一个限度，但是与此同时，这些平民社团的自治程度也是有限的。对一个更高更强大的权力的效忠将会造成界限，这种界限具有政治性。平民团体愿意服从于政治力量的动机很明显：城市生活、交易市场、军事保护以及宗教的神圣保护。

在城市的社区里，家庭公社的平民成员们各自拥有自己的紧张生活。他们崇拜各自的守护神，通过轮流工作来维护族人的神庙，并且保护自己的社区免受不幸的袭扰，组织自己的节日庆典，每天都聚集在广场和社区的街头巷尾来休息、闲聊、嬉笑打闹。每一个家庭公社的平民成员都承认一位首领，有些文献将其称为“老大哥”。首领倚赖年长者的建议而做出相应的决策。长者的建言以及每一个社区的家庭里父亲们的谏言，都会在社区的公共之家里进行核验。

特拉托阿尼领主们依赖着税贡收集人员和工头，税贡收集人员和工头负责监督每一位平民缴纳税贡，并且组织平民参与兴建公共工程。另外，平民中的年轻人被强制参加特殊学校并在那里接受军事训练，这种学校在纳瓦特尔语中被称为“特尔波奇卡尔利”（Telpochcalli），即年轻人之家。在年轻人之家里，经验丰富的武士对年轻人进行指导，而那些勇气突出的年轻人则可以跨越阶层的限制，成为队长或是精英武士。对于彼时的社会来说，这些人都是货真价实的英雄。贵族的年轻人同样也必须要到特殊学校进行学习，文献将此类学校称为“卡尔梅卡克”（Calmecac），他们在此接受更为严格的教育，并且明确以管理性事务为目标，包括军事战略、祭司、政府统治等。其中一些年轻人作为国王的祭司从属于神庙，另外一些人则参与到行政管理和政府治理事务中。在卡尔梅卡克学校，年轻男性的行为都被谨慎监管，避免与女性发生关联。而在年轻人之家里，纪律则更为松散，年轻男性和与其社会地位相似的年轻女性发生关系似乎是稀松平常的事情。在歌房或歌厅里举办的晚间舞蹈活动中，年轻人们相识相爱。

“归属于一个更大的城市或归属于一个王国”，这种归属感通过参与城市中的宗教节日得以确认许可。一年中的宗教节日数不胜数，学龄年轻人都会去跳舞，参与游戏或者仪式性的小规模战斗。全部人口都会观看在中央圣地的寺庙顶端举行的宗教仪式，并且更积极地参与在城市街道和广场以及周边圣殿内举行的仪式。

在纳瓦人城市里举行的各式仪式活动中，最为激烈紧张的要数那些纳入了活人献祭的仪式。墨西加人与墨西哥古典时期的其他所有族群都不同的一点就是，他们以多种不同方式卷入了活人献祭的愚狂仪式。有时候，为了取悦水神特拉洛克，他们会献祭几十个婴儿，将婴儿们扔入水中的漩涡里或是在从山上的祭坛进行献祭。在有些年度性的庆祝节日中，会对一位老妇人进行斩首，然后一位武士会拽住被砍下来的老妇人头颅上的头发，从城市中跑过并不时向着四方摇晃展示。为了供奉春天之神希佩（Xipe），祭司会披着从献祭者身上剥下来的皮在城市里漫步……伤口、大卸八块的躯干、死亡，这些都是特诺奇提特兰城市里司空见惯的场景，在与其临近的城市里亦是如此。通过参与公共娱乐进行狂欢宣泄，比如街头巷尾的游戏、趣味盎然的仪式、攀爬油滑长杆[①]大赛和荒诞剧，城市中的居民能够有机会克服这些极端戏剧性场

① 攀爬油滑长杆（el palo Encebado，又称 la Cucaña），是一种起源于公元前6000 年前的游戏。游戏的内容是参与者只能通过使用手和脚来攀爬到一根长达 5 米的光杆顶端，通常组织者还会在长杆上涂上一层油或者湿滑的物质来增加游戏的难度。该游戏在今天的拉美、西班牙和菲律宾等地区仍然很流行，如西班牙的五月节还保留着这个游戏传统。西班牙画家戈雅的画作中也有表现相关主题的作品。

景所带来的冲击。人们可以尽情取笑那些装扮成大黄蜂的变装小伙子，对着他们跌跌撞撞和从檐口上跌落下来的笨拙样子捧腹大笑，或是对着那些假扮又老又弱还病恹恹的老人的演员们笑个不停。

除了宗教意义，另外有些献祭则毫无疑问是为了展示三角联盟的军事实力。墨西加特拉托阿尼领主中最为穷兵黩武的好战分子阿维特索特尔（Ahuítzotl）领导了对抗瓦斯特卡人的战役，这场战役最终以献祭成千上万的敌人而宣告终结，献祭历经四天四夜，献祭者中有男有女、有大人有小孩，他们面向墨西哥山谷中诸多神庙的宽大台阶排成四排，等待他们的宿命：轮流爬上献祭的石头祭坛。如同一向的风俗，在人们迈向死亡的途中，伴随着鸟群的悲鸣。

西班牙殖民者抵达前夜

在西班牙殖民者占领时期，以特诺奇提特兰为首的三角联盟曾将管辖领域拓展到墨西哥的两条海岸线上。从北到南，覆盖了从克雷塔罗到瓦哈卡的土地，另外还控制了位于恰帕斯的索科努斯科（Soconusco）的土地。墨西哥湾海滨沿线的冲积平原，也曾屈服于三角联盟的统治。托托纳克人（Totonaco）的繁荣城市铺设着鹅卵石街道，遍布的纵横交错的沟渠系统可进行灌溉和排水，拥有菜园和围墙环绕的仪式庆典中心，各种农作物生长繁茂，诸如玉米、可可、香草、水果、棉花、木材以及其他产品，周期性地接待墨西加人派遣来的征税官。另外还必须保护和接待那些穿越整个区域来到这里的商人们，他们来自于联盟国家的其他城市。瓦斯特卡人是托托纳克人的北方邻居，他们始终都不信任墨西加人的扩张战略：战争之后，墨西加人回到自己的城市去庆祝对瓦斯特卡人所取得的军事胜利，但是瓦斯特卡人拒绝臣服，并且拒不缴纳税贡。殖民地时期的文献将几个特拉托阿尼都视作瓦斯特卡的征服者，这是一个不容错过的信号，恰恰表明了他们中没有任何一个人彻底完成过征服瓦斯特卡的任务。

在南方，墨西加人将其税赋系统和商业活动强加于米斯特克人位于山区和瓦哈卡谷地的领地，以及谷地里的萨波特克人。但是在地峡地区以及沿海地区还是存在一些独立的王国，后者以图图特佩克（Tututepec）的领导为核心而聚集起来。在今天被称为格雷罗的地区，特拉帕内科人（Tlapaneco）曾经向三角联盟上贡，但是，另外有些地方则进行了顽强的抵抗。特洛洛阿潘（Teloloapan）盛产可可，特洛洛阿潘人坚决抵抗墨西加人，且拒不接受受到墨西加人保护的卡拉瓦纳（Caravana）商人穿越其区域，最终沦为了这个时期最残暴的一场战争的牺牲品，造成了种族灭绝（在这场惨绝人寰的种族灭绝中，甚至镇上的狗和火鸡都没逃过劫难）。在对特洛洛阿潘这个位于富饶河岸的领地实施了种族灭绝后，墨西加人从墨西哥谷地派遣了大批的纳瓦人殖民者来填补此地的人口空缺。尤皮钦科（Yopitzinco）的质朴酋邦从未屈服，这里的居民们与阿帕奇人（Apache）[①]存在语言学上的关联，经常性地去攻击臣服于三角联盟的城镇，甚至包括墨西加人的驻军。

在西部，三角联盟遇到了无法攻陷的边界。塔拉斯科王国，其中心位于帕兹夸罗湖区，由另外一个三角联盟所统治，该联盟由伊瓦奇奥、辛祖坦（Tzintzuntzan）和帕兹夸罗（Pátzcuaro）组成，其势力范围覆盖整个米却肯，以及今天墨西哥的格雷罗、科利马、哈利斯科以及瓜纳华托州的部分地区。普雷佩查人（Purépecha）使用铜来制作某些农具和武器，因此部分研究人员认为，此时的米却肯正在孕育新石器时代前所未有的中美洲科技质变。但是相关证据并不充分，甚至没有独特农产品可以将其与其他中部美洲城镇区分开来，也没有亚洲亚述人（Asirio）在旧世界里用铁剑铸造出的军事优势。这些普雷佩查人卓有成效地保卫了自己的领土，构筑起了城墙、小型堡垒和岗哨点，通过统一指挥实施军事行动，

---

① 阿帕奇人是居住在亚利桑那州东部、墨西哥西北部、新墨西哥（索诺拉州、科阿韦拉州和奇瓦瓦州北部）以及得克萨斯州和大平原附近的原住民族群。

成功抵御了来自墨西哥中央谷地的军队的侵略。而在其他方面，相较于从特奥蒂瓦坎时代延续而来的纳瓦人的一切，普雷佩查人的城市、建筑、服装风格，甚至包括书写和艺术品，都表现出非常简朴的风格。

相较而言，在玛雅人区域里，人口高度密集且拥有大量城市的地区是恰帕斯、危地马拉高地以及尤卡坦半岛，尤其是尤卡坦半岛最多。在玛雅潘终结后，尤卡坦半岛上出现了不少于 17 个独立的领地。但是这种碎片式的分化并不是经济繁荣发展的绊脚石，地区经济受益于频繁的沿海商业往来。图卢姆[①]港口位于今天的金塔纳罗奥州（Quintana Roo），曾是一个连接不同航线的重要关口，此地将尤卡坦半岛和美洲中部以及加勒比海连接起来。陆地通道则通向特万特佩克，经由此道可以抵达由三角联盟所控制的领土。自后古典时代晚期阶段开始，玛雅人和纳瓦人开始通商做生意，而墨西加人并没有特奥蒂瓦坎人那么强大的实力去远赴此地摧毁它。实际上，如果同特奥蒂瓦坎帝国稳定而幅员广阔的统治相比，墨西加、特斯科科和特拉科潘三角联盟的疆域拓展能力不值一提。

---

① Tulum，又译图伦。

尾　声

托托纳克人认为同科尔特斯（Cortés）结盟是可以接受的，因为借此可以撼动墨西加人的统治。如果去指责这种结盟，是非常愚蠢荒谬的事情。因为他们无法预知即将到来的灾难，如天花、百日咳、伤寒斑疹等；他们也不会知道，他们的城市将会变成沙漠，而他们的玉米地和菜园将会随着时间的流逝变成野草丛生的荒原。特拉斯卡尔特卡人也停止了他们最初的抵抗，选择了和西班牙人结盟，他们以为这种盟友关系会保障他们领土的完整性；他们并不效忠于那些墨西加人，恰恰相反，他们是墨西加人的敌人。自科尔特斯抵达尤卡坦开始，一直到他逮获统治者夸乌特莫克（Cuauhtémoc）并以侵占特拉特洛尔科（Tlatelolco）领地作为结束标志，众多领地在此间发生的战争中被摧毁，或是在与科尔特斯缔结合约协议后，同样被西班牙人终结。征服特诺奇提特兰实际是墨西哥原住民的胜利，功劳归于特拉斯卡尔特卡人、特斯科科人、托托纳克人以及许多其他本地土著种族。这是西班牙人到来前，墨西哥历史上的最后一次战争，一支不属于这段历史的西班牙小部队领导了这场战争。

随着墨西哥首都陷落，西班牙人控制了过去的三角联盟势力影响范围内的大部分领土。在随后的三年间，通过发动数场战争以及缔结数不胜数的各类条约，西班牙人将此前维持着独立的领地也都纳入西班牙皇室的势力范围内，包括米却肯、梅茨蒂特兰（Metztitlán）、图图特佩克、特万特佩克以及位于恰帕斯和危地马拉高地上的一些城市。而对尤卡坦的征服过程则非常缓慢，在将近 200 年的时间里，西班牙人始终未能完全征服此地。偏安于佩滕伊察湖的塔亚萨尔（Tayasal）领地，直到 1697 年才归顺于西班牙殖民者。在西马德雷山脉以及中部美洲北部地区，人口主要由狩猎采集者以及一些农业定居点的村民组成，甚至在西班牙殖民者统治墨西哥的整整三个世纪里都没有屈服、没有归顺。

-2-

持续至 1760 年的殖民地时期

贝尔纳多 · 加西亚 · 马丁内兹

（*Bernardo García Martínez*）

墨西哥历史的第二大时期是殖民地时期，它对应着西班牙人统治墨西哥的时间。在这个时期，墨西哥国家（已经可以如此称呼）采用“新西班牙”（Nueva España）这个名字获得了政治上的统一。因此，一般来讲，殖民地时期也被称为新西班牙时期。1521 年，特诺奇提特兰的陷落标志着新时代的序幕开启，而三个世纪后墨西哥《独立宣言》的发表则标志着这个时代的终结（1821 年）。

如果只从“新西班牙作为一个政体而正式存在”这个角度考虑，不纳入其他方面因素的考量，那么通过精确纪年的方式来标示时代起止时间的方式或许有效。但是，如果考虑经济和社会方面，或者人口及文化方面，那么我们就无法确切地将新时代的起始和终结的年份确定为 1521 年和 1821 年。为经济、社会问题强行施加一些确切的起止时间并不合适。比如说，墨西哥的经济发生转化，这是随着西班牙人扩展商业活动、农业活动和矿业开采活动而逐步缓慢发生的。但是，在西班牙人到来之前，在墨西哥就已经存在的自给自足的经济模式也依然存在，一直到墨西哥重获独立的这段漫长的时期内，基本上都未受影响。的确，在 19 世纪初期发生了一次激烈的经济震荡，但引起经济波动的主要原因是西班牙人在 1804 年施行的掠夺性的税收政策。墨西哥的人口规模在 1519 年至 1575 年间经历了剧烈收缩，之后几年相对稳定，然后又经历了一段人口上涨的时期，这些人口波动都相应引起了一些社会变化，但是这些变化大概发生在 1736 年，而不是在 1821 年。环境史研究主要研究人类活动对自然环境的影响。学者们认为殖民者的征服活动导致了墨西哥景观的重要变化，比如引入畜牧业所引发的景观变化。但是从环境史角度来说，1821 年，殖民地时期从政治角度宣告终结并不具备特别的意义，相反，在环境编年史中标注出 1780 年则更为重要，因为这一年开始了大规模砍伐树木并用以兴建船只；或者 1880 年也意义非凡，因为这一年开始大规模兴建铁路，土地使用的变化给墨西哥景观带来了重要且影响深远的改变。

因此，视需要表达和研究的主题的不同，一般会对殖民地时期设定不同的起止时间。关于殖民地时期的开始日期，一般来说并不存在较大争议。随着哥伦布开始航海旅行并由此扩大了人类之间的接触，随着欧洲与非洲、亚洲、美洲之间开展交流，几乎整个世界都在经历着巨变。但是，在不同研究框架下所设定的殖民地时期的结束日期并不完全相同，或是特定日期的特定事件在其领域所导致的变化并不深刻，或是时间上并不重合。当然，学界一致认为墨西哥在 1760 年左右开始出现一系列重要的变革，这些变革涉及政治、社会、经济和文化等方方面面。因此，用 1760 年来界定一段墨西哥特定历史时期的结束，是可以接受的，这段特定的历史时期始于西班牙人踏足中部美洲土地。出于习惯和便利，我们仍将这段特殊的历史时期称为殖民地时期，但是会有意识地将西班牙人统治的最后五六十年排除出这段时期之外。西班牙人统治末期的五六十年和墨西哥独立后的那些年组合在一起（尽管存在政治断裂），构成了另一个单独的墨西哥历史阶段。

建立阶段（1519—1610 年）

◎ 征服者出现（1519—1530 年）

殖民地历史的开端与一系列重要事件有关。西班牙人到来并初步渗入中部美洲，宣告拉开了殖民地历史的序幕，征服的过程由此开始。“征服”这个术语不应仅仅局限地理解为军事胜利的结果，它指称的是一系列完整过程的集合，包括冲突对抗过程以及调适、适应的过程，这一系列过程一直延续到大概 1560 年。从这个角度来理解，西班牙人征服墨西哥大概花了 40 年（由初始阶段和巩固阶段两个阶段组成），在此之后又花了大概 50 年，征服的产物或者说是“新西班牙”才度过初始阶段的成长期并开始进入成熟期。

在讲述殖民地历史中那些初始事件的细节之前，我们应该先重温一下这些历史事件发生的背景。首先是欧洲经济和文化的扩张。以葡萄牙人大航海探险作为开端，自 15 世纪中叶以来，欧洲人在非洲、印度、东南亚一些沿海地区建立了贸易飞地，还占领了佛得角（Cabo Verde）、亚速尔群岛以及大西洋的一些岛屿。这些殖民活动因满足了欧洲人对香料和丝绸的需求而受到鼓励，欧洲殖民者在岛屿上还能种植甘蔗以收获蔗糖。其中一些岛屿是无人居住的荒岛，而另外一些岛屿上的原住民则基本被灭绝了。实际上，糖业发展是建立在奴隶劳动的基础上的。因此，第一个具有重要意义的人口迁移运动发生在糖业发展的大背景下，欧洲殖民者将非洲奴隶从几内亚和安哥拉的海岸线运送至这些殖民地岛屿上从事劳动。有一些奴隶是葡萄牙人花钱购买的，另外一些则是他们抓获的。很快，葡萄牙人的行为被欧洲邻居们争相效仿，西班牙人也把奴隶运到了加那利群岛（Islas Canarias）。

西班牙卡斯蒂利亚 - 莱昂的国王们渴望以更为主动的方式参与到越来越兴旺的商业往来中，这驱使他们在 1492 年资助了克里斯托弗 · 哥伦布的寻找印度之旅，这次旅行的结果今天我们都已经熟知。西班牙人占领了加勒比海的诸多岛屿，特别是古巴、牙买加、圣多明各、波多黎各。在加勒比海，他们也在很大程度上复制了在加那利群岛上的殖民经验：暴力侵占、糖业生产、灭绝土著人口、引入非洲奴隶。当然两个过程之间会有一些区别，但都是为了卡斯蒂利亚王国的利益而移居到新的土地上，在新土地上建立固定的定居点，建立正式的政府组织机构，建立一定程度的司法系统，并与故土西班牙维持紧密联系，从西班牙运来家畜并引入了不同的农业活动。总之，在新殖民地上竭尽可能地复制卡斯蒂利亚王国的文化和社会氛围。伊比利亚半岛的本土地区人口快速增长，而它的经济规模则无法满足大部分人口的需求。此后，葡萄牙人步了西班牙人的后尘，将整个殖民过程在巴西海岸线上复制了一遍。

这些事件发生在伊比利亚半岛驱逐穆斯林之后，也是 1492 年卡斯蒂利亚（Castilla）和阿拉贡 （Aragón）的王室巩固君主制的时期。来自哈布斯堡家族（Habsburgo）也就是奥地利王朝（Casa de Austria）的卡洛斯一世（Carlos Ⅰ）在登基后不久就重申了他对新殖民地的兴趣。与此同时，他还有与殖民地历史相关的另外一个更广为传播的名字——查理五世，他也是神圣罗马帝国的皇帝。以统一化作为后盾、借助新国王强大的政治实力以及从美洲获取的丰厚经济收益，西班牙逐渐成为主宰整个欧洲的强权帝国[①]。随着西班牙首先征服墨西哥，接着征服秘鲁——这是西班牙人在加勒比群岛向整个美洲大陆拓展的结果——殖民统治的狂言终于变成了现实。

与此同时，美洲大陆——彼时还不被称作“美洲”，而是被称作“新世界”（Nuevo Mundo）——开始参与到商贸交流中，这种交流最终将覆盖全球。商贸交流涉及人、动物、植物、金属、制造品以及与此相关的所有方面，覆盖从疾病到文化的方方面面。自然而然，商贸交流活动都以特别的方式被政府所控制，首先主要是要满足欧洲人的利益，特别是西班牙人的利益，由此

① 在16世纪和17世纪的背景下，使用“西班牙”这个名词或者地理意义上的“西班牙人”相对来说不太准确，因为彼时伊比利亚半岛的不同君主都保持了独立个性，并不存在一个“西班牙王国”。谈及彼时的“西班牙”一般都是指卡斯蒂利亚王国，而此时的西班牙人则是指卡斯蒂利亚人（或是埃斯特雷马杜拉人或安达卢西亚人，他们也都是王室臣民），不包括阿拉贡人或加泰罗尼亚人。但是从美洲的角度来看，特别是从新西班牙的角度来看，“西班牙”和“西班牙人”的提法则是合理的，并且自16世纪以来一直都采用这种方式来指称伊比利亚半岛以及来自半岛的殖民者。——作者注

衍生出了殖民地的附属状态，这将成为美洲接下来几个世纪里的主要特点。

大体上，这就是墨西哥殖民地时期初始阶段所发生的各类大事的相关背景。这些事件，具体来说都起源于古巴，西班牙人在那里已经苦心经营了将近 20 年。在强烈的扩张渴望驱动下，西班牙人在古巴组织了一些远征行动。其中一次远征行动由弗朗西斯科 · 埃尔南德斯 · 德科尔多巴（Francisco Hernández de Córdoba）牵头，并于 1517 年抵达了尤卡坦的海岸线。这次远征行动，更确切地说，是一次探险旅行，由此宣告了欧洲和中部美洲的第一次亲密接触。

随之，第二次和第三次远征行动接踵而至。在新的远征行动中，征服的目的和意图都非常明显，而且涉及一系列的法律问题，西班牙人通过这些法律问题定义并规范了征服者们渴望得到的一系列特权或权力。第三次远征行动是由埃尔南多 · 科尔特斯（Hernando Cortés）领头的，在 1519 年建立人口聚居点韦拉克鲁斯并为其设定了一个市政厅（市政府或地方性政府机构，根据卡斯蒂利亚传统）后，科尔特斯从古巴基地独立了出来。自此，科尔特斯能够以独立自治的形式组织朝向内陆的军事入侵。向内陆的挺进伴随着军事行动，尤其是在 1519 年末，随着西班牙人进入墨西哥 - 特诺奇提特兰城而达到高潮阶段。为了达成目标，科尔特斯进行了几次政治演习，特别是与特拉斯卡拉原住民的一些领主们进行结盟。

值得提醒的是，彼时的中部美洲存在着上百个领主领地（也就是小国家或政治机构），各自拥有不同程度的自治权。在纳瓦特尔原住民语言里，这些领地被称作“城邦”。虽然“城邦”这个词在其他的印第安方言中有不同的同义词，但是“城邦”这个纳瓦特尔词语是最广为传播的，西班牙人则将其翻译为“印第安村镇”。几乎所有的领主领地都有一个统治者或世袭的“君王”——实际上就是一个小国王，一个能体现出领地政治合法性的人物（纳瓦特尔语中称之为“特拉托阿尼”，在其他语言中则被翻译成“王”或“君主”，而西班牙人则将其翻译为“首领”）。这些领地在西班牙人到来之前构成了墨西哥社会政治组织中最为基础的单元。很多领地是向三角联盟缴纳税贡的（三角联盟是西班牙人到来之前在墨西哥占据着统治地位的帝国结构），但是另外一些领地则是独立领地，比如特拉斯卡拉原住民所在的区域。

西班牙人以一种和平的形式正式进入墨西哥 - 特诺奇提特兰城，但是几天之后就演变成了一场军事占领，并囚禁了臣服的墨西哥君主蒙特祖玛（Moteczuma）。西班牙人的侵占延长到了七个月，从 1519 年 11 月跨越到了 1520 年的 6 月。西班牙人在侵占期间收集信息并获取资源，但最重要的，是为了通过一种不与中部美洲政治实践相冲突的方式与其他领地之间建立联盟关系。在此期间，三角联盟的政治统一性被瓦解了，而且在墨西哥境内兴起了对墨西加人的抵抗运动，最终导致国王蒙特祖玛遇害、西班牙人及其盟友被驱逐（这个篇章是人们熟知的“悲伤之夜”[Noche Triste]，它在通俗流行历史中相当重要）。

紧接着，墨西哥土地上爆发了大规模的天花传染瘟疫，后果致命。天花病毒于 1520 年在韦拉克鲁斯萌芽，由一批效忠于古巴利益的西班牙人带入墨西哥，他们试图到墨西哥来捉拿科尔特斯（史称“潘菲洛 · 纳尔瓦埃斯 [Pánfilo de Narváez] 远征”）。天花只是上文提及的最终会席卷全球的交流网络所能带来的新事物之一，彼时的中部美洲对此疾病完全没有任何了解。因此墨西哥人面对天花传染病时是极端脆弱的——在不到一年的时间里，天花的盛行夺走了三百万人的生命。另外有些数据则认为死亡人数至少达到了一千万。

正是在此时，西班牙人开始了征服墨西哥的战争——一场极度暴力且极不平等的战争，西班牙人拥有战马和武器枪支，占据着支配性的优势。战争的主要战场位于墨西哥 - 特诺奇提特兰城，尽管被天花瘟疫削弱了抵抗力，但是墨西加人的抵抗持续了一年，最终西班牙人占据了城市并在 1521 年 8 月 13 日抓获了墨西哥 - 特诺奇提特兰的最后一位皇帝夸乌特莫克（西班牙人将 8 月 13 日视作征服获得胜利的象征，在整个殖民地时期都把这一天作为节日加以庆祝）。当然，战争并没有局限在墨西哥城，而是扩展到了其他的领地——不仅是三角联盟势力范围覆盖的区域，那些独立的领地也惨遭战火荼毒。战争一直延续到1525年或1526年。西班牙人在所有的军事战争中大获全胜，并非没有遭遇过奋勇抵抗或极大困难（我们对此知之甚少，因为大部分的文献都只记载了发生在墨西哥-特诺奇提特兰城的战役）。同时，西班牙人通过施加不同的压力或者进行政治操控等手段也获取了一些不涉及流血冲突的臣服归顺，或者至少不涉及武力反抗，许多借助和平手段的降服都发生在中部或南部领地，其中最突出的是米却肯王国，米却肯王国幅员广阔并且具有重要的政治意义。

征服过程直接导致西班牙人与每一个领地之间建立起正式的统治关系，臣服的领地总数超过了500个。在1522到1525年间出现了密集的政治活动，充斥着争论、协商以及通常是暴力性的调整和适应。通过一种“受托监护”制度（encomienda）[1]来建立起西班牙人与领地间的统治关系，包括为每一个领地正式分

① 受托监护制度规定可以将土地、村庄及印第安人一起划归西班牙士兵或殖民者所有，同时从被统治者手中收取贡品。而大庄园通常是大的农场，美洲原住民在此劳作，种植咖啡、棉花等经济作物。通过受托监护制度和大庄园制度，权力和土地集中到了少数人手中。

配一位西班牙征服者，这位西班牙征服者是领地的受托监护主（encomendero）。一方面，受托监护制度申明领地保留了作为政治机构的特性、保留了政府治理的功能以及税贡征收的功用；另一方面，领地需要将税收中相当大的一部分上缴给它的受托监护主。这些受托监护主需要保持军事戒备，保证西班牙人的军事胜利成果，并且确保各种结盟关系不会被破坏。其中一些领地，通常是那些被认为是最大的或是特别重要的（比如墨西哥以及特拉斯卡拉原住民的领地），则由西班牙国王的代表直接控制。

随着西班牙征服者以国王的名义巩固了他们所获得的成果，一个代表着卡斯蒂利亚王室的中央政府也被逐渐建立起来。建立中央政府的第一步是政治形式主义，即将“新西班牙王国”设计为蒙特祖玛帝国（也就是三角联盟）的继承者，并将其合法化。与此想法一致，西班牙征服者们决定重建被战争重创并处于半摧毁状态的墨西哥城，在此设立新征服者的首都（对墨西哥城位于湖泊区域所具有的诸多问题避而不谈）。除了这些包含有众多符号性质的策略，建立一个中央政府也表明需要创立诸多岗位、设立不同政府职能，特别是设立与税务征收以及司法管理相关的岗位和职能对于西班牙皇室来说至关重要。出于这些考虑，西班牙人从墨西哥城的政治范围里划分出一些单独的省份或地区来建立更多的独立政府，比如，在帕努科（Pánuco）（仅仅很短一段时间）、危地马拉（自 1527 年）以及尤卡坦（1527 年至 1549 年，后来又在 1565 年重建）建立了独立政府。

与此同时，自 1522 年或 1523 年开始，西班牙人大批量抵达墨西哥，而且还有更多的人在路上。为了与军事武力征服者区分开来，这些人被称为“定居者”（poblador）。如同军事征服者们，西班牙定居者们也必须要适应新环境，但是慢慢地，在定居者和军事武力征服者之间也开始出现了利益分化。其中一些人（一般都是定居者）离开去创立了一些新的人口聚居中心（在每个中心都正式建立起了一套市政厅制度），并且与西班牙和安的列斯群岛（Antillas）建立起了商业联系。同时他们也开始从欧洲向新西班牙运送动物、植物和商品，开始在墨西哥传播畜牧业、农业和制造业。随着时间流逝，定居者们通过上述诸多活动在新西班牙进行播种，并促进形成了区域界定明确而文化上则是西班牙化的新地区，比如 1531 年建造的普埃布拉就是一个典型例子。

同样重要的是，自 1524 年开始，苦修会修道士们（方各济会修士［Franciscano］、多米尼加会修士［Fominico］以及奥古斯丁会修士［Agustino］）陆续抵达新西班牙。苦修会修道士们逐渐建立起自己的教派或传福音的基地，并且在每一个臣服的领地上建立起教会管理体系。宗教人士享有崇高的声望，而且至关重要的是，对西班牙人的征服行为进行了意识形态层面的合理化——因为在基督教思想里，只要最终目的是归化异教徒，征服行为就是可以被接受的。实际上，修士们借助受托监护主的支持而开展活动，特别是那些本土领主的支持；另外，修士们依赖税贡为生。通过这些基地——通常它们因为修士们投身宗教事业的高强度而得以巩固，修士们很快就可以传播不同的宗教行为，诸如洗礼、弥撒（伴有音乐、圣歌和各类［宗教］节日）、圣徒崇拜等，同时还会将基督教的规范强加于性行为以及婚姻关系中。

***

为了恰当刻画出殖民地时期早期初始阶段的特征，我们对上述各类事件进行了一系列观察和研究。第一个观察，中美洲经历着巨变，但是在某些部分还是保持着某种连续性和持久性。其中最明显的例子是“领地”，在新政权下，它作为地方政府、征税系统、传福音等活动的关键组成部分而得以保留。在那些与西班牙征服者缔结了联盟的领地中，这种连续性表现得最为突出，特别是特拉斯卡尔特卡人的领地（在整个殖民地时期都保有特权地位）。但是，某些被西班牙人武力降服的领地也得以保留下来。西班牙人与领地之间缔结了联盟关系，其中绝大多数领地都是西班牙人通过军事行动降服的，西班牙人在武力征服这些领地之后扶持了新的领主，这些新领主是西班牙人的盟友，维系领地作为地区机构组织保持正常运转。

至于为何需要保持连续性，原因显而易见：西班牙人的数量太少了，他们的军事行动能力也是有限的。西班牙征服者们已经获得了主导性的统治地位，但是不能、也不想为无穷尽的政府管理事务耗尽时间和精力——墨西哥是一个庞大而多样化的国家。西班牙人在美洲的目标是留下来，获取财富以及其他好处，施加自己的价值观，维持一定程度可以接受的安全感。如何实现目标呢？只能是通过委托代理来建立一个间接统治制度，这个任务靠西班牙人自己无法完成。中部美洲提供了西班牙人在此建立委托代理间接统治制度的条件，因为此地在过去施行三角联盟制（很大程度上也是建立在间接统治系统的基础上）以及与之配套的一套政治体系，包含有社会特性和经济特性，这些体系对于西班牙人建立间接统治制度相当有用。这套体系的核心就在于领地的连续性，同时领地的连续性也意味着政府管理功能的连续性和司法治理的连续性，以及维持秩序、组织劳动、征收税务的连续性。领地连续性原则得到贯彻实施要归功于科尔特斯敏锐的政治触觉。可能看起来很矛盾，但实际上，上百个领地在墨西哥经历巨变的这些年代里保持了置身事外的态度，几乎没有发生任何变化，其统治谱系、社会构成、经济活动、领土疆域、财产和财富、相对的自治权以及基础文化基本都得以保留。这种安排对于领地来说终归也是相当方便的，或者至少对于政府统治阶层来说并不赖，因为他们至少在殖民巩固时期得以保留了自己的特权。

更多的冲突则来自于西班牙人内部。为获取更好的职位，西班牙征服者之间形成了激烈竞争，比如有利可图的受托监护主职位或是政府的最高职位。虽然有一些人有着良好的判断能力，但他们完全淹没在其他更多人所表现出的贪婪、不负责任和暴力行为中。到了 1525 年，貌似所有人都醉心于狂暴的冲突之中，以至于征服事业已经处于崩溃边缘。西班牙皇室出手干预，在 1528 年建立了由政府人员任职并执行政府权力的法院或听证会。另外，修道士们以及西班牙定居者们的到来，虽然带了新的冲突和问题，但也缓解了征服者之间的不稳定状态。努尼奥·古兹曼（Nuño de Guzmán）代表了征服者中的大多数人，他通过担任听证会首任主席一职而领导着一个邪恶的政府，并通过采取比科尔特斯更为暴力且更缺乏政治性的手段征服了中部美洲的西部。因为渴望从新西班牙独立出去，征服者们受洗成立了新加利西亚王国（Reino de la Nueva Galicia），并于 1531 年获准成立了自己的政府。虽然新加利西亚王国获得了西班牙皇室的正式承认，但是从未完全独立于墨西哥。

◎ 征服巩固期（1530—1560年）

1530年到1560年，基本可以被称为征服巩固阶段。与之前的阶段相比，这个时期相对平静，但依然热闹非凡。接下来我们将会对征服巩固时期的相关事件进行简单梳理。

首先，通常人们都应该会注意到和平时期到来了。领主之间连年不断的战争终于宣告结束，同时，西班牙殖民者们借助武力进行征服的阶段也告一段落，另外西班牙人内部之间的各类武装争斗也暂时平息下来。当然，和平局势的到来也要归功于西班牙人此前施行的间接统治制度取得了成功。但尤卡坦是和平年代的例外。西班牙人征服尤卡坦半岛的过程不断被延迟并呈扩大化。而在新加利西亚，古兹曼的侵略性政策则激起了卡兹坎人（Caxcan）的血腥反叛，史称米克斯顿战争（guerra del Mixtón，1540—1542年，于如今的哈利斯科州北部）。

矛盾的是，巩固征服的第二个方面是，征服者们被从权力的正式职位中清理出去，并且在政府的最高领域被法律官员（或者至少是更文明的行为）所取代。这相当于建立起了一个文官政府，它挑起了征服者们的怨气。但是西班牙皇室坚持实施新制度，并且自1535年开始，开始派驻它所能找到的西班牙皇室最高权威代表来管辖新西班牙：一位总督（virrey，从字面意义来理解就是副国王）。绝大多数的总督都出身于高贵的卡斯蒂利亚高等贵族家庭。

对征服的巩固也表现在各领地对殖民体系的适应，领地是西班牙人到来之前墨西哥社会政治组织结构中的基础单元。这是一个复杂的过程，受到各种不同情况的影响，其中起了最大作用的是始于 1545 年的一场重大传染病瘟疫——这次是麻疹，它是中美洲此前并不认识的一种疾病，导致了第二次、也有可能是更致命的印第安原住民人口大萎缩。

不管瘟疫悲剧的结局如何，各领地对殖民地系统的适应表明墨西哥发生了一些可以理解的深刻变化，在某种程度上可以说，“调适”是为了维生而必须付出的代价。在不同的领地之间存在着巨大差异，这也反映出西班牙人到来之前墨西哥历史的多样性和复杂性，但是西班牙人将这种多样性和复杂性全盘抹除了——部分原因在于西班牙人无法理解这些多样性和复杂性，另外也是因为西班牙人渴望对新西班牙全境施行一种均质化统治。为了达到目的，西班牙人采用了各种不同措施。

第一个措施是，受西班牙市政厅的启发而给各领地强加了一套类似于公司组织的制度，这套制度有一定的逻辑性，因为每个组织都被视作是具有法人资格的政治机构，彼此承认各自的领土条款，同时还享有相对自治权。这种调整部分反映在，通过“印第安原住民”这一概念对“领地”进行了重新定义（尽管在纳瓦特尔语中依然保留了“城邦”这个单词，在其他原住民语言中也相应保留了它们各自的方言名称）。

印第安人的议事会被重新命名为“公共机构”（cuerpos de república），为其配备镇长（alcalde）或执政官（regidor），类似于他们的西班牙同行。这些职务一般都由贵族成员或有显赫血统的人员担任（被称作“主角”或“领头人”），另外还增设了一个额外职务——州长或统治长官（gobernador），由那些酋长首领担任。为了能够实现不同利益集团的轮换坐庄而设计了一套受到选举限制的体系，同时也鼓励创立“国库”或者说是“社群基金”（caja de comunidad）。虽然在当时还不具备任何意义，但是随着货币的使用变得普遍，国库变得越来越有意义。所有这些例证都表明，并不仅仅只是给西班牙人到来之前的社会实践和习俗改个名字这么简单，而是实现了真正的冲突转化。

第二个措施是规范税收负担。每个印第安家庭都按人头向受托监护主缴纳税贡，另外还有一些人则是直接缴纳给西班牙皇室，每年需要支付一个比索或是其玉米产量的一半或等价值的物品（其他各类地方收费不计入内）。这些调整花费了颇长时间（再一次，首先必须要实现货币的广泛使用）。而且，不出所料，视具体情况而定，税贡制度对各类人群的影响也各不相同。贵族统治者或领头人们享有豁免权，同样，依附于这些权势阶层的人也不用缴税。在某些城镇中，这些享有豁免特权的人口比例差不多接近正式的纳税人口比例。

第三个措施是，通过引导或施压，让印第安原住民们聚集到具有都市特性的定居点居住——那里有中心广场、高耸的教堂和笔直的街道，这些定居点延续至今，和我们今天所能看到的一样。通常来说，在每一个印第安人村落里都形成了几个具备这些特征的聚居中心，其中最重要的被称为“主镇”（cabecera），而其他的被称作“客镇”（sujeto）。在早先那些年，这个策略是无足轻重的，但是慢慢地，它逐渐演化成了促使印第安人适应殖民地并逐步完成转型的最重要手段之一。

传福音活动的发展也与上述政策紧密相关，因为上述调整也涉及教条派的修士们。不要忘记，修士们在印第安人原住民村镇中建立了宗教运营基地。他们计划在每一个村镇都兴建一个修道院以及与其相对应的教堂（通常倾向于建在主镇区域），鼓励在每个地区都举行特定的圣徒崇拜。另外，这些宗教力量还干涉公共机构的选举，并且将大部分税收收入都引导用于宗教崇拜活动。所有这些手段都有助强化印第安原住民的新身份并强调教会的核心作用。通过教会服务机构对孩子们进行教条灌输并进行世代接力，修士们（有时是通过暴力手段）得以抑制或者边缘化那些在西班牙人到来之前墨西哥人热衷参与的宗教仪式及祭祀活动。但是与此同时，修士们也从事了一些具有正面意义的积极工作，此时教会人员所进行的文化传播活动、历史研究、语言研究工作等都具有重要价值，正如今天我们在修士托里比奥·莫托里尼亚（Toribio de Motolinía）以及贝尔纳迪诺·萨阿贡（Bernardino de Sahagún）的作品中所能看到的那样。同时，修士们也开始修建宗教纪念碑以及宏伟的修道院，梦想它们能容纳巨大规模的人群，并通过这些建筑来完成征服及文化同化的部分职能。

从另一个维度上，在殖民征服巩固期，西班牙人加强了新西班牙和外部世界的联系，即使只是有限的联系。考虑到半岛大都市政府不允许它的殖民地享有自由，因此新西班牙的人员、货物或是信息流通都受到了严格控制，受制于限制条款、配额制以及固定路线限制。在西班牙本土，唯一一个获得授权以维系西班牙与美洲之间联系的港口位于塞维利亚（Sevilla）；与之对应，在美洲拥有这一特权的港口位于韦拉克鲁斯。与之相反，经由太平洋进行的商贸活动则更为自由。很快，通过瓦图尔科（Huatulco）和阿卡普尔科（Acapulco）港口，新西班牙建立了与秘鲁的联系。

尽管有诸多限制，西班牙定居者们前往美洲的移民数量还是相当可观。到 16 世纪中叶，新西班牙的定居者人口数量已经达到了两万。大部分定居者们都集中居住在内陆地区，他们建立起了一些城市，诸如位于瓦哈卡的安特克拉（Antequera）、位于米却肯的巴利亚多利德（Valladolid）等，没有选择位于山脉或海滨地区的土地。与墨西哥城以及普埃布拉城一起（另外还有新加利西亚的瓜达拉哈拉［Guadalajara］以及尤卡坦的梅里达［Mérida］），这些城市得以巩固并发展成为新西班牙的经济中心和政治权力中心。在每一个城市都建立起了市政厅（或议事理事会）、带有主教（以及宗教理事会）的大教堂、大量欧洲风格的建筑，并发展出具有当地独特风格的文化。墨西哥城一直高居城市榜首，地位至关重要，不仅是因为它的政治主导地位，同时还因为它的经济和文化重要性（1553 年在墨西哥城建立了墨西哥城大学）。但是所有城市都将影响力扩大到了各自主教所划定的等同区域里。后来，从这些扩大化的区域里衍生出了殖民地阶段晚期的一些监政区，最后则演变成为墨西哥共和国的一些州。

伴随着上述变化，出现了异族通婚，它代表着不仅具有生物学意义同时也具有文化学意义的融合。虽然一些人（特别是修士们）反对印第安人和西班牙人之间的接触，并且政府总是通过立法来强调两个种族之间的差别，但是很快，两个种族之间建立起了紧密关系。其中非正式的性关系占大多数，但是也有一些被承认的正式婚姻，特别是西班牙人和家境良好的本地女性之间缔结的婚姻关系。到 1550 年，纳瓦特尔语以及其他一些墨西哥方言已经在很多西班牙定居者中广为流传，人们都能流利地使用这些方言。与之对应，酋长首领和印第安贵族们快速西班牙化的也并非少数。

一些宗教性学校开设了关于欧洲文化的复杂课程，比如拉丁语修辞学（虽然只开设了很短一段时间），原住民精英们可以参与学习。另外值得指出的是，为数众多的非洲人作为奴隶被运到了新西班牙（到16世纪中叶，差不多有15000人）。其中绝大多数非洲奴隶都是男性，他们和原住民女性迅速地结合。

融合发展与中部美洲引入新经济活动的节奏同步，所造成的影响既有向内的，也有向外的。向内，新经济活动的触发器是畜牧业（尤其是养殖牛和羊）、生产小麦和糖、养殖用于生产丝绸的蚕以及银矿开采，所有这些行为都会导致自然环境上的深远变化。向外，与秘鲁和西班牙本土之间的商贸往来则涉及白银、染料和制造业商品交易（纺织品、工具、家具）。与此同时，在新西班牙出现了劳动力市场（一般是在城市中）。新的交通工具（马车是最主要的交通工具）被创造出来。同时，货币的使用也开始广泛流行起来，1536年开始在墨西哥铸造货币。所有这些活动都在新西班牙播种了资本主义经济的萌芽，并会将新西班牙纳入全球交换的范围中。

西班牙人群体在不断增长，随着他们需求的增加以及新商业通道的开辟，新西班牙开始出现一种特殊类型的农业公司，这些企业通常拥有坚实的基础设施，拥有常住劳动力，施行严格的组织结构并且具有明确的盈利目的。位于库埃纳瓦卡（Cuernavaca）

周围地区的糖厂，原先的原住民劳动力很大程度上都被来自非洲的奴隶所取代，成为新企业类型的第一批范例之一。透过这些公司，我们能够看到未来对新西班牙农村具有重要意义的庄园的雏形出现。

征服巩固阶段的最后一个特征是，北部大开发拉开了序幕。向北挺进的过程开始于一些入侵活动或探险活动，其中一些活动是由人们暴富的幻想所驱动——传说“锡波拉七城”（siete ciudades de Cíbola）位于美洲大陆中部的未知地点，在其神秘的城池中隐藏着无量的财富。但北部大开发最大的引爆点还是 1548 年在位于新加利西亚领地内的萨卡特卡斯发现了银矿。银矿的发现导致大批西班牙定居者蜂拥而至，各色人等聚集在萨卡特卡斯及其周边地区（这个区域以前仅被狩猎采集者部落占据），这促进了此地区的道路修建、农田开垦以及畜牧业大规模的惊人扩张。

***

新西班牙的大部分地区的确都迎来了和平，但这并不意味着冲突不复存在：冲突依然存在，而且程度剧烈；只是冲突问题最终都得以解决，并没有导致太多丑闻。而在先前那些年里，西班牙人和原住民们共处于一片土地之上，互相能够接触彼此，1530

年到 1560 年的征服巩固阶段的主要议题是如何将新西班牙变成超越征服者梦想以上的其他存在。

为了在新西班牙建立起新国家，很多计划涌现并激起了各方的不同兴趣。西班牙人很大程度上划分成了三派。第一派主张的建国计划是，要从与印第安人的最初接触经验中解放出来，其关键点在于建立一个间接的统治体系，这套体系根植于西班牙人到来之前的领主生存机制，并且受托监护主、宗教机构以及酋长首领们仍然要作为这套体系的关键组成部分而继续存在下去。换句话说，新西班牙将作为一个封闭和保守的社会而被加以巩固，这是一个贵族小圈子组成的社会，由特权阶层执掌权力并做出相应决策。另外，他们还就某些议题进行激烈争论，诸如“应该奖赏征服者们”“关于如何通过传教带来诸多好处，没有人能比教条派修士们做得更好”“首领和酋长们是实现间接统治不可或缺的重要资源”等。

但是另外一些西班牙人则持有不同意见，特别是定居者们，而且他们的数量也越来越多。原则上，定居者们要求拥有自己的空间并建立一个能代表他们利益的政府，比如说，他们希望不受受托监护主管辖权的束缚，当然这种要求也是合乎逻辑的。因为定居者的人数在新城市里占据上风，直接导致强势的市政厅拥有高度自治权。而且，定居者们希望能够获得印第安原住民劳动力，但是受托监护主、修士和酋长们垄断了原住民劳动力的使用权。在宗教问题上，定居者们更倾向于主教和世俗神父体系。定居者们希望拥有一个与西班牙更为相似的新西班牙，也就是说，一个更加开放和自由的社会；与此同时，他们希望以经营和开发为导向，在新西班牙施行一种更为直接的统治方式。

第三种方案则来自于皇室，皇室可以让渡一部分空间给上述团体，但是建立一个强有力的中央政府则是它的重中之重，不仅是为了统治本地土著，同样也是为了统治西班牙人。另外，建立强有力的中央政府也是为了将从殖民地及其居民手中所能够榨取的资源最大限度地运往西班牙的皇室金库，这也将是新西班牙政府的主要职能。结果，控制西班牙人倒是成了最难完成的部分，因为那些跨越了大西洋的西班牙人都是野心勃勃的冒险家，充满了叛逆精神。

西班牙皇室清醒地认识到，尽管它拥有权威，但是却缺乏有效的手段来施行它所青睐的新西班牙建国方案。皇室在新西班牙没有一支可供支配的军队，也没有建立起一套官僚体系。因此，如果想将法律体系以及公务员体系强加于新西班牙，以此去限制受托监护主以及修士们的权力，或是控制城市里富有侵略性的强势市政厅，必须借助一些非常政治化的手段，并且要有耐心。“皇权有边界”已经成为现实，标志性事件发生在 1543 年。当时西班牙皇室试图强加名为“新法律”（Nuevas Leyes）的一系列限制性措施，反对派群起而攻之。在秘鲁，本地利益集团觉得非常委屈，因此发起了一场暴动并杀死了当地的总督。在墨西哥，安东尼奥·门多萨（Antonio de Mendoza）吸取了秘鲁的教训，他意识到最好的方式是时不时地鼓励矛盾性立法，放任其他群体之间发生冲突，并且仅仅只是在最终裁决时才进行干预。安东尼奥·门多萨认为，为了维持在新西班牙的不守规矩的西班牙人之间的和平，这种统治体系才是最合适的。因此，在1549年，安东尼奥·门多萨找到了一个方法，以便于定居者们能够享受一部分带有税收性质的收益（“分配计划”[repartimiento]——这是一种施加于印第安人的义务劳动方案，虽然会支付给印第安人一定的酬劳），因此也平息了一场本有可能爆发的运动，这场最终破产的运动是反受托监护主运动的一部分。

关于皇室的建国主张，新西班牙具备实施的有利条件，因为殖民地表现出的经济活力以及向北扩张的趋势都为社会提供了压力排气阀，安抚了野心勃勃的西班牙人以及那些不满的人，也避免了与印第安族群之间发生激烈且反复的冲突。如果政府的可支配资源更为稀缺，那么这些冲突可能都是无法避免的。比如，向北扩张为大型畜牧农场提供了广阔空间；印第安人也从经济活力和国家发展中分享到了部分好处，他们从国家对劳动力的需求中获益，并且享有此前从未拥有过的人身自由，有些印第安人开始移居到城市中或者移居到北部。混血儿们充分利用了机会，他们拥有天生的文化灵活性，这让他们几乎可以适应任何地方。

◎ 奠基阶段结束（1560—1610 年）

大致在 1560 年至 1610 年间，西班牙皇室强化了在新西班牙的各类项目以及政府统治体系。在此阶段大量发生了多件极为复杂的事件，其中很多事件为新西班牙开辟了新的前景。与以前的阶段相比，此阶段在某种程度上以一种更为清晰的方式预告了新西班牙的未来。但是，对这些事件最好的定性是：它们综合在一起，共同结束了新西班牙的奠基阶段。

此阶段起始于北部大开发，彼时被称作“地下”大开发。北部大开发的最大诱因是银矿的发现，虽然危及了农业和畜牧业的利益，但银矿开发立竿见影地带来了经济收益。整个新加利西亚都可能受益于北部大开发，而墨西哥城的收益可能会因此减少，这些担忧促使总督们立即设计出了占领方案，并于 1562 年在萨卡特卡斯的北部建立起了一个独立政府。这个独立政府史称“新比斯卡亚王国”（Reino de la Nueva Vizcaya），覆盖了今天杜兰戈、奇瓦瓦、索诺拉以及锡那罗亚的大部分地区。表面看来新比斯卡亚王国拥有独立的自治权，但实际上它是新西班牙扩张的组成部分，并且由新西班牙保护它的利益。出于同样目的，为了区分其他的占领区，根据总督政府的指导方针而分别建立起了另外一些新的独立政府，诸如新莱昂和新墨西哥。所有这些政府管辖划分基本上都延续到了今天。

在向北部扩张的初始阶段，被占领区域在政治、社会和经济上的快速融入促使它们迅速发展成为新西班牙经济增长的核心标杆地区。这些原本远离中部美洲的地区很快就转变成为新西班牙统治区内最具活力的地区，同时也在此出现了同时代里整个新西班牙中最为富裕的地区，比如即将为人所熟知的巴希奥。西班牙人在北部地区建立了数量众多的定居点，很多都按照庄园制或农业公司的模式建立，并发展成为殖民化过程的基础性单元。

扩张的同时伴随着建造新城的狂热，在巴希奥和北部都出现了造城运动：西班牙人在此期间修建了杜兰戈（1563年）、圣巴巴拉（1567年）（Santa Bárbara）、赫雷斯（1569年）（Jerez）、塞拉亚（1571年）（Celaya）、萨莫拉（1574年）（Zamora）、阿瓜斯卡连特斯（1575年）、莱昂（1576年）（León）、萨尔蒂约（1577年）（Saltillo）、圣路易斯波托西（1592年）、萨拉曼卡（1602年）（Salamanca）、圣达菲（1609年）（Santa Fe），以及其他大量在历史中逐渐失去重要性，但却一直延续至今的墨西哥城市。此外，还有一些来自特拉斯卡拉和米却肯的印第安原住民们自 1591 年开始在北方兴建的基地。

随着西班牙人在新西班牙北部迅猛推进，新一轮的暴力活动再次拉开了序幕。虽然这些暴力活动的强度较低，但其影响范围却是殖民地时期最大的。关于这一系列暴力冲突，史称“奇奇梅克战争”（guerra chichimeca），主要是指西班牙人与北方半游牧氏族之间发生的一系列武力冲突，奇奇梅克人孤立生存，并且不停发动对西班牙人定居点的单独偷袭。如果西班牙人在中部美洲地区建立的统治制度能够复制到北方，那么就不太可能发生上述战争情况，但是诸多因素共同阻碍了在北方地区形成一个具有可行性的解决方案，比如各个部落氏族之间在面对西班牙人时表现出巨大的文化不平等性，部落间缺乏稳定的政治组织性并缺乏税收系统，新占领者们过度膨胀的野心以及对捕捉印第安人做奴隶的过分狂热（特别是在新莱昂最为臭名昭著）等。政府试图在北方设立一些军事职位或是主事人职位，以帮助实现可控的定居过程，但是却因此而产生了更多的暴力循环。1585 年开始，总督比亚曼里克侯爵（marqués de Villamanrique）提出了一套和平策略，终结了发生在北方的这场涉及范围广泛的暴力冲突，但是自此以后很多部落都被西班牙人灭绝了。即便如此，暴力冲突不时爆发还是成了北方的常态。不久之后，再次发生了多起由久居北方的原住民族群发起的暴乱（如 1660 年发生了阿卡塞［Acaxee］印第安原住民暴乱，1616 年发生了特佩万 [Tepehuán] 印第安原住民暴乱）。

对于印第安原住民来说，他们正在经历灾难性的年代，而且灾难不仅仅局限于北部。墨西哥爆发了第三次大疫情，极有可能是斑疹伤寒（1576—1581 年），这次瘟疫对原住民人口带来了最后的致命一击，原住民人口至此仅剩下不到两百万，位于低地和海滨地区的诸多印第安原住民族群最终迎来了决定性的覆灭。在接下来的几十年间，原住民人口数量持续下降，恢复人口规模的过程则非常缓慢。原住民人口原本可以覆盖西班牙人世界，但现在这种机会已经一去不复返了。到 1600 年，如果不考虑不同地区之间的区别，平均四分之一或五分之一的新西班牙居民是西班牙人，或是已经被西班牙文化所同化的人群。新加利西亚的西班牙人占比最高，但是在危地马拉、尤卡坦以及北部的省份中，西班牙人占比则相对较小。

人口下降在其他领域也造成了很多影响。受影响最大的是受托监护主、修士以及酋长首领，他们的职位逐渐被新人所取代，这影响到他们的权力和收入。取代受托监护主的职位相对容易，自此，几乎所有城镇的税收工作都落到了政府手中。修士（修会逐渐衰落）逐渐由依附于大主教的世俗神职人员所取代。酋长首领们则逐渐被边缘化并陷入贫穷状态，无法面对自己人民内部新兴团体的挑战和冲突；到 17 世纪，绝大多数的酋长首领已经都被清理出政府机构之外。

但矛盾的是，此后，特别是在征服晚期以及大瘟疫时期，修士们兴建了大量辉煌的建筑工程（依然是征服时代的产物），并创作了与此相关的大量艺术作品，包括绘画、祭坛装饰品、雕像等等。这些充满和谐感的建筑艺术品矗立于墨西哥中部的大量印第安人城镇中（但是低地地区没有，除了恰帕斯和尤卡坦半岛），拉开了墨西哥殖民地艺术辉煌历史的序幕。

诸多因素的共同作用下，并受益于征服时期处于统治地位的各类团体都在逐渐萎缩，中央政府现在终于完成了巩固任务，并强化了总督、审问院（audiencia）以及皇室统治计划中其他各类官方代表的统治地位。自此，在地方一级的代表中诞生了皇家法官代表（corregidor[①]）和行政总长（alcalde mayor）。皇家法官代表和行政总长（实质上几乎一样）通过渐进方式逐步取代了受托监护主联结政府与印第安部落的纽带功能，并履行征税的职能；或是被安插在市政厅周边，逐渐剥夺市政厅的自治权。政府将工

① corregidor 一词最初是从古罗马法官继承过来的说法，作为一个区域性的委员，其作用类似于国王的首席法官，后来职能演变至覆盖诸多方面：构建君主制政府、管理市政当局的经济和行政活动、主持市政厅并使其决定生效、在一审和二审中担任法官职务等。这个职位是 1480 年至 1500 年之间由卡斯蒂利亚的伊莎贝尔一世命名。王室将此职位设作皇家代表，以结束地方争端并加强国王在城镇的权威。

作再分配权牢牢控制在手中，最终成为与西班牙定居者进行政治谈判的有力武器。

中央政府为巩固权力还采用了其他一些手段。其中一些手段是重组政治秩序。诸如，1566 年，通过编造一起所谓的由受托监护主们指使的“起义”，将马丁·科尔特斯（Martín Cortés，西班牙征服者之子）卷入其中并对其进行抹黑，最终让他名誉扫地。另外一个例子是在 1571 年成立了宗教裁判所（Tribunal del Santo Oficio de la Inquisición），除了处理正统的宗教事务外，宗教裁判所在政治控制和意识形态方面所涉及的范围同样广泛。另外一个手段是官僚体系扩大化，比如 1568 年扩充审问院的人员规模并增加权限，1592 年建立印第安人法院（Juzgado de Indios），1605 年建立审计法院（Tribunal de Cuentas）等。还有一些手段则是利用经济规律来操作的，特别是 1574 年开始征收商品消费交易税（针对商品交易征收的赋税，对于教堂与印第安人之间进行的商贸往来则免征），以及增加皇室税收收入的其他多项措施等。

与此同时，与“征服”并无关联的一个教会机构则越来越兴盛强壮，它因教皇授予西班牙君主的特权而建立起了所谓的“皇室赞助人”制度而归由政府控制。在此过程中具有重要意义的是，因什一税（diezmo）的征收而巩固了大教堂和主教的势力，这是一项针对西班牙定居者生产的农产品而征收的教会税；随着农产品产量增加，什一税的总额也在不断增长。另外，1572 年耶稣会会士抵达墨西哥也具有重大意义，他们不参与针对本地印第安人的宗教管理（除了在北部），而是专注于教育西班牙人以及培养文化精英。

在商业领域则采用了一套封闭性的保护主义系统，这不仅影响了新西班牙，同时也影响了美洲所有的西班牙殖民地。关于这个封闭的商业系统最突出的例证是，跨越大西洋的商贸往来要经过一个独家通道，并且自 1561 年起，跨洋商贸往来都要通过舰队护航系统来进行。也就是说，所有的商船一起进行一年一次的航行，并由武装部队提供护航服务，商品都被小心翼翼地记录在册并要被征收几种不同的税款。西班牙人在塞维利亚建立起了商人公会或者说是商人行业协会。虽然商业活动从来就没有获得过完全的自由，但是强化舰队系统则让商贸往来更受限制，成本也更高。因此，走私开始泛滥。

与此同时，自菲利普二世（Felipe Ⅱ）登上王位（1556—1598 年），西班牙人又重启了他们的古老梦想并最终实现了目标：经由太平洋抵达亚洲。自 1564 年从圣诞港口（Navidad）出发并开发出一个可行航线，最终西班牙人在 1571 年抵达菲律宾的马尼拉（Manila）并在此站稳了脚跟。菲律宾殖民地作为新西班牙的附属而建立；通过菲律宾基地，西班牙与太平洋的贸易往来获得了新的发展维度。几十艘来自中国广东的帆船给马尼拉运来了香料、丝绸和瓷器，西班牙人则用墨西哥的白银来购买中国商品，并且满载而归，驶向美洲的阿卡普尔科。应西班牙皇室的管控要求，这些商船同样采用了舰队护航系统。

阿卡普尔科也是连接与秘鲁之间贸易的要塞，也曾有过辉煌时期，曾经几乎与新西班牙同样繁荣，当时通过此地与太平洋进行的贸易往来呈指数级增长。到 16 世纪末期，阿卡普尔科至秘鲁这条线路上的贸易额远远超过韦拉克鲁斯至西班牙塞维利亚这条线路的贸易额。但是因为与半岛的利益存在着竞争关系，西班牙皇室开始限制秘鲁和墨西哥之间的贸易往来，并最终在 1631 年完全禁止两地之间进行商贸往来。八年后，皇室重启了秘鲁和墨西哥之间的贸易往来，但是有一个限制条件，即不能运输来自中国的商品。

随着商贸发展，在新西班牙逐渐出现了一群实力强大的商人精英群体。商人精英们模仿西班牙的塞维利亚人，于 1592 年在墨西哥城组织起了商会。这些本土精英商人管理着跨越两个大洋的海上贸易往来，控制着进口，并且自然而然也控制了商品的价格。他们逐渐垄断了商品交易，同时他们拥有的财富、政治影响力、经济权力也都在不断地稳固增长。西班牙皇室倾向于禁止在美洲生产某些消费品（生产工具、红葡萄酒、纸张、精细纺织品），目的非常明显——保护西班牙手工业生产者。从根源上来说，这个举措实际上只是为了向贪得无厌的商人们做出让步。但是，贪婪的商人们却并不满足于自己的垄断特权，他们还会通过组织走私活动进一步获取更多的额外收益。

***

此前的事实表明，征服者们过去所采用的那一套东西已经过时了，现在取而代之的是一套真正的殖民统治体系。一种新的政治形态已经初步成形，它侧重于开发全球资源，调整并适应各类现实需求，适应西班牙人群体的复杂性以及他们的不同利益，与征服者和受托监护主们当初所面临的受限且不稳定的状态相去甚远，也远不用担忧要将印第安人置于各种项目以及美洲理想的中心地位，这是制定福音传播指导方针时曾采用的策略。16 世纪下半叶见证了征服者世界的消亡，如同西班牙人到来前的美洲时代一样，征服者时代已经成为历史，一个完全崭新的秩序开始在新西班牙显现出来。

新西班牙的特性很大程度上要归功于西班牙人到来之前的美洲的延续性得以保留，但这并不意味着它是静止不变的。很快我们就会注意到，在某些领域，美洲的延续性开始发生断裂，比如酋长首领开始没落。在此基础上，社会正在积聚着转变的力量，以产生一个新的世界。在 17 世纪初期，新西班牙明显偏离了它的过去。新西班牙背后有 90 年的历史，如果从西班牙人的角度来看，它是相当成功的。西班牙人到来之前的美洲面临着诸多难题，诸如政治服从、经济控制、共存、宗教皈依以及其他各种问题等，这些问题在此阶段的新西班牙并没有得到彻底解决，但是在某种程度上可以说是被控制住了。殖民地局势本身的问题也是如此，比如在西班牙人之间产生了诸多问题，而且还在持续产生新问题。政府采取了一些措施来考虑这些问题，如果不能完全解决这些问题，那么至少要保证这些问题能被控制住。如果持有国家历史观，此时已经可以窥见最终将导致墨西哥 1821 年迎来独立的那些基本特征开始逐渐显现，特别是如果将北部大开发也考虑进来。

需要注意的是新西班牙彼时在世界上所占据的地位。在墨西哥生产的白银，不仅是供应西班牙使用，同时也满足了欧洲的绝大部分需求（和秘鲁一样）。墨西哥白银生产的最终目标是偿还西班牙皇室的巨额债务并获得各类商品，因为西班牙的工业发展基础薄弱，西班牙本土并不知道如何生产这些商品。来自美洲的金银源源不断流入欧洲，对欧洲的经济影响巨大。但是另一方面，新西班牙的白银同样也流入了中国（直到 19 世纪，墨西哥硬币在中国都是流通货币），并且通过另外一些商业通道而流入了印度以及其他一些亚洲国家。一位被寄予厚望的日本商业大使于 1610 年来到墨西哥探寻机会，一切似乎都表明新西班牙（或者至少是它的一部分）已经发展成为连接整个地球的新网络中的关键节点——如果考虑到几十年前中部美洲几乎还处于与世隔绝的状态，这是一个令人震惊的转变。另外，那些上文提及的大型交流活动并不仅仅局限于商贸往来，而是还涉及相当多的文化往来，包括新西班牙与秘鲁的紧密关系。但是，眼看着即将在一个国际化的世界中占据一席之地，新西班牙却不得不压制住它的发展冲动。

另外一个重要事实是，差不多与此同时，西班牙本土也正在经历重大变化。西班牙皇室扩张行政机构的主要动机之一是扩大税收并且提高征税效率。随着西班牙试图从 1588 年无敌舰队战败于英国人的巨大创伤中恢复过来，并且考虑到因为长期以来治理不善且国家常年处于战争状态，现在西班牙已经负债累累、越来越穷，增加税收收入这个议题逐渐变得更为重要。一些批评者和社会改革者（也被称作“谏言官”［arbitrista］）提出并应用了不同的治理原则或“谏言奏议”（arbitrio），试图避免或至少是延缓西班牙人正在迎接的结局：帝国霸权的终结。而西班牙文学黄金时代的巅峰光彩则可以稍微补偿一下霸权终结的遗憾。北欧国家在新的权力平衡过程中获得了有利地位。对于美洲殖民地来说，它们将不得不服从于西班牙越来越大的经济需求。

成熟期和自治期（1610—1760 年）

◎ 与外部世界的相遇（1610—1650 年）

新西班牙通过上述三个阶段完成了殖民地历史的筑基过程，此间还诞生了殖民地进入成熟期所必需的基本要素。从本阶段开始，到 17 世纪中叶，新西班牙经历了一个喧嚣沸腾的阶段。

西班牙人必须面对的一个现实是，荷兰人（刚从西班牙人统治下解放出来）、英国人和法国人正在成为海上霸主。1621 年，西印度群岛荷兰公司的成立标志着新的权力制衡关系已经明显形成，西班牙船队在大西洋和太平洋地区开始受到威胁。1628 年，一支荷兰舰队在古巴附近截获了一支从韦拉克鲁斯开出的西班牙舰队，此起事件显示出西班牙的衰落，并导致了墨西哥商人的巨大损失。此后，海上航线的不安全问题成为长期困扰西班牙的老大难问题。

在此背景下，1621 年西班牙社会改革派开始掌权，以奥利瓦雷斯伯爵（conde-duque de Olivares，菲利普四世［Felipe Ⅳ］授予其爵位）作为代表，在整个帝国内推行了雄心勃勃的改革计划。总督盖尔维斯侯爵（marqués de Gelves）被委以重任，要在新西班牙实施新政，他的任务是实现更好的税务征收、打击走私并与既得利益集团做斗争。但是总督盖尔维斯侯爵缺乏政治智慧，并且对实施新政过度狂热，藐视本地观点和视角，这导致新西班牙最强大的权力集团都决定与之为敌，诸如法院、墨西哥市政厅、商人协会、教会权力机构等。当总督与大主教发生冲突时，他的工作变得难以为继。

最终，总督的结局成了殖民地历史上的一件大事：审问院在1624年精心策划了一场政变来推翻总督盖尔维斯侯爵的统治，并利用人民起义的幌子，在关键时刻借机对总督进行了暴力驱逐。这起事件的重要意义在于，它表明虽然西班牙皇室的确在殖民地建立并巩固了一个中央政府，但殖民地政治有一套自己的运转规则，且远远不是为大都市提供服务的坚实基础。国王的权威虽然得到承认，但在现实中却被施加了诸多限制。在新西班牙的西班牙人强制施行他们自己的观点并保障自己的利益。时代的车轮向前推动，现在可以对新西班牙建国时期所设想过的诸多计划进行更为现代化的表述：新西班牙是定居者们的国度，人们寻求更加开放和自由的社会，与半岛的大都市更加相似，并为市政厅、世俗神职人员、农民、矿工和商人提供了更多的行动空间。

西班牙皇室不得不接受这些现实，因为如果诉诸其他方法则有可能会带来更多损失。另外，皇室有其他的当务之急需要处理，为此还需要获得地方精英们的友善配合。其中一个优先事项是建立并巩固所谓的“武器联盟”（Unión de Armas），这是一项金融计划，通过这个计划，帝国最富有的公司必须捐出大笔资金来资助皇室。另一项紧急事务则是安排组建加勒比海地区的防御性海军陆战队巴尔洛文托军队（Armada de Barlovento）（1635 年），它由墨西哥的市政厅和商人们提供给养支持。此外，还增加了吃皇粮的特权队伍，他们从总督殖民地获取金钱补贴，用以在新西班牙境外修建防御工事，并且支付防卫机构所需的补贴。

由于采取了上述措施，大部分新西班牙出产的白银不再被运往西班牙的塞维利亚。相反，这些白银被用来维系和保卫西班牙的其他海外资产，如菲律宾、古巴、圣多明各、牙买加、佛罗里达。到 17 世纪末期，新西班牙一半的税收收入都被用于西班牙的上述其他海外殖民地。同时，西班牙大都市通过从秘鲁获取巨额财富而弥补了它在新西班牙遭受的损失，当时秘鲁正处于最富裕的时期。

新西班牙不得不习惯于大都市的疲弱所带来的诸多问题，并接受在帝国内部被赋予的新身份。这实际上意味着市政厅、商人和公司都变成了帝国的取款机，被迫掏出口袋里所有的钱。但是对于他们来说这并非全是坏事，因为作为交换，他们可以通过谈判而获得特权，这些特权意义重大，导致在重大政治事件中的问题开始与地方问题混合在一起。

其中最重要的一件事是，墨西哥城从 1629 年起被水灾侵扰了五年，这造成了深远的政治影响，并短暂地改变了新西班牙的经济格局。通过流域排水来保证城市免于水灾侵害，这种设计本身就是有问题的。虽然政府为开辟隧道和运河而投入了大笔资金，但显然还是远远不够。洪水灾害激发了对政府政策的猛烈抨击（例如，被推翻的总督被指控因急于省钱而下令中断重要的排水工程），并产生了关于工作分工（以完成和扩大这些排水工程）的特殊需求，这些新需求影响了墨西哥中部的所有印第安族群。有人建议将墨西哥城搬到稍高一些的地方，比如旧湖的岸边，但是既得利益阶层占了上风，墨西哥城还是被保留在原地。与此同时，普埃布拉则趁此机会借机发展成了整个国家最具活力的商业和制造业中心，虽然只持续了短暂的一段时间。

墨西哥城遭受洪水的间接后果是，自 1549 年以来就存在的工作分配系统无法持续下去了。由于兴建排水工程急需劳动力，政府不得不在 1632 年对工作分配系统做出了一些调整，其中一项主要措施则将西班牙定居者排除在系统的利益之外了。这对总督来说是一个艰难的决定，因为他之前一直利用工作分配系统作为有利的施压手段（比如几年前，普埃布拉市政厅一直不愿意为“武器联盟”做贡献，但是在总督威胁将会削减其成员的工作分配机会时，市政厅改变了主意）。一开始，定居者们对新措施普遍感到愤慨，但最终他们是从中获益的，因为不受政府控制的劳动力市场向他们开启了，而且因为殖民地的总人口数量较少，市场上人力资源稀缺并且总是供不应求。

1640年，西班牙改革派在失败之前做出了“健康政治”的最后一次尝试。由胡安·帕拉福克斯（Juan de Palafox）领导了这次改革，普埃布拉的大主教与政府部门的最高领导（包括总督）一同盛装出席各种不同场合的活动。帕拉福克斯用智慧去面对新西班牙的复杂局势，并试图寻求一种平衡各方利益的方法，但是无法避免各方的冲突，最终导致他在1649年返回西班牙。帕拉福克斯与耶稣会会士关于主教特权的诉讼争论演变成了真正的政治丑闻。这起案件引起的反响及其潜在影响所带来的不稳定因素最终浇灭了西班牙皇室进行改革的热情。因支持世俗神职人员及其所代表的意义，帕拉福克斯成了居住在新西班牙的西班牙人在政治和社会计划方面的领袖。

西班牙皇室的贫困对这一进程起了推波助澜的作用。如若税收和其他事项之间存在冲突，那么税收永远会被优先考虑。皇室还支持了一些能节省行政开支并增加收入的政府行动，尽管对这些行动的目的是否是打击既得利益阶层或不诚实用途存在着争议。

其中最突出的例子是出售公职，即出让民政部门或公共财政部门的特许经营职能，例如公证员（或公证人）、邮件分发、管理造币厂、征收税款（即皇家法官代表和行政总长的职位）及征收商品消费税（长期以来此项职能都授予了墨西哥的市政厅，之后则授予商人协会）。市政厅里的职位也会被公开发售，有时是终身制。这些职位被提供给出价最高的人；根据可以获得的利润多少或者根据职位所能带来的名望高低，公职的价格经常处于变动之中。这些做法导致新西班牙的大家族地位不断巩固，并提高了它们对政府事务的干涉程度。

在此期间，出生于新西班牙的西班牙人群体逐渐崛起，开始出任政府中具有影响力并掌控着权力的职位（最高职位除外），当然也积累了大量财富。诚然，“西班牙人”属性是由血缘或者继承关系决定的，而不是取决于出生地；但是，出生于伊比利亚半岛的西班牙人与出生于美洲或其他海外殖民地的西班牙后裔（这个概念不排除那些混血儿）天然分属于两个不同的群体，两个群体的视角完全不同。前者享有优势，一般都能赢得或购买到最有利可图的职位，即使并非总是如此；而西班牙政府无法在新西班牙行使不受限制的权力，又让后者赢得了极大的行动自由。

此阶段还有一个重要特点就是文化发展欣欣向荣。文化繁荣的基础是诸多学院（特别是耶稣会教士的学院）和大学得以建立，并且有充足的资金可以用于建立大教堂、教区和城市住宅，资助绘画、雕塑艺术、文学和音乐作品创作等。征服者时期占主流的农村艺术已经过时，取而代之的是大量的城市艺术的不同表现形式。在此过程中，文化融合的各种表现形式脱颖而出，特别值得一提的是费尔南多·德·阿尔瓦·伊斯特利尔霍奇特尔（Fernando de Alva Ixtlilxóchitl）的历史性作品（1625 年前）。费尔南多的作品颂扬了西班牙人到来之前的美洲历史，而且歌颂了新西班牙的壮美和独有价值观。很明显，费尔南多吸收运用了美洲大地上更为古老的诗意表达形式。贝尔纳多·巴尔布埃纳（Bernardo de Balbuena）的诗歌作品《伟大墨西哥》（*la Grandeza mexicana*）也表现出这种古老的诗意。17 世纪修女修道院的繁荣昌盛则体现出新西班牙的另一侧面，这些修道院与修士修道院完全不同，倡导纯粹的沉思和彻底的隐居。最后，不要忘记这是向北挺进的时代。1631 年在帕拉尔（Parral）发现铜矿，再次大大刺激了北部大开发的冲动。这个时期的北部拓展绝大多数都是朝向锡那罗亚和索诺拉挺进，主要是由方济各会和耶稣会会士推动建立的传教团机构推动进行，其目标是实现对新占领区本地人口的重新组织和归化。这些传教团以建立新的定居点作为基础，试图在某种程度上于北方的新领土中复制墨西哥中部印第安族群的组织结构。有些传教团达成了目的，但另外一些传教团则无法维系、不能持续，或者不得不诉诸武力来维系这些新领地。同时，北方传教团还面临着叛乱的威胁，如 1648 年发生在塔拉乌马拉（Tarahumara）的原住民叛乱。与此同时，政府在北方也建立起了新的要塞、军事哨所和居民定居点。

***

新西班牙进入了它的成熟阶段，并表现出一些鲜明特征。首先，西班牙皇室安放于权力结构中的不同机构（也就是权力构成的不同要素）中，没有一个完全具备彻底执行皇室政治思路所需的全部权威。新西班牙的中央政府的确得到了巩固，但是总督和审问院的权力及管辖权从未被完全确定，二者职能常有重叠，并且还与教会当局、宗教裁判所以及市政厅的职能存在冲突之处。自科尔特斯时代开始，新西班牙的权力分裂已然存在，但由于政府机构的成形（或者更确切地说是半成形）所倚赖的诸多法律规定不仅系统复杂而且相互冲突，也导致了当时的权力分裂状况更为突出。除此之外，西班牙皇室还不时来到新西班牙进行视察访问，视察程序包括直接从西班牙派遣官员，此官员享有相当广泛的监督指示权。关于视察访问的官员是否可以将其权威置于本地其他权威之上，从来都没有得到清晰的界定。比如帕拉福克斯，既是被派遣前来视察的官员，同时也是总督。除此之外，还有边界和司法管辖条款过于宽泛的问题没有得到解决。结果是，在新西班牙出现了一种制衡制度，它允许各种不同的倾向或意见同时出现，以便不同利益都能得到满足，它承认最高权威但同时又远离权威。

西班牙皇室在新西班牙未能建立起对它最为有利的政府。当有必要时，皇室不得不在某个地方强加一些自己的权威，而在另外一些地方则放弃一部分权力。即使这样也并不总是能够获得理想的结果，但也并非完全是场灾难。新西班牙的制衡系统对于皇室来说很有用——皇室在相当长的时间里都能和平地保住自己的财产，这个制衡系统并非徒劳无功。

首先，这个制衡系统不是一个意外产物，而是根植于西班牙境内关于权力行使的主导理念。此理念认为，权威根植于司法正义，而不是来自于行使权力这个行为本身。伸张司法正义是国王及其代表和代理人——从总督、皇家法官代表到行政总长——的最高权力，他们在各自的领域里参与行使了这一职能。出于这个原因，通常他们也被称为“法官”。立法适用于独立的个案，而在执行法律时，则赋予了官员们广泛的自由裁量权。在行使权力过程中可能产生的过度行为（实际上很频繁）则受到住地审判制度（juicios de residencia）[①]的制约，包括总督在内的所有皇室代表们，在其服务期结束时都要接受公共审查。通过住地审判制度，很多人在

---

① 住地审判制度是西班牙和美洲的司法程序，包括在公职人员履职结束时，对他的行为进行审查，并听取对他的所有指控。在此程序结束之前，公职人员不能离开他担任该职位的地方，也不能担任其他职务。一般而言，负责此程序的人被称为“住地法官”，一般是已经被任命来接替被审查之人职位的人。裁决有很多种，通常都包括罚款。此程序在美洲非常重要，适用于所有级别的公职人员，所有的总督都要在继任者面前经过住地审判程序的裁决。

任期结束时因为过失或者滥用职权而被罚款，另外一些人则逃过了惩罚。尽管存在不完善之处，但这个制衡系统很少会引发专制暴政，而一旦发生专制暴政事件，也会以相对迅速的方式得以解决。

其次，这种制衡系统使得新西班牙避免了采用建立于武装部队基础上的专制政权，那是一种不必要、危险且昂贵的选择，而且像西班牙这样一个覆盖地域范围过于广泛的帝国也无法为美洲提供维护此类政权所必需的武装部队。背后的原因，与墨西加人（此时墨西哥并未诞生）为何在西班牙殖民者到来之前在其领地上实行间接统治制度，并没有什么不同。

值得一提的是，那些年间新西班牙社会里的流行观念非常重视合作性社团组织。个体凭借其归属的某个机构而获得一定的属性和关联，并且通过某些机构进入政治游戏中。当诸多机构团体稳固下来并划分了各自的行动领域时，新西班牙进入了成熟期，这些机构团体有司法机构、市政厅、商人协会、宗教修会、原住民族群、大学、手工业者公会等。每个机构都具有完全的法人资格，代表并保卫它的成员们的利益，如同西班牙皇室所采用的策略，有时会被迫牺牲某些方面的利益，以便在其他方面获得更多利益。当然，在不同机构团体的内部也会有不同的立场分化，每一个机构团体都像是它所处的更大社会的缩影。自 17 世纪以来，新西班牙的各种机构团体内部的主要矛盾，都是出生于半岛的西班牙人和出生于海外的西班牙人后裔之间的矛盾。

政治游戏对海外西班牙人后裔群体有利，某种程度上，特别是对于那些权势较大的大社团机构更为有利。而且，海外西班牙人后裔群体的经济前景也相当乐观。17 世纪上半叶的新西班牙繁荣兴旺，正在收获上一阶段播种所结下的果实——或者至少对于西班牙人来说这是毋庸置疑的事实。矿业在经历可持续发展，另外，通过成功引入畜牧业、小麦以及其他农作物，新西班牙已经过渡到从事制造业活动（来自于欧洲）的阶段。大量的小麦厂里生产着体量巨大的面粉，引发了整个新西班牙社会的面包消费热情，而几十家炼糖厂和加工厂则提供了丰富的糖。那些使用印第安人作为劳动力的纺织作坊，专门生产纺织材料，特别是羊毛材料。有些工厂的工人数量超过了 100 人，而平均每家工厂都有超过 50 位工人。在此基础上，涉及金钱数额最为庞大的投资项目都与新西班牙占据主导地位的经济活动——贸易相关，特别是海外贸易。对于很多印第安原住民族群来说，情况也并不坏，因为他们也（相对地）从涉足新的商业活动中受益，他们的产品可以卖出一个好价钱（特别是胭脂虫红染料），或是他们部分控制了与马夫以及运输相关的经济活动。

与此形成对比的是皇室的贫困。随着皇室面临越来越大的经济困难，他们的收入也越来越紧缩，这导致了获取钱财成为皇室的至高目标，其重要性超越了其他所有的活动。通过税收、特殊捐款、出售公职等行为，西班牙大都市的确获得了数量可观的收入，但是与此同时也不得不让渡部分权力——这是在 16 世纪好不容易才费力获取的权力，用以限制受托监护主、教会和酋长的权力，这实际上有利于由商人、市政厅以及地方政治寡头所主导的中层官僚机构。为巩固政府，政府付出了代价：允许广泛的权力分享。从新西班牙的视角来看，表现在它具有相当程度的自治权。西班牙依赖从美洲获取的财产来保持其在世界舞台上日渐没落的霸权地位，如果认清这个现实，那么皇室所采取的平衡措施对于新西班牙来说实际上是非常有利的——或者至少对于享受特权的精英阶层来说相当有利。

◎ 繁荣及其局限（1650—1715 年）

自 17 世纪上半叶后期开始，新西班牙经历了一系列高度复杂的发展过程，并以一种非常特殊的方式显现出来，尽管有些表现在上一阶段已经开始形成。新西班牙历史的这一阶段显示出无可争议的上升迹象，但也触碰到了发展极限。

此阶段的特征之一（同时也是对前一阶段的延续）是建立和发展新西班牙的独有身份。基于新西班牙的独有身份，一方面成功培育了欧洲文化的本土模式，比如在文学和弦乐方面所实现的本地化；另一方面则创造了毫无疑问是“新西班牙式”的艺术形式和风格，比如建筑方面。女诗人胡安娜·伊内斯·克鲁斯（Juana Inés de la Cruz）的文学创作集中于1680年到1695年间，虽然从未离开过墨西哥，但她还是成了西班牙语文学的领军人物。她的作品具有极大影响力，直到今日仍然被普遍认可和接受。音乐创作则得到了教会理事会的热情鼓励和支持。城市中心地区的活力催生出金碧辉煌的建筑，这些富丽堂皇的建筑物数量在数十年间都保持着稳定增长。世俗教会（iglesia secular）[①]占据最优越的地理位置，且其教会人员拥有最好的居住空间，他们从巴洛克风格中得到灵感启发，并提出新的建筑方案来与托钵修会的旧修道院竞争荣光（后者几乎全部被遗弃了）。很明显，是宗教主导并且限制着文化的全景，但同时教会人员也贡献出了相当多无法被忽视的科学发现，特别是在采矿业、宇宙学和数学方面；而诸如修士迭戈·罗德里格斯（Diego Rodríguez）以及卡洛斯·锡古恩萨·贡戈拉（Carlos de Sigüenza y Góngora）等人的著作，则通过新的科学知识来为宗教信仰提供论据。

正是在此阶段，那些可以被定义为“新西班牙式”的文化元

---

① 世俗教会是与常规教会（iglesia regular）相对应的。世俗教会的世俗神职人员无须履行修道院誓言。

素形成了各自个性化的表达，或者说是达到了成熟状态。当然，从现在的角度来看，它们已然是墨西哥式的，并且覆盖了包括烹饪、着装、家具、语言、流行音乐、舞蹈等在内的诸多领域。在所有不同领域都发生了文化融合现象，主要涉及西班牙殖民者到来之前的文化与西班牙文化的混杂融合，但也涉及亚洲文化和非洲文化的融合（例如，在新西班牙广泛使用丝绸、象牙、来自普埃布拉的陶瓷、烟花，在烹调中肉桂广受欢迎，或是某些音乐形式广为流行）。许多来自非洲的奴隶被分配去从事家政服务工作，这也给城市生活添加了一缕特殊的异国情调。文化融合现象有很多种表现形式，比如，生活在 17 世纪的纳瓦特尔人的表达方式与西班牙人到来之前的纳瓦特尔祖先们所采用的表达方式已经大相径庭。另外一些融合现象则具有环境成分，比如，畜牧业的扩张不仅导致了一场文化革命（使用羊毛制品、消费肉类产品等已经是社会中的常规行为，这改变了几乎所有印第安民族的着装和饮食方式），而且动物和动物排泄的粪便将会永久改变一些农业生态体系。

同样，可以通过各种繁荣的宗教崇拜现象来观察新西班牙文化的独特性，特别是各种圣母崇拜最为流行。其中最突出的是瓜达卢佩圣母崇拜，自 1648 年开始，从位于墨西哥城周边地区的圣殿开始兴起，并逐渐在新西班牙全国境内流行开来。

在经济领域，值得指出的是，一方面是经济扩张（在新西班牙历史的上一阶段中已经有所体现），另一方面则是建立起了与税贡征收体系相分离的自由劳动力市场，这有利于农业公司获取利益，这些农业公司或由西班牙人个体运营，或由西班牙人团体机构运营，诸如修道院或耶稣会学校——他们都因此变成了大地主。经济扩张和自由劳动力市场形成，其触发因素是 1632 年进行的再分配改革（reforma del repartimiento）①以及货币的日益扩散。劳动者们（主要是来自墨西哥的原住民群体）现在开始提供有偿服务，农产品开始进入更大且存在更多竞争的市场内流通，税收方面与西班牙征服者此前实施的税贡征收方案也大为不同。

这些事件都与大庄园的最终形成以及繁荣发展紧密相关。最终，大庄园由不动产、农业公司以及定居的人口等元素共同构成。与更早期阶段的形态不同，大庄园的基本特征已经不再拥有奴隶（虽然其中一些人还是蓄有奴隶）或是与殖民过程相关联，而是依赖于自由劳动者，并且与新西班牙中部地区的原住民族群混合在一起，印第安人的村镇分散点缀在大庄园之间。这些新的大庄园，将会成为新西班牙乡村最具特色的元素之一。随着众多

① 再分配改革也作 reforma de Sistema de repoblación，通过此项措施将被征服族群的房屋、土地以及人口分配给参与征服的人。

自由人口（通常是混血儿）需要寻找定居的土地，或是印第安人因工作提供的便利而想要（暂时或永久）离开自己的村镇或是想要从税贡负担中解脱出来，大庄园开始形成并得以巩固。自此，上述这些人变成了苦力劳动者，也就是说，接受薪水的劳动者，他们是居住在农业公司的土地上并相应受到农业公司保护的受薪工人（因为彼时的劳动力还是非常稀缺且昂贵的）。同时，大庄园的主人们也忙于通过购买或租用相邻的原住民群体的土地来扩张自己的领地。这些原住民群体和大庄园主之间建立起了一种处于相对平衡状态的合作关系，而且这种平衡合作关系持续了一百多年。

虽然大庄园一般都占地面积广阔，但这并不意味着所有的庄园主都是大业主。庄园的价值取决于在其土地上进行经济生产活动所产出的价值。也并不是所有位于农村的不动产都是大庄园。庄园主群体同样是由不同人群所构成的。其中经济实力最薄弱的庄园主是那些资源贫瘠的人以及一些神职人员，他们几乎所有人都是海外西班牙后裔或混血儿（很难区分这两者），但是也包括一些印第安人的酋长。代表另一个极端的则是商人以及暴富的矿工们（有些是海外西班牙人后裔，有些则是从半岛来的西班牙人），他们用积聚的商业财富买下了五六个大庄园。教会机构也购买了大量不动产，包括有宗教社团（方济会除外）、耶稣会学校、修女修道院，他们通过购买或是虔诚教众的捐赠（尤其是后者），已经兴建了很多不动产。教会机构同时还建有多得数不清的城市房产，他们拥有的雄厚资本使得他们能开展信贷活动。越来越多的农村房产以相当有利的条件抵押给了这些教会机构。

与新西班牙的扩张形成对应的是，几乎所有地区的原住民族群都从 17 世纪中叶开始进入政治分裂阶段。这些原住民族群是西班牙殖民者到来之前的墨西哥领地继承人，但已经脱离了他们的酋长领袖，现在倾向于根据他们不同的地理位置或不同的依存度（分镇和社区）而进行划分，他们拒绝承认那些已经建立起来的公共机构，并声称有权建立自己的公共机构，缩微复制了原有单元合作性社团的特征。

政府并没有反对原住民群体的这种政治实践，结果是，一百多年前还只有一个印第安村落的地方，现在则建起了五六个小村子。虽然在这个游戏中，很多印第安原住民族群发现自己的直接或间接的需求都得到了满足，比如社团财产的安全性更高了，但在此过程中，印第安族群原本可以保留下来的所有政治相关性也都被剥除了。同时它还表明，西班牙征服者曾经的征服条件已经成为过去。

对于印第安原住民来说，在不断改变的环境中寻找到一个理想的居住点并不容易。17 世纪下半叶，新西班牙出现了几次骚乱，都可归因于政府行使权力时所表现出的恶习以及滥用职权，还有饥荒、垄断囤积、官僚机构沆瀣一气等。最臭名昭著的一个例子是，一项影响众多行政总长和皇家法官代表的措施开始逐步扩大化：所谓的“商品分销”，即向印第安人村庄里的居民们（以高溢价）强制出售各类商品；有时这意味着对劳动力的公然剥削，比如强迫人们购买纱线，然后再强迫他们（以最低价格）出售布料。这种做法在一定程度上被容忍和接受了，人们将其视为印第安人必须忍受的各类税收负担之一，并在某种程度上将其视作向官员支付报酬的方式之一（实际上行政总长和皇家法官代表并不领工资，或者说他们是通过权钱交易购买到相应职位的）。但是对这些权力滥用行为，社会的接受程度也会有一个极限，一旦超过可容忍限度时，就会陆续出现各种形式的抗议活动。虽然暴力不是此阶段所独有的特征，但此间发生的诸多地区起义（如发生于1660年的特万特佩克起义）和城市动乱（如发生于1692年的墨西哥城动乱）所展现出的暴力程度却有所增加，并给新西班牙带来了相当大的政治影响。而曾经几乎不为人知的土匪们现在则控制了新西班牙的各种道路。

虽然发生动乱的背景在变化，但相似的权力滥用还导致了1680年新墨西哥州人民大起义的爆发，最终西班牙人被驱逐出省，直到十年之后才能重返新墨西哥。虽然新墨西哥地处边缘，但这一事件却具有重要意义：它标志着朝向北方的迅速扩张遭遇到了第一次挫折；此外，它拉开了一系列斗争的序幕——自此之后，帝国由于各种不同原因而遭到了多次巨大冲击，每次的后果都十分严重。

此时，法国人还是西班牙人的敌人（双方刚刚结束一场长达五年的战争，而且很快将会开始另一场战争），正急于涉足北美。1685 年，在一场悲惨的法国远征行动中，法国人占领了得克萨斯（Texas）海岸的一个地点，但远征队成员很快就全部死亡了。由于西班牙皇室当时对美洲大陆这一地区所发生的事件极为敏感，因此立即采取了应对措施，包括其他措施在内，主要推动了向科阿韦拉地区的拓展（并最终在 1689 年建立了蒙克洛瓦［Monclova］），还巩固了几个军事基地。但所有的努力都无法阻止法国在路易斯安那（Luisiana）建立殖民地，它所具有的巨大意义将在多年后才能被理解。西班牙通过占领下加利福尼亚来弥补法国人带来的打击。对下加利福尼亚的占领由耶稣会自 1697 年开始推动，其唯一目的是扩大耶稣会的传教领域，但结果却事与愿违，收效甚微。

如果说平衡北方局势已经让西班牙皇室忧心忡忡，那么英国人、法国人和荷兰人在美洲不断增长的活动轨迹更是让人担忧。这些西班牙人的欧洲邻居们利用海盗和走私犯不断对西班牙的美洲殖民地发动猛攻，夺取了加勒比海地区，并分别在 1683 年和 1685 年血洗了韦拉克鲁斯和坎佩切。既是源自攫取财富的野心，也要感谢羸弱且不堪一击的西班牙国防，英国人在 1655 年如愿占领了牙买加。通过牙买加基地，英国人在五年后又占领了塔巴斯科（Tabasco）东部的广阔区域（泰尔米诺斯潟湖 [Laguna de Términos] 周边地区，英国人一直占领此地直至 1716 年，并且此后从未离开过伯利兹（Belice）。英国人在 1692 年对哈瓦那的短暂占领引起了巨大动荡。直到 1697 年位于佩滕中心位置的一个玛雅堡垒终于宣告臣服（它在塔亚萨尔几乎一直保持着独立状态），这才稍稍缓解了西班牙人的挫败感。

***

至 17 世纪结束时，在西班牙殖民地的海岸线上，英国人已经成功建立了几个定居点，这个改变意义重大。英国人插足美洲，在一百多年前还是无法想象的，它反映出西班牙海上霸权的衰落及其敌人们的崛起。另一方面，新西班牙进入成熟阶段，它在奠基阶段曾是与世隔绝的，现在这种隔离局面已经被打破。外部世界发生的事件对新西班牙将产生直接影响。

此时英国人带来的威胁并不大。英国人的涉足只是扰乱了新西班牙的部分地区，而且这些地方从 16 世纪末期以来基本上已经处于无人居住的状态。另外，新西班牙在此阶段的发展重心是北部大开发，所有的兴趣都集中于向北挺进，与中美洲的距离越拉越远，更别提更为遥远的尤卡坦了。如果新西班牙不得不参与到与加勒比海的相关事务中，那也是应西班牙皇室的要求而为。更大的伤害则来自于新墨西哥的短暂陷落以及东北沿海地区法国人的出现，对于这些事件，新西班牙都立即给予了果断回应。然而，所有这一切都只是影响了新西班牙的外围地区，而不是它的中心区域，两者之间有着巨大的不同。

尽管新西班牙与外部世界正在发生的事件之间的关系日益密切，但新西班牙还是在此时期进入了成熟阶段。它是一个专注于其内部的国家，由一个基本闭合的轮廓所环绕。除了韦拉克鲁斯、坎佩切和阿卡普尔科，其他的沿海和沿河地区都无法实现海上通道的自由交流。对海盗的恐惧则更进一步延缓了新西班牙面向海洋的发展，这种恐惧也是情有可原的。

尤其值得注意的是，新西班牙无视了它的东部：塔巴斯科、尤卡坦以及危地马拉的边境地区。前面提过，英国人已经占领了伯利兹和泰米尔诺斯潟湖地区，而这种占领只被当成一个意外事件来处理，新西班牙人认为不值得对英国人采取惩罚性行动。与危地马拉的贸易关联（自从作为一个独立政府设立以来就包含了恰帕斯区域），直到进入 17 世纪前都非常重要，现在这种重要性趋于下降。索科努斯科的沿海区域自从上次大瘟疫发生以来几乎无人居住，因管辖权纠纷而被搁置，几乎没人有兴趣去解决这个问题。尤卡坦则有其独特性，这个省份实质上几乎就是一个在地理位置上被分隔开的独立实体。它在司法和宗教事务上从属于墨西哥，其政府在理论上应对总督俯首帖耳，但是在涉及尤卡坦本地事务时，则基本上享有完全的自治权，甚至会交由西班牙政府直接处理。尤卡坦省的经济非常封闭，并且保留了非常古老的设计结构，其中包括受托监护制度等，总督政府对尤卡坦的事务几乎都不感兴趣。

北部面向外界的边界（在此时期一般用一个特有名词“Septentrión”指称北部）完全没有划定，北方在一片旷野里无限地延展开去。美洲大陆北部的阿塔帕斯坎印第安人（Atapascan），也就是所谓的阿帕奇人展开了对新西班牙北部的首次入侵——这是另一个令人担忧的问题。政府开始斥巨资来组织控制北方的不同方案。在一系列旨在重组和保卫北方的计划中，优先建立了覆盖得克萨斯到索诺拉的一系列军事要塞。对于这个举措的效果争议颇大，很大程度上是因为准备不足而导致维护要塞所必需的人员相当匮乏。尽管这些举措失败了，但建立诸多军事要塞的过程却有助于参与的个人获取丰富经验。不久之后，这些人会摇身一变成为军队军官，并且占据政府要职。对北方逐渐熟悉，对北方所面临的问题以及所处的状况都展现出强烈的兴趣，这将是新西班牙接下来表现出的突出特征。

尽管新西班牙政府实施了诸多举措，并且北方的重要性日益增长，但是北方仍然是一个边缘区域，如同沿海地区以及新西班牙的东部边境一样。值得再次强调的是，新西班牙依然是一个关注内部的国家。所有的重要城市、最具活力的区域、经济活动、交流通道、艺术发展、财富、人口，都集中在墨西哥中部高原上。新西班牙的这种空间分配形式形成于 16 世纪，并在 17 世纪期间得以巩固，时至今日仍然主导着该国的版图。这部分是出自气候和环境方面的考虑，另外很大程度上也是因为新西班牙最初创建于墨西哥 - 特诺奇提特兰城遗址上，但同样重要的另一个原因是，西班牙皇室有意在新西班牙创建一个带有封闭边界且具有高度限制性的商业系统。

所有这些方面共同勾勒出新西班牙的总览图，它已经有两个世纪的历史，进入成熟阶段也有一百多年了。如果我们仔细观察新西班牙的特定部分，特别是它的核心部分，已经可以清楚地看到殖民地时代所创造出的地区版图。

一些区域几乎毫无变化地保留了从西班牙时期继承下来的空间系统，诸如米斯特克高地和许多山脉地区，但其他地区则是完全起源和发展于殖民过程中，例如普埃布拉谷地。其中，巴希奥最富活力且享有盛誉。巴希奥诞生于向北方挺进的第一阶段，但很快就发展成为新西班牙核心的一部分。到 18 世纪初期，巴希奥已经是人口快速增长、城市发展迅速、农业生产规模庞大且社会具有高度活力的地区，所有这一切都让巴希奥在新西班牙历史中的表现越来越突出。

◎ 末期的征兆（1715—1760 年）

西班牙改朝换代了。因为没有继承人，奥地利王朝（或者说西班牙哈布斯堡王朝）的皇冠被波旁王朝所继承，这个家族同时还统治着法国，西班牙的新国王菲利普五世（Felipe V）正是路易十四（Luis XIV）的孙子。这件事在西班牙引起了骚动，但是对于墨西哥却几乎毫无影响，几乎不曾改变其任何现状，或者说，即使造成了影响，这种影响也并非即时的、明显的。要等到几年之后，到 1715 年，才会对新西班牙发出新时代到来的警告。这一章最后的部分探讨的主题有关新西班牙历史的另一个阶段，发生在欧洲大陆的政治变化也促成了这一新阶段的形成。

西班牙和法国之间的王族和亲并没有消除存在于两个国家之间的互不信任感，但是的确保证了两国之间稳定的和平共处状态。与之相比，西班牙与英国之间的关系则极为曲折、令人痛苦，最初是围绕西班牙王位继承而产生的诸多冲突牵扯着英国，随后两国之间又爆发了好几场战争。随着《乌特勒支条约》的签署，西班牙王位争夺战最终在 1713 年画上句点，也终结了法国波旁王朝试图染指统治西班牙的野心，但同时也强迫西班牙人向英国人做出了对于后者相当有利的商业让步。自此之后，英国人获得了向美洲殖民地供给奴隶的特许权。

在西班牙本土，人们则希望能借机对跨大西洋贸易的僵硬管理体制进行改革。跨洋海上交通的控制点从塞尔维亚转移到了加迪斯（Cádiz），同时也针对管理舰队系统而施行了一些新的解决方案；另外，为了最大化地控制舰队的活动，每年商业博览会的庆典举行时间被调整为护航舰队抵达美洲的日期。自 1728 年开始，新西班牙的庆典都在哈拉帕（Jalapa）举行。但是，这些政策都相当肤浅，并未针对近年来愈加明显的另一个事实做出有效回应，即英国人通过其新近获得的美洲黑奴贸易特许权而受益匪浅（奴隶数量在新西班牙从未超过人口的适度比例），并以此为契机引入了欧洲帮派并建立起相互间的联系，很快就发展出一个组织良好、运作高效的走私系统。通过走私系统，英国人从西班牙人在美洲的殖民地中窃走了相当大一片商业版图。大都市实施的过度限制贸易政策，为发生在新西班牙的走私活动提供了肥沃土壤。

1739 年，西班牙人和英国人之间爆发了一场新的战争。这场战争给商贸领域带来了更加直接的影响，其中最严重的影响是西班牙的舰队活动几近瘫痪，这种状态一直持续到 1754 年。但这种局面带来的最重要影响是，因为缺乏舰队，为进行商贸往来，商人们开始成功使用被称为“登记船只”（navios de registro）[①]的独立松散船只。商人们的成功尝试创建了一个积极先例，有助于几十年后逐步解除在商业交通方面的限制。

贸易问题并不是新形势下存在的唯一问题。1714 年，西班牙皇室对管理美洲事务的政府机构实施了新的重组计划。接下来的 20 多年间，新西班牙的未来会被掌控在两位相继赴任的总督——侯爵瓦莱罗（marqués de Valero）以及侯爵卡萨富尔特（marqués de Casafuerte）手中。这两位总督努力建立起了稳定的政府，各部门相互之间协作良好，政府逐渐变得更有效率。其他后来继任的总督，通常也比以前的同行们平均能力更强。与此同时，政府风格和政府语言也发生了显著变化，变得更加官僚化了。

1719 年协议法院（Tribunal de la Acordada ）的成立具有重大

① 因英国和西班牙之间的战争导致西班牙舰队系统瘫痪，且西班牙海军因保卫半岛而无法保卫去往美洲的海上商业通道，因此商人们开始自己租用船只去往美洲做贸易，一旦抵达美洲就在某些城市定居并售卖商品。1740 年代，引入了登记船制度，此前带有官方垄断性质的护航船队和大帆船系统则宣告结束。

意义。与之相应，新西班牙第一支有效的警察部队成立。新西班牙全国各地的道路上劫匪横行，人民不堪其扰，此举算是对社会问题做出了回应。但其最大意义在于，这是能体现出政府新理念的第一个具体案例。政府的新理念重视高等权威的有效性，并且强调提供各种必要措施以维护权威的必要性。值得指出的是，直到此时，新西班牙为数不多的武装部队都还只是总督的护卫队或当地的各种民兵组织，有些是阶段性的，另一些则是更具持久性的组织，其目的是保护新西班牙的沿海和北部边界（至少是在佯装进行保护）。这些业余的军事团体没有一个是由职业军事人员组成的，也没有应用现代军队的等级结构以及相应的组织模式。

另外一个重要事件是再次爆发了大瘟疫，这次是斑疹伤寒大瘟疫，自 1736 年至 1739 年在新西班牙蔓延。相比 16 世纪的那场传染病瘟疫，这次的瘟疫没有那么致命，但是它的传染范围更广，因为相较于以前来说有更多的人口流动以及商品交流往来。而且，这次的疫情并未严重到足以扭转人口增长趋势——自 17 世纪中期以来，新西班牙的人口数量一直处于上升态势。但是考虑到这场瘟疫造成的经济后果，它还是具有重要的意义。政府通过施行不同项目来进行疫情干预，以求获得控制疫情的最佳方式，此举证明了政府的态度正在发生转变——它变得更加现代化了。

到 1750 年，新西班牙有 450 多万居民，其中一半或更多的人口是来于自印第安团体的成员(即登记在册的纳税人以及其家属)，剩下的人口则基本上是海外西班牙人后裔或是西班牙人与当地人的混血儿（或是黑白混血儿，或是几个不同种族血缘的混合，用“混种”来称呼他们已经相当普遍）。在全体人口中，某些特定群体的规模不是很大。非洲裔人口，包括奴隶和自由人，总共大概有 1 万人。而来自西班牙伊比利亚半岛的西班牙人，在某个时期的总数量不超过 2 万人。在某些区域，特别是巴希奥、新加利西亚以及北方，混血儿占人口的绝大多数。

随着西班牙与本地人结合而生的混血儿以及印第安人与黑人结合而生的混血儿越来越多，乡村地区的自由人口数量出现了显著增长，同时他们也是小业主（也就是说，他们不是纳税人口，没有归入印第安人群落，也没有归入大庄园）。一般来讲，他们被称为牧场农民，因为他们最初的定居点都是在牧场，或者是又小又不正式的地方。其中一些人转变成了大庄园主土地上的佃农。在某些情况下，因为意识到将定居点正式化所能带来的法律优势，有些牧场主会有效地组织起印第安原住民式的合作社型结构——尽管他们的社会构成和过往历史与古老纯正的印第安民族的社会构成和过往历史都毫无关联。然而，牧场农民兴建的这类组织越来越重要，为乡村日益复杂的社会结构带来了诸多变化。

在此阶段，发生在新西班牙北部的事件最引人注目，不仅仅是因为此地日益发展的采矿业正呈现繁荣兴旺的态势。值得强调的是，以在索诺拉的耶稣会会士以及在得克萨斯的方济各会士为代表（自 1715 年开始了殖民），传教活动在此时达到了鼎盛状态。除了履行宗教职能以及充当地方政治组织的职能，一些传教团还建立起了人口相对众多的稳定据点，并鼓励不同的定居者移民们迁移到它的外围临近区域去居住（传教士从不同情他们）。这些身份复杂、血统各异且具有极大的社会流动性的混血儿社群开始与各类印第安原住民族群诸如亚基人（Yaqui）①、欧帕塔人（Ópata）、塔拉乌马拉人等建立起联系，新西班牙的社会交流也因此开始变得越来越频繁，交流网络也越来越紧密。

对于北方具有重要意义的另外一个重要事件是自 1748 年起占领塔毛利帕斯和新桑坦德（Nuevo Santander）。出于两个原因，这件事值得单独拎出来书写。首先，占领行为通过以小型定居点来填满广阔的北部空间，大扩张当时还没能完全渗透到这些地区。另外一点，也是更重要的一点：塔毛利帕斯启用了一套由政府控制实施的新殖民模式，以几近军事化的方式进行严格规划并制定指导方针——这是政府当局在创新精神指导下施行项目的又一个例证。

---

① 亚基人（Yaqui）是聚居在墨西哥西海岸索诺拉州南部的印第安原住民文化族群。

虽然采取了诸多行动，但是北部的人口密度还是非常低，超大型庄园控制了无比广阔的无人居住区域。随着时间推移，北方必然会形成一种独特的文化模式，今天我们可以将之理解为典型的北方生活方式，它与中部地区的生活方式在诸多方面都颇为不同。虽然将“北方”作为一个整体而进行概括的做法在某种程度上是有效的，但是我们不能掩盖北方各地之间在创建过程以及漫长发展历史中所形成的巨大差异。其中一个例子就是发生在纳亚尔（Nayar）地区（即科拉人山区和维裘人山区）的例外，这是一块处于相对中心位置的飞地，一直独立于西班牙控制之外，直到1722年才被征服。就像二十五年前征服佩滕一样，政府最终完成了它迟迟悬而未决的任务。

但是此时在新西班牙，最具优先级的事宜是有关沿海地区的。另外，西班牙皇室财政羸弱的问题也表现得越来越明显。幸运的是，在经济层面，新西班牙继续享受着令人称许的美好时光，其经济建立在商贸基础上，农产品丰富，并且以一种特别的方式迎来了新兴的矿业繁荣——以银矿的发现为代表，不仅是北部的瓜纳塞维（Guanaceví）、库西维里亚奇克（Cusihuiriáchic）、巴托皮拉斯（Batopilas）、奇瓦瓦、阿拉莫斯（Álamos）等地，靠近中部的地区也都发现了银矿，诸如瓜纳华托（Guanajuato）、雷阿尔德蒙特（Real del Monte）和塔斯科（Taxco）。因这些丰富的矿藏资源，巨额财富产生，富人们急于炫耀，大都市不会觉察不到。

因为西班牙皇室总是在寻找新的、能带来更多盈利的收入来源，它在出售公职方面又向前迈进了一步，继续提供具有更高价值的职位，比如审问院的职位。此举为海外西班牙后裔们提供了改善社会地位和增加社会联系的机会。与此同时，西班牙皇室敞开大门，出售那些新的、闪闪发光的贵族头衔，这在新西班牙已经异质化的社会结构中创造了一个新的不平等因素（在 1700 年以前，仅仅还只有 3 个古老的家族，但是到 1759 年已经有 14 个了）。新贵族们基本上都是通过矿藏资源而实现了阶层跃升，大部分人都是来自伊比利亚半岛的西班牙人，或是那些在开拓北部的艰巨任务中取得了成绩并攫取了大量财富的人。

***

到 18 世纪中叶，新西班牙已经具备了足够的实力；虽然它依然是一个殖民地，但是许多此后在墨西哥独立的过程中得以广泛表达的身份元素，此时已经开始有迹可循了。

建立一个民族身份，或是更广泛意义上的“美洲身份”，成了海外西班牙后裔以及西班牙与印第安混血儿群体中最为关心的关键性问题。采用 20 世纪已经开始萌芽的本土主义视角的历史学家们，诸如何塞·华金·格拉纳多斯·加尔维斯（José Joaquín Granados Gálvez），再现了（或者说是在很大程度上创造了）“伟大的托尔特克帝国”这一概念——这是“阿纳瓦克之地”（tierra de Anáhuac）历史的开端[①]——以及合法君主制或者说是“墨西哥帝国”这个设想。至此，仅差一步我们就可以将墨西哥籍定义为在新西班牙形成的新国籍。

当然，构建新身份的尝试此时还仅仅局限于一小撮数量有限的知识精英中——或许也就 1000 多人。普通民众远远没有意识到这些问题，这也很正常，尤其是考虑到最基本的教育所覆盖的范围非常有限并且通常也不会触及历史议题。但，人们对“构建新西班牙的民族身份”这个议题缺乏认识，并不意味着群众之间缺乏共同点——关于普通人的共同点，在讲述上一阶段历史的章节中我们已经有所涉及。瓜达卢佩圣母崇拜越来越流行，这是一种极好的身份认同催化剂。但最强烈的身份认同则是基于区域情感的，就原住民而言，他们最强烈的身份认同是基于不同民族的个性，尽管原住民群体内部的进化和分裂仍然是社会生活的基本参照指标，并且往往是社会生活和文化生活的唯一参照。值得指出的是，

① 根据阿兹特克人的传说，北方的不同部族南下来到围绕特斯科科湖的阿纳瓦克谷地，即今天所指的墨西哥谷地，形成了阿兹特克人的祖先。

机构身份或团体身份在身份表达中都非常强大，可以制衡任何其他身份。

另外，在经济领域也可以发现，一体化和缺乏整合的情况同时存在。采矿投入和矿产品生产活动几乎覆盖到整个国家的范围，由工资信贷、信用代销、期票以及其他工具组成的信贷业务覆盖全境，支持农业活动的抵押贷款也将城市中心与其他所有地区连接起来。向城市供应肉类意味着要从畜牧场出发进行远距离商品运输，有时需要跨越从锡那罗亚州到墨西哥城之间的遥远距离。与上述交流活动类似的诸多经济活动共同以某种方式促进了一个全球化的框架的形成。但是，如果转向经济生活的其他表现形式，我们会发现，此时大多数农产品和手工商品的市场很少能超出其所在地区的范围，而且不同的产品在价格和商品供应方面存在着巨大差异。此外，尤其是在牧场和印第安村落里，主要的经济活动仅限于满足自给自足（仅供维持生计）。

在某种意义上，交流网络已经完整形成了；但从另外一个角度来看，这种交流网络又是不完整的。一方面，除了丛林或几乎无人居住的地区之外，人们可以通过在人行道徒步、骑马或乘坐马车来穿越新西班牙境内的几乎所有空间（平原或山区）。只有在雨季，自由流动才会受阻。但另一方面，为各种商品进行大规模远距离运输所必需的道路、桥梁以及其他交通设施的数量还很少、条件相当差，而且仅仅局限在中部地区和北部地区。有些活动的空间流动性相对较大，但主体是人而不是货物。

将经济和文化全景与社会流动性结合起来，18 世纪中叶的新西班牙呈现出与众不同的画面。殖民征服时代所采用的清晰又尖锐的对立性社会分类方式——西班牙人和原住民——在某些远离社会或者文化孤立的群体中仍然有迹可循。但是，除了这些例外情况，原先的对立分类方式已经无法运转：人口经历了太多融合，继续采用这种对立术语来划分社会界限已经毫无意义，并且种族和文化的融合还在持续进行。立法允许保留两个群体间的差异，这是许多人为寻求特权而极力主张的，但它只不过是对社会现实的欺骗性表述，并未真实反映社会现状。此外，在殖民地历史的这个特定阶段出现了一些特定的社会阶层，他们的地位更多是取决于他们的经济水平，而不是任何其他因素。富人和穷人之间的差距（富人非常少、穷人非常多）、他们的利益冲突以及他们对现实的不同看法，在新西班牙最后几年的历史中具有重要意义；但是同样，不同社会阶层之间所存在的共同点也将在新西班牙最后几年的历史中发挥重要意义，人们之间的这些共同点会将享有最高特权的精英与纳税人、工人、牧场农民、工匠以及在政府和教会中从事基层工作的最底层工作人员联结在一起。随着西班牙皇室逐渐丧失了维护“基于正义的合法性”原则的兴趣，而对如何维护权力并满足财政欲望更为担忧，这些社会经济差异也将变得更为关键。

结　语

西班牙因为支持法国对抗英国的“七年战争”（1756—1763年）而损失惨重。战争虽然发生在欧洲大陆上，但给美洲大陆带来了深远影响。英国人于1762年侵占了哈瓦那，导致了西班牙舰队系统的最终崩溃，并且在西班牙政府内部激起了极大的恐慌。当最终签订和平条约后，西班牙人重新夺回了哈瓦那，并且恢复了海上商业运营，但是这次经历还是造成了创伤。如同1588年西班牙无敌舰队遭遇失败后所发生的那样，在西班牙，人们越来越关注于修正帝国的弱势部分，并试图恢复已经失去的帝国荣光。而且，与近两个世纪之前一样，西班牙皇室贪婪的手伸向了从其海外领地中所能获取的资源。但是，除了仅有这个相似性外，现在与近两个世纪前所处的环境已经完全不同了。首先，许多欧洲强权已经调整了他们关于“权力”和“国家”的概念，抛弃了许多世袭的旧观念，为新的“开明专制”开道。也就是说，现在普遍推崇一个权威的、中央制的、高效的、理性的且关注物质进步的政府，但也有兴趣（如果不是太过痴迷）不惜一切代价来扩大税基。另外，在1759年，一位相当活跃的君主继承了西班牙王位，他就是卡洛斯三世（Carlos Ⅲ）。卡洛斯三世及其部长们进行了一系列数不胜数的调整和改革，与此同时减少了政府的个人化特色。新一代的政府公务员，都是西班牙本土人士，其中许多人在北方的严酷条件下接受过军事训练并积累了经验，他们将会更换旧有的殖民官僚机构。在开明人士看来，旧有官僚机构既低效又腐败。并且，新一代将无法容忍有如此多的海外西班牙人和土著们的混血后代身居要职、掌控权力。

西班牙皇室清楚意识到新西班牙在整个 17 世纪期间都享有相当大的自治权，并且设法将其产生的大部分财富都留在了美洲本土，因此皇室采取的行动和意图都预示着实质性的变化即将到来，并且皇室会宣告对这些美洲财富的所有权。有一些历史学家将 18 世纪中叶的这些年定义为一个开明政府的年代，这也是可以理解的，他们认为，政府即将结束无能为力的弱势状态，从此开始进入威权时代。

–3–

波旁改革

路易斯·哈乌雷吉

（*Luis Jáuregui*）

18世纪的最初几年，西班牙皇室开始改变对其庞大美洲财产的管理方式。在18世纪上半叶，这些改革还有些羞答答的意味，在此之后则表现出极具活力的创新性，史称“波旁改革”。这些改革或羞涩或大胆，但都回应了西班牙波旁王朝重掌美洲权力的渴望——特别是在最富有的新西班牙，并因此而启动了一场持续了近一个世纪的现代化进程。

波旁式现代化的基础是被称为“启蒙运动”的新思想方式以及一系列价值体系。启蒙运动的主要特征是相信人类的理性，摒弃传统，反对无知，认为科学和技术知识是改变世界的手段，并且通过理性而不是宗教来寻求解决社会问题的方法。简而言之，启蒙运动遵循改革派的理想主义。对启蒙运动的适用同时也是一个现代化的过程，18 世纪几乎所有欧洲君主都采用过启蒙主义，自此之后，政府治理形式也被称为“开明专制主义”。

因为与推崇传统价值观的社会之间天然存在冲突，西班牙的启蒙运动是由贵族、官员和教会来推动的。其中一位推手是贝尼托·赫罗尼默·费伊豪（Benito Jerónimo Feijoo），他用令人愉悦的散文形式直接质疑他认为是错误的常见想法，当然，总是在天主教信仰允许的范围内进行。费伊豪神父的作品非常流行，世俗人员和教会人士都争相阅读和评论。关于波旁王朝如何运用权力则是开明专制主义的一个明证。卡洛斯三世（1759—1788 年）和他的儿子卡洛斯四世（Carlos Ⅳ，1788—1808 年）的部长们影响了两位君主的改革主义热情。另外，通过名为“国家之友经济会社”[①]的一些协会组织以及新近诞生的新闻期刊来传播启蒙运动的思想。在美洲，新思想在某种程度上是应用于开明政府形式的某个特定模式内的，这个模式捍卫君主专制，认为君主权威不容置疑。因此，

① 国家之友经济会社（Sociedades Económicas de Amigos del País）是西班牙 18 世纪下半叶出现的一些协会，同时也存在于其他欧洲国家，如爱尔兰或瑞士；其目的是传播启蒙运动的新思想和科学技术知识。这些协会出现于卡洛斯三世统治时期，处于王室保护之下，成为波旁改良主义的工具。其中一些协会至今仍然保持活跃，并仍以促进地区和西班牙的经济发展为目标。

多年来进行的现代化变革突出表现在改变殖民地总督政府的形式上；最引人注目的变革发生在1760年至1808年之间，史称“波旁改革”。这是帝国政府的一个战略，通过在财政、军事和商业方面进行重大变革，以及促进生产活动多样化，来提高物质水平并增加君主财富。在改革方面，特权被稀释，土著们的生存条件在某些方面有所改善，文化被广泛传播。特别在文化传播方面，西班牙皇室做了很多工作，从欧洲派遣了大量具有启蒙思想的人士来新西班牙发展科学、艺术和工业。但是美洲人也发挥了主观能动性，适应了新思想，潜移默化地获得了关于解放的启蒙思想，甚至是革命思想。文化大发展以及经济繁荣让海外西班牙人后裔更加清晰地认识到，在西班牙的君主统治中充斥着权力滥用以及其他各种缺陷。因此，新西班牙的波旁改革时期，对实现经济增长、实现对大西洋世界的开放都具有重要意义；而对于一个意识到了自己与众不同的社会来说，这也是一个危机时期。

整 体 概 述

在新西班牙，波旁改革始于由菲利普五世组织的三次视察（视察人员及政府机构），反映出西班牙皇室清醒地认识到总督政府的行政管理状况不尽如人意。得益于经济表现强劲，皇室因此能够在行政管理中引入一些变化，以便能获得更多资源去开展更大范围的其他活动。最初的行政管理变化包括施行皇室收入集中制，即由国王派遣的公务员取代私人来行使征税权。

1762年英国军队占领哈瓦那，标志着第二阶段的改革势在必行，而且需要比第一阶段更加强势。几年前，波旁王室的卡洛斯三世登上王位，在很大程度上促使改革拉开序幕。在政府治理艺术方面，新君主当然拥有丰富经验。尽管如此，当时的局势还是迫使他对总督们进行了政治和行政重组，但重组在很大程度上仍然谨守着16世纪末期以来的系统规训。“国际性”开始展现苗头，且战争不断，这是当时世界局势的主要特点。因此，卡洛斯三世进行的改革包括了加强军事防御体系这一部分，特别是在加勒比海和新西班牙北部；还涉及了将权力集中到国王的公务员手中。完成这两项任务需要调用大量的税收资源，因此卡洛斯三世对新西班牙的财政管理体系也进行了彻底的根本性改革。

与此前几个世纪的前任们不同，在卡洛斯三世在位期间统治新西班牙的总督们，都是些异乎寻常的杰出人才：没有一个人是贵族出身，全是因为个人才能而获得了这些高等职位；更重要的是，他们都由一股改革帝国的狂热所驱动，特别是对新西班牙的革新充满热情。似乎还不够，西班牙皇室在1770年代中期对新西班牙的所有皇室财产进行了全面审查，即著名的何塞·加尔维斯视察（José de Gálvz）（1765—1771 年）。加尔维斯自 1776 年开始任职印第安事务部部长，在新西班牙，他开始强制施用一批纠正性措施，这是他在新西班牙访问期间所发现并且认为非常有必要采用的一些措施。在此阶段，新西班牙开始组织总督防卫队，并且有了统辖内部各省的总指挥官（1776 年）。同时，通过设立监政官（Intendente）[①]及其下属副官（subdelegado）（1786 年），加尔维斯试图削减总督的权力，并对省府管理进行改革。

尽管在初始阶段，加尔维斯的现代化计划得到了有效推动和实施，但随着加尔维斯于 1786 年去世以及卡洛斯四世登上王位，波旁改革发生了变化，推动改革的动力发生偏离并扭曲了改革的初衷。卡洛斯四世不得不面对比他父亲所面对的更为不利的国际环境。经济方面，与过去二十年的繁荣相比，新西班牙的经济增长显现出相对放缓的迹象，曾从新西班牙人那里过度榨取了税收资源的西班牙王家财政现在则重新开始寻求贷款和捐款帮助，且

① 监政官的设立可以追溯到菲利普五世时期。在西班牙王位继承的战争下，最开始是安排这些新的公务员来管理军队财政。第一批监政官可以追溯到 1711 年，经法国的建议而设立，一些官员被任命为陆军总负责人，在被征服的领土上统筹军队、财政和公共支出。取得成功后，授予他们土地，称为“监政区”。在拉美殖民地，从 18 世纪也开始使用这种制度，持开明主义思想的国王们希望改革他们的财产管理、统一和促进福利，同时改善皇家财政收入并保卫这些领土。监政官在殖民地的主要作用是促进经济并保护大庄园，一般配备有法律顾问及下属，在不同时期与总督或皇家代表法官存在职能冲突。

相对过去规模更大；国际冲突方面，新西班牙则“受益”于所谓的“中立贸易”（1796—1802 年，1804—1808 年）。

波旁改革同样产生了社会层面和文化层面的影响。在这些年里，人们对西班牙的统治心生不满。在西班牙的统治下，只有那些享有最多特权的人才能获得发展。即使是这些特权人士，为皇室所付出的代价也相当不菲。对于海外西班牙人后裔来说，虽然他们对西班牙皇室的憎恨与日俱增，但是他们也从文化机构的巨大进步中受益匪浅，并且从面向大西洋世界的其他社会的开放中获益。土著虽也受到西班牙统治的打压，但他们更多是忙于在几场生活资料短缺的生存危机中挣扎求生，特别是 1785 年到 1787 年和 1808 年到 1810 年那两次危机。直到 19 世纪的头十年，新西班牙都还是西班牙君主的收银机，其经济发展正在巩固，并形成了自己独有的身份认同。在波旁王朝末期那几年，皇室对新西班牙施加的压力导致部分人口陷入贫困，并且因此剥夺了当时的殖民地、将来的独立墨西哥的未来经济增长的可能性。社会观念认为局势有可能会向着有利于新西班牙人的方向变化，西班牙政府和其末代总督们则放任这种感觉蔓延，并未采取任何措施去扭转人们的盲目乐观。

开明的波旁王朝所进行的主要改革措施，综合起来为新西班牙的最后几年和墨西哥独立的最初几十年提供了参考框架。可以说，在波旁改革时期形成了墨西哥大部分的地理区划，其中一部分将成为未来墨西哥共和国的一部分。但在此期间，人民对西班牙统治的不满也在日益滋生。而且，在新西班牙波旁王朝的一片繁荣景象中，独立墨西哥未来将会遭遇的经济衰退也在此时早早埋下了伏笔。

波旁王朝最初的改革

对于远在西班牙的帝国政府来说，其治下更为富裕的美洲所表现出的繁荣是不可持续的。三次艰难的局部视察（1710—1715年，1716年，1729—1733年）表明急需改变现状。例如，自1711年以来，西班牙的大都会当局已经注意到，关于商品交易税（alcabalas）[①]，目前是将收租权出租给一些法人团体（贸易商或

---

① 商品交易税是商品流通过程中所需缴纳的税费。它可能起源于阿拉伯，是旧制度下最重要的商品交易税，也是西班牙现代化早期所征收的最重要的一项皇家税收，也是西班牙皇室最重要的收入来源，在西班牙本土和殖民地进行征收。最早于1342年开始征收，在14世纪开始成为永久税收，税款归国王自由支配，可作为其遗产的一部分；且国王可用税金收入去举债，可以出售或转赠。通过商品交易税可对任何人或事物征税，包含动产和不动产。其中存在一些豁免的情况，豁免情况适用于某些特权阶层或某些商品价值不高的货品或某些特殊形式的交易如继承、家庭捐赠等。1547年，西班牙殖民者们开始在墨西哥征收此税。18世纪晚期，墨西哥在此项税收上的收入为250万比索。不同于现代的附加税，每次交易货品时都会被全额征收商品交易税。

市民委员会）经营，但若由皇室派遣的公务员来进行管理，可征集的税款总额将会更多。总督们总是将收入交给那些法人团体，而不是全部留给皇室。

1732 年，随着墨西哥城铸币厂里最重要的职务都开始由西班牙皇室派遣的人员担任，商品交易税以及许多其他商品（贡品、火药、烟草、纸牌、公牛、普尔克酒［龙舌兰酒的一种］等）的税务征收情况都开始发生变化。这意味着，政府不再公开发售这些重要职位，不再是价高者得。收入的中央集中化进程持续了将近一个世纪。关于收入集中化这一进程最重要的例子是将商品交易税纳入新西班牙的财政管理体系中，这一变化持续了几十年时间（1754—1776 年），后来因巡视大臣加尔维斯的决定而暂时中止。集中化的过程还包括不再以“固定数量的金钱”面向“私人团体”出售征税职位，这迫使皇室自己来从事收税工作，有可能因此而增加税收收入且降低征收成本。

为了实现收入集中化，皇室肯定要大放血，支付大量资金；同时，新西班牙国库的行政管理结构也必须变得更加稳固。自 17 世纪末期以来，总督殖民地经济一直表现强劲，这对实现收入集中化颇有益处。尤其是以税收总额来衡量，直到 1750 年，新西班牙的采矿业一直都在持续合理增长。与整体经济表现的节奏同步，采矿业在 18 世纪中期显现出停滞不前的迹象，但在 17 世纪 70 年代和 80 年代则又开始恢复迅猛增长。

虽然代价高昂，但是到 18 世纪中叶，这些初期的改变已经让新西班牙国库赚得盆满钵满。当（欧洲的）七年战争（1756—1763 年）结束时，西班牙在大西洋的霸权地位受到了极大冲击，这也是改革进程加速的背景之一。一方面，来自新西班牙的收入在减少，诸如哈瓦那、菲律宾马尼拉的陷落，都导致了来自远东的大帆船在那几年间暂时中断了航行。与之相应，它们能为新西班牙国库所做出的贡献也中止了。另一方面，因西班牙的军事力量扩张覆盖到整个大安的列斯群岛（Antillas Mayores），特别是哈瓦那的港口，导致支出也相应地大幅增加。在占领哈瓦那后，英国人已经非常靠近西班牙财富的主要来源地新西班牙了。出于同样的原因，新西班牙在 1764 年出台了一个计划，规划加强韦拉克鲁斯的军事力量，以确保该地到墨西哥城的道路安全，并建立一支由数量众多的退伍军人和民兵组成的部队雏形。当年 11 月，新西班牙诞生了它的首支永久性军队美洲军团（Regimiento de América），由胡安 · 比亚尔巴（Juan de Villalba）担任指挥官。

与此同时，一场旨在分析殖民地的行政和司法管理状况的巡视活动正在筹备中。马拉加人何塞 · 加尔维斯被任命为执行此次任务的巡视大臣。

全面巡查新西班牙司法部门和皇家金库

巡视大臣加尔维斯不仅被要求对现状进行诊断分析，同时还被赋予了宽泛的权力，他被授权可以针对所有他认为有必要进行改变的部分实行改革。当然，加尔维斯有两项主要任务：增加新西班牙国库的财富总额；防止滥用和浪费，以便更好地管理收入。为完成第一个任务，巡视大臣稳固建立了烟草专卖制度。这意味着，皇室专享种植、加工和售卖烟草等相关业务。新西班牙广泛流行卷烟，在妇女中尤其流行。就产值而言，烟草公司代表着新西班牙殖民地第二大的经济生产活动，仅次于富得流油的采矿业。另外，加尔维斯同样实现了甘蔗酒消费的合法化，此前因为禁止生产甘蔗酒，民间的非法消费数额巨大，造成了皇室收入的巨大损失。巡视大臣还建立了“私人税会计处”（Contaduría General de Propios y Arbitrios），皇室通过这个会计处管理城镇、村庄和城市中心的资源。这项措施可以将所有资源集中到皇家金库中，虽然实际上它不属于国王；几年之后，当帝国战争面临资金紧缺问题时，皇家金库对于国王将是一个巨大的诱惑。

此时，弗朗西斯科·克罗伊（Francisco de Croix）被任命为新西班牙总督（1766—1771 年），他和加尔维斯关于改革的看法在某些方面有共同点，这也为加尔维斯的巡视创造了便利条件。两人都对新桑坦德进行了视察，它在成立后（1748 年）就几乎被遗忘了。几个月后，巡视大臣又亲自视察了新西班牙北部的大片区域，此行是为了设计一项策略，以达到增加地区人口、安抚印第安人并开采此地矿藏的目的。

与此同时，殖民地财政部门的支出也在不成比例地增长，主要是因为新增要塞的费用（专门用于支付军事防卫费）以及为平息因驱逐耶稣会会士而引起的 1767 年骚动所需的费用，后面这个话题我们将在稍后讨论。

总督任由巡视大臣放开手脚开展工作。巡视大臣加尔维斯检查了皇家金库和司法部，审处贪污分子并解除了他们的职务，在必要的情况下还会关闭他们的办公室。比如，巡视大臣发现阿卡普尔科的财政办公室在一年之中只工作三个月，就立即解散了这个机构。

在增加皇室国库财富这个大目标框架下，加尔维斯和克罗伊都做了一件看起来似乎是背离目标并损害皇室利益的事情：降低水银的价格（曾由皇室垄断）。但实际上，降低水银价格是为了促进采矿业的发展，因为水银是加工含银矿物质必不可少的成分。如同加尔维斯的其他建议一样，随着时间推移，这个举措将被证明会有效推动经济活动的发展，并因此而增加皇家财政收入。

***

君权主义是波旁政府的标志：教会的权威从属于国王的权威。对于卡洛斯三世和他的首相们来说，教会曾享有的特权与国家利益无法共存。为了发展出一种雄性的政治概念，只能是国王一头独大。卡洛斯三世试图终结一个古老的暗喻，在这个暗喻中，国王被视作西班牙语大家庭的父亲，而教会则是母亲。西班牙的受启蒙运动影响的开明作家和政治家们都为政府的这一立场辩护，政府要求教会的整体法律结构及其参与社会生活的各项活动都必须接受审查。如果没有得到教会内部一个分支的支持，国王的行动是不会成功的，它就是詹森派教士（Jansenista）。詹森派认为巴洛克晚期的教堂过于奢侈、过于金碧辉煌、品味庸俗，并捍卫新古典主义的简约和节制。在欧洲和美洲，詹森主义者们严厉抨击耶稣会会士——后者为教皇的权力辩护，并试图保持独立于主教们的权威之外。

在新西班牙发生的驱逐耶稣会会士事件，并非产生于总督辖区内的思想方式所导致的结果，而是因为西班牙君主在 1767 年初颁布的一项法令。耶稣会捍卫对教皇的绝对服从，皇室则渴望终结宗教势力对国王权力的抵抗，这一法令回应了皇室的需求。

新西班牙的耶稣会会士们拥有大量庞大而高效的农业生产组织，他们在重要的城市里也拥有大量土地；然而，耶稣会会士们在总督辖区所产生的最大影响力则是来自于他们从事的教育工作。耶稣会会士的教育工作基于一种独特的方法，能将学习者转变为训练有素的思想家。这种教育方式在 18 世纪是很危险的，当时科学和哲学正处在现代化的过程中，即使宗教裁判所做出了诸多努力来竭力制止也无济于事。

当收到来自西班牙的政府法令时，加尔维斯和克罗伊几乎一致的思维方式让他们以令人惊讶的方式快速而有序地执行了宗教驱逐任务，正如君主所说的那样："是的……那些臣服于西班牙王位的伟大君主的子民们，生下来就是要保持沉默和服从，而不是讨论或评论宗主的最高层事物。"驱逐耶稣会会士引起了民众骚乱，或者至少成了一些起义的借口。圣路易斯德拉巴斯（San Luis de la Paz）、圣路易斯波托西、瓜纳华托和米却肯的巴利亚多利德成了起义爆发的重灾区，巡视大臣加尔维斯（由总督委托）在上述地区进行了严厉的镇压活动，这表明他只是在盲目地服从王室，并且会不惜一切代价去清除煽动叛乱的任何迹象。

1767 年驱逐耶稣会会士事件是皇室对教会特权进行打击最明显的例证之一。对教会特权进行的另一个打击是，政府制定了相关法律规定，确定国家对于违反民法的神职人员有权进行审理和判处。驱逐耶稣会会士冒犯了受过教育的社会阶层，他们受益于耶稣会的学校，这些学校分布在新西班牙从奇瓦瓦到梅里达的21个城镇中，这个群体从神职人员那里学习了人生中的第一个字母、拉丁语法以及关于哲学和科学的高等知识。对教会特权进行的第二次“政治打击”则影响了新西班牙的所有人，特别是最贫穷和最无知的阶级，他们在神职人员身上看到了一种半人半神的存在，这是与世俗人类不同的另一个类别的存在。总之，波旁王室对抗教会的整体策略最终只会削弱其在殖民地的政权力量。

***

根据统计数据，在经历了始于1750年的一段时间的停滞之后，新西班牙于1770年开启了历史上经济最辉煌的时代。经济繁荣的最初几年时间对应着总督安东尼奥·玛利亚·布卡雷利（Antonio María de Bucareli）统治期间（1771—1779年）。经济繁荣很大程度反映在人口的增长上：自1742年到1810年间，新西班牙的人口数量从330万增长到了610万，人口的快速增长很大程度上来自于原住民人口数量的增长。印第安原住民曾经阶段性地居住在农村偏远地区或是4682个定居点里，每一个定居点的人口规模为2000～3000人。

尽管绝大多数的人口居住在农村偏远地区，村镇、小城市中心以及城市的数量都在此期间持续增长。总督政府的首府位于墨西哥监政区，这个区域的城市人口占比非常高，在其他城市如瓜纳华托和普埃布拉的情况也类似。与此相反，在瓦哈卡和瓜达拉哈拉（部分归属于现在的哈利斯科州），农村人口则占主导地位。在这些地区，每个监政区内的城市集中区域数量相应减少到只有一两个。巴利亚多利德省（米却肯）和韦拉克鲁斯省的情况类似。

至于人口的结构，绝大多数人都是未满 16 岁的年轻人；白人的平均寿命介于 55 至 58 岁之间；相较而言，土著和各类混血儿的平均寿命则要短得多。值得注意的是，殖民地政府当局已经意识到了需要提高人民的生活条件，因为除了人性化的考量外（各类传染病对穷人的伤害太大了），它对殖民地的经济增长能力也是有百害而无一利。下一任总督雷维利亚希赫多（Revillagigedo）（1789—1894 年在任）热衷于改善不同区域首府的卫生条件。他采取的主要措施包括建立墓地，禁止在教堂内下葬，出台关于使用旧衣物的规定，建立检疫隔离站等。几年之后，殖民地也推出了天花疫苗。当局选定礼拜堂作为健康中心，为普通民众接种天花疫苗，并由神职人员管理全程。

总督权力和监政官条例

布卡雷利在某种程度上中断了加尔维斯希望在新西班牙推行的改革，他并不是出于反对改革的目的而中断改革，仅仅只是将其视作一项必需的审慎措施。当布卡雷利承担起管理政府的职责时，王室的财政收入来源已经不多且债台高筑，特别是军事要塞的相应支出高涨，他这么做实际上是对的。五年后，由于执行了一项严格的储蓄计划，总督辖区的净收入大幅增长。而关于在其治下的总督辖区建立监政官制度，最开始布卡雷利拖拖拉拉、不愿开展，后来则公开表示了反对。

监政官制度来自于17世纪的法国，此前几年已被引入其在美洲的殖民地加以实施。加尔维斯将在新西班牙建立监政官制度以及向监政官负责的副理制度视作其巡视工作的主要目标之一，监政官将是省府的统治者，副理们则听命于这些会取代行政总长的新政府官员（即监政官）。布卡雷利反对政府的这个行政计划，不仅是出自实际可行性的考虑，同时还因为它会带来的深刻政治变化——总督会因新方案的实施而丧失部分权力，但这实际上也正是加尔维斯想要达到的目的之一。

殖民地的总督一人身兼诸多职能，集行使法官、行政管理官员、监察官、税务官、总舵主等多重身份于一身。为了行使诸多职能，总督需要借助由一群地方公务员组成的官僚系统，他们通常都被称为“皇家法官代表”或“行政总长”。这些皇室的雇员们没有薪俸（或者有但是非常少），被迫要去从事与本职无关的工作。其中一项重要工作是“商品分销”。作为墨西哥各类商会的中间人，皇家代理法官和行政总长们向本地的印第安原住民高价兜售进口产品或在殖民地生产的其他产品，同时又用低价去强行获取本地印第安人的产品。一个开明的统治者无法容忍这种现状，政府管理人民的政策难以实施，因为这些皇家法官代表或者行政总长们并没有潜心去履行公职，而是忙于自己的生意。

加尔维斯的倡议是，成立一个协调员组织，将总督从相关事项中解放出来；共 12 名协调员，将会分担总督的征税工作、司法工作、组织民兵工作并管理辖区内的城市和村镇。每一项管理业务都被命名为“事项”。由此，监政官们必须要熟知财政、司法、战争和警察事项（彼时关于警察的概念还相当宽泛，不局限于单纯的追捕罪犯）。另外，加尔维斯还有一个目标，是实现殖民地北部的军事化，并成立一个专门处理税收问题的新办公室：皇家财政高级监政办公室（Superintendencia de Real Hacienda）。实现这两项倡议都需要削减总督的权力和职能。布卡雷利反对所有这些改变，并且在其任期内成功暂停了这些改革措施的实施，不仅是因为西班牙的印第安事务部对改革并不看好，而且当时新西班牙良好的财政表现也让这些改革显得并无必要。在 1776 年，何塞 · 加尔维斯被任命为西班牙的印第安事务部部长。自此开始直至他去世的十年间，新西班牙执行了所有加尔维斯此前在巡视期间曾提出的倡议。自从马拉加人加尔维斯担任印第安事务部部长这一新职位后，美洲殖民地施行了大量改革。比如，在 1776 年成立了内部省总指挥部（Comandancia General de Provincias Internas），虽然它促进了北部广阔区域的物质、人口和文化发展进步，但是它从未完全脱离过居住在墨西哥城的总督管控。

1770 年代最后几年，新西班牙经历了深刻变化。一方面，新西班牙获得了更多自由以便进行商贸往来，虽然与秘鲁及新格拉纳达（Nueva Granada）的商贸往来依然还很受限。另一方面，在行政管理上，通过成立皇家财政高级监政办公室，加尔维斯进一步攻击了总督的权威。皇家财政高级监政办公室的负责人是加尔维斯的一位旧相识，是他的老搭档。这项措施旨在建立“技术专家”制度，以满足西班牙本土大都市政府的财政需求。这意味着将税收和资源分配等职能从总督及其合作者手中剥离了出来，后者只保留作为法官的功能，其他职能都移交给新的政府官员——财政部的高级监政官及监政官们。最终此项目还是因为存在设计缺陷而宣告失败，随着时间推移，在执行层面，它也暴露出诸多存在法律空白的问题。

加尔维斯的技术专家制度获得了皇室关注，并促成最终在新西班牙实施监政官条例，新西班牙是最后一个应用此制度的西班牙海外殖民地。在新西班牙施行该条例时，帝国正处在极其困难的一个关头：制度刚刚建立之际，印第安人事务部部长何塞·加尔维斯就去世了（1786 年）；在制度全面推行时，国王卡洛斯三世驾崩了（1788 年），他是波旁王朝最具改革精神的皇帝。无论如何，监政官条例的相关法规还在新西班牙持续适用，但是统治者试图用更合理的分工来改善条例过去存在的混乱和不统一的缺点。根据该条例，将为 12 个监政区域（杜兰戈、瓜达拉哈拉、瓜纳华托、梅里达、墨西哥、瓦哈卡、普埃布拉、圣路易斯波托西、索诺拉 / 锡那罗亚、巴利亚多利德、韦拉克鲁斯和萨卡特卡斯）分配数量众多且已成功建立起来的司法管辖地（州、行政大区和皇家法官代表领地），每个都被称为“区”。监政官制度的实施因技术问题而饱受困扰，部分原因在于设计者并不了解每个司法辖区的边界。结果就是，监政官体系未能有效达到组织总督殖民地领土的目的。尽管如此，波旁王朝的监政区还是成了后来墨西哥共和国宪法中的区域领土划分的基础。

***

18 世纪 80 年代的最大特点是文化繁荣，另外，经济也在繁荣发展（虽然是不平等的发展）。在当时的印第安人事务部部长之兄、总督马蒂阿斯 · 加尔维斯（Matías de Gálvez）的倡议发动下，墨西哥城成立了圣卡洛斯皇家美术学院，并出版了报纸《墨西哥公报》（*La Gaceta de México*）。城市方面，总督将首都划分为不同的城区，并设立了城区市长。总督之子贝尔纳多 · 加尔维斯（Bernardo de Gálvez，于 1785 年 6 月至 1786 年 11 月间担任总督）下令安装墨西哥城照明系统，墨西哥城开始与马德里（Madrid）变得相似。

另外，得益于科学考察所激发出的热情，总督曼努埃尔 · 安东尼奥 · 弗洛雷斯（Manuel Antonio Flores，1787—1789 年在任）开始在墨西哥城建造植物园。植物园在弗洛雷斯的继任者、下一位总督雷维利亚希赫多手里得以完工。植物园完工日也是墨西哥矿业学院开建日，来自西班牙的瓦伦西亚人曼努埃尔 · 托尔萨（Manuel Tolsá）主管学院建设项目。墨西哥矿业学院是采用最新高等教育方法的先驱，它设置的课程结合了最现代的科学知识以及最新的试验性技术。矿业学院大楼于 1811 年落成，至今仍是墨西哥城最华丽的建筑之一。

18 世纪 90 年代，风向改变了

波旁王朝施行现代化项目是为了寻求权力的集中化。但是，在监政官条例中并没有完全表述这个意图，或者说，皇室寻求的是殖民地行政管理体系的简化。通过监政官条例，新的皇室公务员们取代了原先的皇家法官代表或行政总长们。在此过程中，商品分销也被禁止。因为不同于此前的行政总长，现在的监政官和副理们是帝国的受薪人员。在某些地区，取缔商品分销很容易；但是在另外一些地方，无论是国王还是其他人都无法废止这个古老制度，结果是，为了逃避惩罚，仅仅是给“商品分销”改了个名就敷衍完事。

派遣监政官和副理们是为了控制绝大多数的新西班牙人，为此，监政官条例及其补充法令都遭遇到了执行阻力。监政官体系的头号捍卫者何塞·加尔维斯在 1786 年离世后，皇室开始向压力屈服了。因此，在条例还未来得及被充分实施之前，它的一些条款就被宣称为不切实际的；并且在许多地方，局势又恢复到原先的局面，这使得条例失去了整体一致性，包括其中最重要的一些章节条款也无法做到前后一致。

监政官和副理制度的设立，以及几年前就已经开始的收入集中化，对于税务征收都是相当有益的，关于这个话题将在下一步

继续展开。然而，自启动之日，新的行政管理方案就遭遇了重重困难。首先，压力来自下一任总督雷维利亚希赫多，他也是卡洛斯四世时期最开明的总督，虽然他支持监政区制度，但是不同意削减总督的部分权力。雷维利亚希赫多实现了自己的想法，在1789年后，所有的监政官提名都必须要获得殖民地总督的授权许可。其次，新西班牙12个监政区的领土范围与主教辖区以及某些收入集中地区的管辖区覆盖范围存在着重叠情况。至于后一种情况，可以说是监政官和监政区这种制度“来晚了”，因为在新西班牙已经有一个与监政官的职能存在交叠情况的收入征收结构。不难想象圣路易斯波托西和萨卡特卡斯的监政官们所面临的困难，当时萨卡特卡斯一半的商业消费税都归属于圣路易斯波托西的监政区。如果考虑到两个区域的监政官都必须向位于墨西哥城的商品消费税和普尔克龙舌兰酒税总署（Dirección General de Alcabalas y Pulques）上缴税款，事情就变得更加复杂了。而根据法律，他们只需向（位于西班牙的）财政部以及新西班牙的总督上缴税款（1789年雷维利亚希赫多施行改革之后，增加了向总督上缴税款的义务）。在监政官和总督辖区的中央管理体系间产生了数量众多、蔚为壮观的争议案例，上述问题只是其中之一。

虽然存在诸多问题，但是作为改革计划一部分的监政官制度以及改革措施在其他领域所收获的成果都非常突出。根据数据显示，在 1765 年至 1804 年间，皇室收入增长了三倍，这主要归功于几个因素：税收名目增加（无论是普通还是特殊）、税率提高、行政变革带来了更高税收、经济增长。无论是何种原因，这种榨取资源的行为对新西班牙造成了巨大影响。事实上，据估计，相比西班牙本土大都市的居民，新西班牙人均税负高出了 70%。

在 1790 年代，施加于新西班牙人民身上的税务负担极重。而对于皇室来说，通过常规普通的税收手段已经不可能再榨取出更多金钱了。所以，当在战争冲突中，西班牙帝国被外部势力插足干涉（1793 年与法国的战争以及 1796 年与英国的冲突），皇室不得不诉诸寻求贷款和政治捐款。这些手段与传统的税收手段不同，因为君主承诺将会向债权人支付相应的经济回报。

这就是墨西哥独立前那几年新西班牙所面临的情况。国王向殖民地最高效的“收税官”们支付利息来借款：墨西哥城的商人协会，最近新成立的韦拉克鲁斯和瓜达拉哈拉的商人协会（1795 年）以及矿业法院。但是，当紧急情况应接不暇时，国王借助监政官的帮助而染指了那些本不属于他的钱财，虽然根据法律规定，这些钱财是归国王监护的。这些被国王非法侵占的钱财有些是取自国王自己的账户，也有些来自于任意账户（村庄、城镇和城市组织的资源）、原住民土著社群的财产（印第安人为应对可能的紧急情况而存下的“储蓄金”）、蒙特皮奥互助金（Montepíos，文职公务员以及军士们为其寡妇设立的基金）等等。这些被侵占的钱从未被退还，更不用说它们原本可以产生的收益。其中有些账户在自由主义阶段完全消失了（1808—1814年，1820—1821年），也有一些账户在1821年后重启了。

巩固皇家债券的价值以及新西班牙的经济

皇室所面临的最令人绝望的财务状况之一，是必须“稳定”许多在西班牙流通的债券的价格，这些债券由国王签署发布（皇家代金券），债券几乎就像金钱一样[①]。在西班牙大都市，“巩固皇家债券价值”计划的目标是让教堂变卖他们的资产并将钱“借”给皇家国库。在新西班牙，教堂并没有太多资产，富有的耶稣会会士曾持有的大庄园已经以“暂时”的名义被纳入皇家库房中。教堂的确有很多钱，都是或贫或富的信徒们捐赠给教堂的，用于举行拯救灵魂的弥撒仪式。天主教信徒献金管理庭（Juzgado de

① 也就是说，君主向他的臣民申请贷款，作为交换，发行皇家代金券（有国王签名的文件，印有贷款的价值）。人们就像使用金钱一样使用这些代金券。最初，印在纸上的债券价值是被广泛接受的。但是，随着时间的推移，国王发布了越来越多的债券，债券的票面价值开始贬值。皇室希望“稳定债券的价格”，因为如果没有人接受皇家代金券或以非常低的价格来购买它，那么皇室就再也不能借钱了，至少不能通过债券机制来筹钱。

Capellanías y Obras Pías）借钱给皇室，以便能继续经营他们的庄园、牧场和印第安人手工纺织品作坊。教会不得不从信徒中“收取”这笔钱，以便能够“借给”皇家财政。

1804年底，新西班牙颁布了《巩固皇家债券价值法令》（*El decreto de Consolidación de Vales Reales*），造成了巨大影响：诸多生产单位继续运转所需的可用信贷和资本金都减少了；储蓄资金耗尽；大批个人和机构陷入贫困。受推翻总督何塞·伊图尔里格雷（José de Iturrigaray）统治（1803—1808年在任）的政变影响，《巩固皇家债券价值法令》于1809年初被暂停实施。但是它造成的负面影响非常持久，因为此法案损害了经济在中短期内自我恢复的能力。

无论如何，波旁王朝时代对新西班牙进行了疯狂的资源榨取，这个原本处在迅猛增长过程中的经济体因大都市当局的贪婪而元气大伤、血流不止。上文提及的人口增长意味着更大的市场需求。居民人数的增加也促进了更多的商贸往来，这反过来又有利于农业活动的增长。从这个意义上来说，在此阶段，农业生产更多是以满足中心城市的市场需求为导向，而不是以满足采矿活动的需求为导向。与此同时，矿业从1772年开始了显著增长，繁荣增长一直持续到了1795年。矿业爆发的活力需要感谢皇室实施的增收政策：水银和火药的价格大幅降低，且不再是皇室专营领域；同时皇室还免除了与采矿活动直接相关的工具交易所需缴纳的商品交易税。促进矿业增长的另外一个因素是，美洲在这些年里开始实现贸易的相对自由化。而且，因商业活动带来的收益开始下降，商人们也将投资重心重新定为矿藏开采。

随着商贸往来数量的相对增长，值得指出的是，并不意味着此时形成了一个统一的新西班牙市场。在每个区域内都有几个市场来生产满足该区域需求的产品。比如，在瓦哈卡的监政区内只生产在该区域内消费的玉米，不值得费心运到杜兰戈所属的监政区。当然，有一些产品能卖得出高昂的价格，在扣除远距离运输成本后还能获得丰厚利润，因此，虽然道路条件恶劣而且还需支付高昂的商品交易过境税，还是值得舟车劳顿、大费周章地运输到远方市场上进行售卖。一般此类商品是白银、一些纺织品和烈酒。更重要的是进口产品，从韦拉克鲁斯运进墨西哥城，然后会被售卖到奇瓦瓦或者更远的北方地区。进口产品的市场表现令人相当满意，不仅是因为对外贸易自由化在1789年达到顶峰，而且还因为西班牙不得不接受所谓的“中立贸易”。英西战争中，英国封锁了西班牙的几个港口，强迫西班牙接受了所谓的“中立贸易”。根据中立贸易的条款，没有参与冲突的国家可以获得西班牙皇室的许可，自由通行于新西班牙的港口。这项措施的正面作用在于，矿业生产中不可或缺的水银被运到了总督殖民地，而且西班牙的大都会当局可以使用新西班牙这个富裕殖民地所产生的财富。运转模式如下：西班牙国王向金融家借钱，比如法国人，出借方从墨西哥城的财政收入中收取还款，墨西哥城的财政收入来自一般性税收、贷款、捐赠以及教会财产（《巩固皇家债券价值法令》颁布后）。教会此前已经开始从生产者那里收取信众捐资，并将其“借给”国王。当然，这些钱财最终都落入了法国人拿破仑·波拿巴（Napoleón Bonaparte）的法国金库中，因为西班牙国王与拿破仑在1803年签署了一项协议，支持拿破仑与英格兰的战争。至此，新西班牙人积攒下来的财富，大部分都被用来资助一场与殖民地居民们毫无关联的欧洲战争了。

在其内陆地区，新西班牙的市场表现则更为活跃。巴希奥和米却肯持续为矿业发展提供供给，为殖民地本土的中心城市以及安的列斯群岛供应了越来越多的产品。普埃布拉原本为安的列斯群岛供应面粉，但因为“中立贸易”的限制而在北美竞争中败北，但是普埃布拉生产的纺织品却成功进入了萨卡特卡斯、锡那罗亚、杜兰戈、瓦哈卡和危地马拉市场。

因人口增长以及首府扩张，瓜达拉哈拉监政区在新西班牙经济版图中获得了非常重要的地位。在此阶段，瓜达拉哈拉的各类制造业中心不断扩大，商贸往来不断加强，而本地的印第安原住民社群都积极参与了这个进程。瓜达拉哈拉的发展在很大程度上是受益于 1795 年成立的合作社型组织商人协会，商会成立之后，大幅度推动了本地经济的发展。与墨西哥城不同，瓜达拉哈拉的商人协会从最开始就采用了更为自由的商贸往来方式。新西班牙最大的博览会圣胡安湖博览会（San Juan de los Lagos）主要由塔帕蒂奥（Tapatío）商人协会支持，成立于位于远北地区的采矿区和城市地区的供给中心地带。这个位于东北部的供给中心，因周边发现了新的矿藏资源而经历了一轮强劲的经济增长。

另外，因其辖区内的城市地区不断增长，圣路易斯波托西监政区（包括现今的圣路易斯波托西、科阿韦拉、新莱昂、塔毛利帕斯以及得克萨斯的一部分）的经济增长速度也越来越快，特别是萨尔蒂约、蒙特雷（Monterrey）以及新桑坦德殖民地内的几个城镇。除了今天的圣路易斯波托西州，该地区整个大区域内都没有丰富的矿藏资源，但是其经济依然表现出相对增长的态势，这要归功于辖区内专业化的商品生产让它与殖民地的中心区域建立起了重要的商业关联。其中最重要的是牲畜养殖业及其副产品生产。到 18 世纪末，墨西哥城、中央山谷和巴希奥已成为圣路易斯波托西监政区农产品的最庞大市场。与此类似，瓦哈卡北部地区也向中央市场供应家畜肉制品以及糖。在瓦哈卡监政区，特别是在米斯特克高地地区，仍在继续生产胭脂虫红染色粉并出口到其他国家，在海外市场这种产品越来越受欢迎。在米斯特克高地地区，

“商品分销”并未消失，因为油水太足而导致无法遵守皇家规定。瓦哈卡城周边的村镇通过向米斯特克高地供应生活必需品而维持了经济发展，同时也与地峡区域、恰帕斯和危地马拉进行商贸往来。与此同时，尤卡坦则获得了与新西班牙其他地区不同的待遇。比如，1770 年尤卡坦就被授予了自由贸易权，该省因此可以享受特别待遇，但这导致了 19 世纪间此地问题不断。经由坎佩切港口，尤卡坦摇身一变成了殖民地其他地区、古巴和新奥尔良的区域产品供应商，但尤卡坦的人口快速增长又迫使它需要从上述地区和其他地区进口产品。

新西班牙的民族主义情绪

政府结构发生变化、新的教育形式和新的文化机构的涌现、对欧洲思想和北美思想的开放（几乎是地下式的）以及经济的发展状况，所有因素都要求新西班牙人的思想方式要做出相应调整。考虑到在整个时期内西班牙的政治问题都与总督殖民地的内部需求之间持续发生着对抗冲突，调整是必然的结果。最初阶段（18 世纪 90 年代以前）里，皇室在新西班牙全面开展各项工作，如兴建公共工程、创建文化机构等。但是当西班牙皇室开始害怕法国大革命的自由思想也会传播到新西班牙时，这个阶段就宣告结束了。90 年代的十年间，伊比利亚半岛西班牙人和美洲人之间的区别开始凸显出来，并且激发了彼此之间的互不信任。尽管政府进行了诸多控制，但是一些新词汇诸如“自由”“进步”“国家”等还是在新西班牙广泛流行开来。这也是新西班牙人的思想方式开始发生变化的阶段。在西班牙本土有一个流行观念，认为美洲并没有取出任何值得评说的成绩。但是实际情况与此相反，自 18 世纪中叶以来，殖民地的诸多文学作品都在热情颂扬殖民地居民们创造各类文化艺术作品的非凡才能。

为“净化”[①]海外西班牙人后裔的情感认知，波旁改革主义者做了很多工作。在诸多新近成立的机构中（圣卡洛斯皇家美术学院、矿业法院、矿业学院、皇家植物园）任命半岛西班牙人从事管理工作，而海外西班牙人后裔一般会从事助理工作。同样，半岛西班牙人也占据了所有的高等级官僚职位。这种局面导致监政官们与强势的地方经济集团结成了联盟，这是为捍卫某些局面的掌控权或捍卫某些经济特权而产生的联盟。但实际上，在墨西哥独立战争初期，政府官僚人员对西班牙半岛当局的忠诚还是占据上风的。

---

① 此处指社会中产生越来越多代表海外西班牙人后裔群体的诸多新思想和新势力，并不符合伊比利亚半岛当局的利益，因此被视作“缺点”或“污迹”，是需要“净化”和“纯化”的。政府的相应举措是提供系列机会让其产生“重要感”，但需控制于半岛西班牙人的掌控之下。

另外一个促使民族主义情绪高涨的重要原因是，“中立贸易”让新西班牙人与外国人开始接触、交往，并因此获得了更强的自信心。但值得玩味的是，这种自信心是随着省级军队（由省内居民组建而成的军事机构）的建立而出现的，而它的组织者则是殖民地时期最为贪婪腐败的总督之一——何塞·伊图尔里格雷。建立省级军队的最初目的是在 1804 年底开始的西班牙与英国之间的战争中捍卫新西班牙，但是它的成立却在新西班牙人中传播了对国家军事力量的认知。

面临诸多困境，波旁王室在最后的几年里非常困顿（1808—1809 年）：多个事件（特别是当年的干旱）共同导致总督殖民地出现资金严重不足的问题，民众的不满情绪进一步加剧。《巩固皇家债券价值法令》的出台及实施具有一定的经济效用，但是却导致了具有更严重后果的信任危机，新西班牙人既不信任总督殖民地政府，也不信任西班牙的大都市政府。位于米却肯的巴利亚多利德爆发了一次自由革命的尝试（1808 年），虽然它失败了，但是事件本身却向西班牙发出了第一次危险警告。第二次爆发的革命警告（1810 年）则标志着终结新西班牙的漫长过程由此拉开序幕，并将给这片土地带来久远影响。随着一切变得如此复杂，波旁改革时期新西班牙所经历的经济和文化繁荣在未来的一百年里都不会再现。

-4-

从独立到巩固共和国

何塞菲娜·索拉伊达·瓦斯奎兹
(*Josefina Zoraida Vázquez*)

本章将讲述墨西哥从1808年到1876年的历史，它涵盖了墨西哥独立之路、成立民族国家、成功抵抗法国干预以及在打败最后一次君主制复辟后最终建立共和国等诸多重要事件。这是一个过渡时期。在此期间，自由主义和民族主义在全球范围开始涌现，新的民族国家陆续开始形成并建立，而诸多美洲国家则成为引领这股时代潮流的先锋。

北美革命和法国大革命，以及此后西班牙的美洲殖民地的革命，为政治生活以及国家之间的关系引入了新的原则。这些新原则在1812年被定性为自由派原则，它拒绝君主专制，确立了主权属于人民，因此应由人民代表来选择政府。政府行使立法、行政和司法三项权力，这是保障个人权利和自由的手段。通过赋予法定年龄的男性选举权和被选举权，原来处于从属地位的臣民现在变成了公民。这些新的自由派原则影响了国家的组织形式以及国家的内部关系，同时也影响了国际关系。国际关系不再是根植于君主主权和拥有排他性的不同王朝之间的关系，新的国际关系的原则专注于贸易自由、保护私人财产、促进宗教宽容、保障互惠条约、保障中立国家的海洋权利，即使是在战争时期。当然，只有在经过漫长的过渡期之后才能最终实现这些剧烈转变，这是伊比利亚半岛统治下的美洲开始进行独立抗争的大背景。

在新西班牙，由波旁改革所带来的“现代化”变革已经改变了此前两个世纪里所建立起来的社会、政治和经济关系。当西班牙大都会政府不断增长的经济索求影响到了所有的社会群体时，新西班牙人普遍感受到的不适感以及对自治的渴望也在相应增长。在此背景下，1808 年君主制的终结以及下文即将提到的西班牙自由革命，成为墨西哥独立的双重有利契机，它们允许美洲人民表达自己的不满，并且有机会在墨西哥试验西班牙的自由宪政主义。特别是后者的影响将持续渗透到墨西哥建国后前 40 年间的政治思想中。

与西班牙的其他美洲殖民地一样，新西班牙经过漫长的战争才获取了独立。因此，刚刚独立的墨西哥将是天生基础薄弱、负债累累、经济陷入瘫痪、社会分裂、混乱不堪且毫无组织的。更糟糕的是，墨西哥曾经的繁荣和富裕名声又让它沦为了贪婪的新商贸权贵们的财富攫取目标。不过，重现旧日荣光的乐观主义精神催生了两个国家方案，并且自由派的共和方案最终取得了胜利。

独立革命

新西班牙社会的人员组成繁杂，如同马赛克拼图一般丰富。城市人口中只有 17.5% 的人来自西班牙伊比利亚半岛，或者是半岛西班牙人的海外后裔。半岛西班牙人的数量微不足道，本地永久居民和政府官僚之间差异巨大。海外西班牙人后裔群体教育水平更高，其中 5% 的人坐拥巨额财富，另有一些人还拥有贵族头衔。但是，绝大多数的海外西班牙人后裔只是牧场主、商人、企业家、公务员、宗教人士和军队人士，都渴望能获得高等职位。本地印第安原住民人口占了人口总数的 60%，他们保持着合作社型的组织结构。从一小撮讲西班牙语的原住民贵族群体中衍生出了首领、州长、庄园主以及商人，但是讲单一语言且占人口绝大多数的普通印第安原住民是社会劳动力的主要来源以及征税的主要源头。周期性的气候变化以及大庄园的发展，促使许多劳动者开始寻求工资制的庇护。各类混血儿占据了人口的22%，因西班牙人后裔、印第安原住民、黑人、黑人和原住民的混血后代、西班牙人和原住民的混血后代之间通婚而出生，他们没有土地，也无法担任公职或获取行会中的师傅职务。这些混血儿们从事着几乎所有未被明文禁止的各种工作：矿工、侍从、手工艺人、工头、马夫、管家等等。有些人搬去了北方，试图寻找财富；另外一些人则沦落为乞丐、强盗或流浪汉，这些人在城市和矿业中心区里随处可见。黑人数量不到人口总数的0.5%，部分是甘蔗种植园的奴隶。

1808年6月18日，当关于卡洛斯四世宣布退位并将王位让与其子，即费尔南多七世（Fernando Ⅶ）的消息传至墨西哥时，墨西哥城还在享受着它的平静时光。人们几乎还来不及准备庆祝新王登基，就被一个新的消息打击得措手不及：法国的拿破仑篡夺了西班牙的王位。关于这一事件会对新西班牙造成何种影响，一时间人们忧心忡忡。

这个事件发生的背景相当复杂。拿破仑试图对其敌人大不列颠帝国施行大陆封锁，为此向西班牙施压，要求西班牙同意法国军队过境西班牙去征服葡萄牙，因为葡萄牙是英国的盟友。在将西班牙皇冠授予其兄何塞之前，拿破仑召集了一个代表大会，授予西班牙人宪法宪章，保证他们将享有部分权利，并给美洲人以平等权。

然而，西班牙人拒绝了强加于他们的提议并进行了武装反抗。为了组织战斗，西班牙人出于协调的动机和代表性需求组建了区域委员会，并在最高委员会上统一各区域委员会的意见。但因区域委员会无法完成组织战斗的任务，西班牙人随后又任命了一个摄政机构，由摄政机构召开议会选举，即由贵族代表、神职人员代表和人民代表参与会议，多方共同讨论如何在没有合法国王的情况下去治理帝国。

虽然新西班牙人宣誓效忠费尔南多七世，但如同帝国其他地区一样，墨西哥政府也认为，在国王缺位的情况下，主权已经归还，因此必须召集一个市政委员会来完成选定政府的任务。时任总督何塞·伊图尔里格雷缺席了会议，但是（以前是由总督主持的）皇家协议（Real Acuerdo）[①]的参会者们出于对独立倾向的恐惧而提出了反对意见。虽然有些人确信王国拥有足够的资源来保障其居民的幸福，但绝大多数人都渴望获得自己有权获得的自治权。

① 皇家协议是西班牙帝国在美洲的一个咨询和管理机构。它由西班牙海外殖民地的总督和皇家听众一起参与，组成了总督辖区内的最高权威机构，但隶属于总督。最初是一个非正式机构，仅在面临危机或特殊情况时才由总督召集起来进行协商并提供建议。在处理了问题之后，总督会要求皇家听众为多数人赞同的意见或以书面形式起草的一致意见提供法律依据，这被称为“皇家协议”。此后关于皇家协议的外延扩大，与参会听众一起举行的会议或总督理事会与参会听众举行的会议也被称作“皇家协议”。

新西班牙王国召集了类似于伊比利亚半岛的委员会，但同时一些政府官僚和来自半岛的商人们却在准备策划一起政变。1808 年 9 月 15 日半夜，听命于富有的种植园主加布里埃尔·耶莫（Gabriel de Yermo），300 多个男人潜入宫殿中抓住了总督和他的家人。市政府的领导人们同样也被抓起来了。与此同时，在（总督府的）协议室里，军队中最年长的军士被任命为新总督。此次政变不仅在形式上违法，同时还体现出暴力特征。在因干旱而引发的粮食短缺大背景下，半岛西班牙人不情不愿的态度激起了海外西班牙后裔们的挫折感，后者开始密谋闹事。

在塞维利亚的西班牙委员会任命大主教弗朗西斯科·哈维尔·利扎纳（Francisco Xavier Lizana）为总督后，巴利亚多利德出现了第一个阴谋。很快这个阴谋就被发现了，但是大主教总督对这起事件进行了宽大处理并从轻发落相关人员，只是放逐了那些阴谋参与者。然而，密谋的氛围蔓延到了繁荣的交通交汇区域克雷塔罗。皇家法官代表米格尔·多明戈斯（Miguel Domínguez）和何塞法·多明戈斯（Miguel y Josefa Domínguez）常在家中组织文学聚会，上尉伊格纳西奥·阿连德（Ignacio Allende）和胡安·阿尔达马（Juan Aldama）、一些神职人员、商人以及多洛雷斯（Dolores）的神父米格尔·伊达尔戈（Miguel Hidalgo）都是聚会常客。神父米格尔·伊达尔戈是一个开明的人，也是位于巴利亚多利德的圣尼古拉斯学院的前校长。这些密谋者们原本计划在 1808 年 12 月举行的圣胡安湖博览会期间发动起义，但因为提前被告发了，阿连德、阿尔达马和伊达尔戈别无选择，只能立即投入战斗。由于 9 月 16 日是星期天，伊达尔戈神父集结弥撒，但当人们聚集起来时，神父却呼吁教区居民加入他们来反抗坏政府。日薪工人、农民、手工艺人与他们的妻子和孩子们一起，抄起手边拥有的任何东西，无论是吊索、棍棒、农具还是武器，立即追随神父投入战斗中。

当天夜晚，起义军占领了圣米格尔格兰德镇（San Miguel el Grande），几天后又占领了塞拉亚，起义民众任命伊达尔戈担任大元帅，任命阿连德为副总元帅。在阿托托尼尔科圣堂（Atotonilco），伊达尔戈为起义军队做出了第一面旗帜：瓜达卢佩圣母像。两周后，反叛分子们已经抵达富裕的瓜纳华托市门口。伊达尔戈试图迫使监政官胡安·安东尼奥·里亚尼奥（Juan Antonio Riaño）投降，但后者决定挖掘战壕，和富裕的邻居们一起带着各自的财富躲藏在格拉纳迪达斯（Granaditas）的谷仓里。伊达尔戈下达了攻击命令，经历了长时间的抵抗后，叛军攻入谷仓，并在狂怒之中发起了连伊达尔戈和阿连德都无法控制的血腥杀戮和掠劫。这起不幸的事件使得支持起义的同情者大幅减少，延缓了胜利的到来。

此后，新西班牙首都收到了召集令，要求选举 17 位议员来代表新西班牙去参加在（西班牙）加迪斯举行的制宪议会[①]，这一消息让整个社会炸开了锅。总主教已被弗朗西斯科·哈维尔·贝内加斯（Francisco Xavier Venegas）所取代，后者的运气不佳，在运动爆发前几天才成为总督，只能在不了解新西班牙的情况下组织抵抗行动。随即，总督立即命令菲利克斯·玛利亚·加耶哈（Felix Maria Calleja）将军向墨西哥城挺进，并将救世圣女带至首都。

尽管人们担忧暴力，但是因反对不平等和不公正而爆发的起义还是蔓延到了新西班牙全境。卡拉库阿罗（Carácuaro）的神父何塞·玛利亚·莫雷洛斯（José María Morelos）追随米格尔·伊达尔戈，并应要求攻占了阿卡普尔科。何塞·安东尼奥·托雷斯（José Antonio Torres）袭击了瓜达拉哈拉，其他地方情况也都类似。与之相反，巴利亚多利德的当选主教曼努埃尔·阿巴德·伊奎比波（Manuel Abad y Queipo）是新西班牙社会问题的公正的解决方案的伟大推动者，他排斥该运动中的暴力成分，并将伊达尔戈逐出了教会。当得知叛乱分子在向巴利亚多利德挺进时，伊奎比波逃离了城市；当局则选择了投降，拱手献出城市，以避免重蹈瓜纳华托的覆辙；而大教堂理事会（cabildo catedralicio）[②]则废止了开

① 制宪议会又被称作加迪斯议会（las Cortes de Cádiz），召开于1810年9月24日，在1811年西班牙独立战争期间转至加迪斯召开。

② 在天主教会中，根据教会法，大教堂理事会是一个具有法律地位和规范权威的神职人员团体，旨在通过提出建议来协助主教。

除米格尔·伊达尔戈教籍的命令。

到10月底，伊达尔戈领导的农民军已经攻占了墨西哥城大门之外的十字架山。10月30日，这些来源复杂、身份背景各不相同的泱泱之众，与1000多名效忠于皇室的海外西班牙后裔发生了正面冲突，并击败了政府军。墨西哥城被吓坏了。伊达尔戈试图与总督进行面对面交谈，但是最后却下令部队撤退，我们不知道个中缘由何在——是因为缺乏托卢卡谷地印第安原住民的支持吗？或是害怕瓜纳华托的极端暴力行为在此重演？还是害怕被加耶哈将军的军队围攻？事实是，可以称之为胜利的阶段已经宣告结束了。几天之后，叛军在阿库尔科（Aculco）遭遇了保皇派军队并被击败。阿连德不满意伊达尔戈的领导，开始前往瓜纳华托，而神父伊达尔戈则继续率队前往瓜达拉哈拉。

瓜达拉哈拉热烈欢迎了伊达尔戈。这一次，没有去权衡他所处的危险处境，伊达尔戈以“宁静殿下”[①]之名组织了政府，推动运动扩大化，并实施了一系列举措，诸如：下令出版报纸《唤醒美洲》（*El Despertador Americano*）；颁布法令废除奴隶制；废除印第安人税贡和烟草商店，并宣布公共土地仅供印第安人使用。

---

① “宁静殿下”(Alteza Serenísima) 是一些帝制国家赐予王子们的称号。在墨西哥独立战争期间，多人以“宁静殿下”之名自封王子以复辟帝制。除了伊达尔戈，伺候他的阿古斯丁·伊图尔维德 (Agustín de Eurbide) 也将此称号授予过自己的几个家庭成员。另外，桑塔·安纳 (Santa Anna) 总统也在1853年自称王子复辟帝制。

不幸的是，伊达尔戈还授权处决西班牙囚犯。阿连德很快就被击败了，而代表政府方面的加耶哈将军以及新近刚从西班牙抵达的何塞·克鲁斯（Jose de la Cruz）部队，正向瓜达拉哈拉方向挺进。虽然明知防守毫无意义，但阿连德还是不得不组织起战斗队伍。1811 年 1 月 17 日，在卡尔德隆大桥（Puente de Calderón）爆发了一场灾难。纪律严明的保皇派部队用 5000 人击败了 90000 人的反叛队伍。

起义的领导人们设法从灾难中逃脱了，并决定向北进军以寻求北美的援助。在帕贝永（Pabellón）的庄园中，阿连德和阿尔达玛（Aldama）夺取了伊达尔戈对起义队伍的控制权，并且在萨尔蒂约决定抛下伊格纳西奥·洛佩兹·拉永（Ignacio López Rayón）独自战斗。背叛导致阿连德、阿尔达玛、伊达尔戈和何塞·马里亚诺·希门内斯（José Mariano Jiménez）都被逮捕并被押送到了奇瓦瓦州，在那里他们被起诉和判刑。在针对他的两次审判中，伊达尔戈诚实地承担了暴力失控的责任，并为未经审判就下令处死诸多西班牙人的暴行负责，因为“（施行死刑甚至）都不是为了达到什么目的，他们就是无辜的”。这四位叛军首领的头颅被送往瓜纳华托，并被高高悬挂在格拉纳迪达斯的粮仓角落以示惩戒。但是因为打破了殖民地的统治秩序并严重影响了殖民地的经济和税收管理，这次起义对殖民地造成了致命打击。

与此同时，西班牙的议员们聚集在加迪斯，决定在没有合法国王的情况下来选择帝国政府。新西班牙人狂热地阅读着来自半岛的议员辩论和相关消息，并对其进行政治化解读。经过长时间的讨论，最终加迪斯议会在 1812 年颁布了《西班牙宪法》，并于同年 9 月在墨西哥宣誓颁布。新的最高法律确立了君主立宪制，其他内容还包括分权、印刷自由、废除贡品制、建立省代表制度（新西班牙有 6 个名额）、在拥有超过 1000 名居民的城镇建立立宪制市政厅。这些市政厅要组织民兵队伍来维持公共秩序，并在危险情况下防御并保卫城市。总督制被废除了，（新的）政治领导人取而代之。宪法满足了海外西班牙人后裔的部分愿望，诸如自由和代表权，但并没有赋予他们梦寐以求的平等和自治权。

当美洲人利用新闻自由的权利，通过报纸和传单来传播自由主义思想时，贝内加斯叫停了新闻自由。与此同时，加耶哈打击叛乱分子的计划取得了部分成功，他因此被提名为政治领袖，成为贝内加斯的继任者。加耶哈将《西班牙宪法》作为一种反对革命的工具广为传播。但在 1814 年费尔南多七世重回王位时，《西班牙宪法》被废除了，因为它限制了他的权力。但是无论如何，新西班牙人已经经历了向公民转变的过程。

面对叛乱队伍，拉永在米却肯州的兹塔瓜洛（Zitácuaro）成立了美洲最高政府管理委员会（Suprema Junta Gubernativa de

América）。叛乱分子得到了瓜达卢佩秘密团体的支持，他们向叛军提供金钱、信息和建议，但是加耶哈很快将他们从兹塔瓜洛驱逐出去了。很快，神父莫雷洛斯作为伟大的军事领袖脱颖而出。莫雷洛斯曾从事马夫工作的祖先们教会他熟悉人性和道路，他天生的军事才能确保他能组织出一支人数不多但纪律严明、训练有素的军队，而他拥有的常识则保证他能够充分利用他所处的各种不稳定环境。莫雷洛斯与他宝贵的合作者埃梅内希尔多·加莱阿纳（Hermenegildo Galeana）、马里亚诺·马塔莫罗斯（Mariano Matamoros），以及忠实追随者尼可拉斯·布拉沃（Nicolás Bravo）、曼努埃尔·米埃尔·特兰（Manuel Mier y Terán）、瓜达卢佩·维多利亚（Guadalupe Victoria）和文森特·格雷罗（Vicente Guerrero）一起，领导军队成功夺取了奇尔潘辛戈（Chilpancingo）、提克斯特拉（Tixtla）、奇拉帕（Chilapa）、塔斯科、伊苏卡（Izúcar）和夸乌特拉（Cuautla）。在这里，莫雷洛斯抵抗了加耶哈部队两个月的时间，最终设法奇迹般地逃脱并恢复了元气。等到起义者们占领了墨西哥大片领土，莫雷洛斯就开始召集成立议会并组织政府来行使国家主权。通过一篇题为《对国家和民族的感情》的演讲，议会于 1813 年 9 月 14 日在奇尔潘辛戈宣告成立。在演讲中，莫雷洛斯宣称：美洲是自由的，主权来自人民，政府权力应该分成三部分，为所有人提供平等的法律将缓和富裕阶层与贫困阶层间的差距。在签署独立宣言后，议会赋予莫雷洛斯行政权，他自称为“国家仆人”。由议会起草的宪法，在很大程度上受到 1812 年《西班牙宪法》的启发，于 1814 年 10 月 22 日在阿帕辛甘（Apatzingán）颁布。但不幸的是，议会僭取了权力并独揽大权，剥夺了莫雷洛斯的行动自由。斗争仍在继续。虽然莫雷洛斯成功地占领了阿卡普尔科，但他在巴利亚多利德遭遇了失败并且走投无路。莫雷洛斯最终于 1815 年 11 月 5 日被俘。在走完程序并进行了宗教告解之后，莫雷洛斯于 12 月 22 日在圣克里斯托瓦尔·埃卡特佩克（San Cristóbal Ecatepec）被枪决。

战争岁月为墨西哥烙上了深深印痕。墨西哥的中心地区饱受灾难，已经沦为一片废墟。起义者占领了墨西哥的广袤区域，并在其治下取消了行政管理和征税。社会对战斗的需求有利于军事首领们——无论是叛乱分子还是保皇派——他们可以行使宽泛的财政和司法权力，这将成为他们未来政治权力的基础。无论如何，由于新西班牙的局势似乎已经平息，西班牙政府选择在此试验和解政策。胡安·鲁伊斯·阿波达卡（Juan Ruiz de Apodaca）于 1816 年被任命为新西班牙总督，并立即向叛乱分子提供大赦，许多人接受了赦免。秩序似乎业已恢复正常只不过是个假象，1817 年塞尔万多·特雷萨·米埃尔（Servando Teresa de Mier）神父和西班牙上尉弗朗西斯科·哈维尔·米纳（Francisco Xavier Mina）领导了一次为时短暂的“解放尝试”。带着300名雇佣兵，米纳长驱直入，挺进巴希奥，但被保皇派军队击败，米纳于当年11月11日被枪决，米埃尔则被关押在圣胡安德乌卢阿（San Juan de Ulúa）。

因为无法重建社会秩序，皇室的古老声望被消耗殆尽。1820年1月，出现了一个促成墨西哥完成独立的关键性有利节点。在西班牙伊比利亚半岛，司令官拉斐尔·列戈（Rafael de Riego）在1820年1月初宣布恢复1812年的宪法，并且强迫国王宣誓颁布，之后整个帝国都效仿了此举，并且召集了议会选举。

此时，十年战争已经深刻改变了新西班牙。当时，包括那些半岛西班牙人也都倾向于独立，虽然每个团体寻求独立的理由都不尽相同。军队及教会中的高等级人士支持独立，害怕新议会的极端主义将会取消他们的特权，如豁免权。某些团体想要出台一部适合国情的宪法，而另外一些团体则想要建立一个共和国。很快，按照宪法规定，被关押的叛乱分子被释放；新闻自由重新恢复了，允许出版颠覆性的出版物。所有这些举措以及议会的议员选举，包括省议员及立宪制的市政议员，都重新改变了公众情绪。

在此背景下，保皇派内部出现了一个独立计划。起草人奥古斯丁·伊图尔维德（Agustín de Iturbide），是一位出生于巴利亚多利德的军士，也是一位海外西班牙人后裔；他支持自治，但是又排斥反叛运动中的暴力。自 1815 年，伊图尔维德表达了一个观点，认为若处于交战双方的美洲人团结起来，新西班牙的独立将会唾手可得。伊图尔维德还未来得及遭受任何失败，一项指控就切断了他的职业生涯，虽然这项指控最终被撤除，但他还是宁愿回归到私人生活中。曾经的战争生涯以及隐退生活都使得伊图尔维德能对局势进行反思，他与社会各阶层大众的广泛接触，又让他对新西班牙人的各种不同观点都很熟悉。这些特色集合地体现在他那份试图以和平方式达到独立目标的计划中。伊图尔维德的威望吸引着反对宪法的团体，后者试图接近伊图尔维德，但与传统的解读相反，伊图尔维德并没有加入反宪法派的阵营，他只不过是在寻求（持有不同立场的）各方的广泛支持。当阿波达卡任命伊图尔维德管理南方以扫除格雷罗的叛军势力时，伊图尔维德看到了实现目标的机会，因此他向即将前往西班牙的新西班牙议员代表们汇报了他的计划。

伊图尔维德确信能够战胜格雷罗，或让他接受赦免。但随着局势变得越来越复杂，伊图尔维德对格雷罗发出了联合邀请。而格雷罗在意识到自己的孤立处境后也做出了类似判断：只有与保皇派领导人进行合作，才能实现墨西哥独立。起初格雷罗并不信任他的老敌人，但是伊图尔维德提出的计划以及提供的安全保障最终说服了他，最后格雷罗要求他的部队将伊图尔维德视作“国家军队的最高领导人”。

为了达成共识，伊图尔维德的方案基于三项保障：宗教、联合和独立。这些内容总结了1808年海外西班牙人后裔以及其他叛乱者们所进行的所有努力，“联合”则是为了安抚半岛西班牙人群体。1821年2月24日，伊图尔维德方案在伊瓜拉（Iguala）宣布。方案的副本被送至国王、王国所有的民事和军事当局以及保皇党和反叛军领导人手中。除了新西班牙首都当局及其军事指挥官，以及一些半岛西班牙人出身的指挥官之外，新西班牙的人民和军队都热情地接受了这项方案。

与此同时，在西班牙马德里，新西班牙的议员代表们成功促成了新西班牙自由派胡安·奥多诺胡（Juan de O'Donojú）作为新西班牙政治领袖的任命。此外，在西班牙帝国内部进行的最后一次自治尝试中，来自新西班牙的议员代表们于1821年6月提出了联邦主义提案，但是这项提案甚至未能得以讨论，因此新西班牙的议员们撤出了西班牙加迪斯议会。奥多诺胡在7月抵达了韦拉克鲁斯州，此时伊瓜拉运动已经席卷了新西班牙全境，他因此意识到独立是不可逆转的趋势。因此，奥多诺胡告知政府，认为无法对抗独立的趋势：“我们自己已经体验过，当人们想要获得自由时，他们可以做到什么程度。”西班牙政府被说服，决定与伊图尔维德会面并签署了《科尔多瓦条约》（*Tratados de Córdoba*），通过条约承认了新西班牙的独立以及墨西哥帝国的建立。作为交换，将由西班牙执政王朝的一位成员来领导墨西哥政府，这挽救了墨西哥与西班牙之间建立的联盟。随即，奥多诺胡立即要求占领首都的军队投降。1821 年 9 月 27 日，一座装饰着凯旋门的城市热情迎接了解放者伊图尔维德、格雷罗和特里加兰特（Trigarante）的军队。大街小巷到处都是游行队列，烟火照亮了城市，人们载歌载舞来庆祝独立并迎接解放者。然而，普遍的乐观主义情绪掩盖了保皇派和叛乱者之间的矛盾。

建立墨西哥国家

抗争以及 1812 年的宪法共同促成了新西班牙的解体，它的领土广袤但是内部沟通不畅、人口稀少、人口构成多样化，且北部国土完全暴露在美国的领土扩张主义威胁之下。虽然充满乐观主义精神，但墨西哥帝国实际上已经是四分五裂、混乱且毫无组织，经济已经破产且背负着高达 4500 万比索的巨额债务，而居民毫无政治经验——帝国诞生的基础天生羸弱。承认奥多诺胡作为国家领袖让建设新国家看起来充满可能性，但是他在 10 月就去世了，一并带走了他的国家治理经验和他所代表的合法性。因此，庆祝活动甫一结束，新国家就面临着诸多艰巨任务：掌控领土、恢复定期征税、唤醒公民忠诚度、获取国际承认以规范墨西哥与外部世界的关系等等。

伊图尔维德成立了一个临时的政府管理委员会，由支持诸多不同国家方案的个体所组成，但不包括叛乱分子，而且由委员会选出来的五名摄政成员也缺席了。作为摄政主席，伊图尔维德立即召集议员选举，（由议员组成的）议会将负责起草帝国宪法。但是，他无视了 1810 年的议会代表选举，选择了有利于精英阶层的社团代表制。在选举完议员后，议会于 1822 年 2 月 24 日开始运转。此时，从危地马拉传来一个好消息：危地马拉已经破产，现在处于分裂的边缘，正在寻求出路——墨西哥有可能可以趁机吞并危地马拉。但还有一个让人无法高兴的消息：议会不承认此前签署的《科尔多瓦条约》。很快，君主主义者与支持伊图尔维德加冕的团体发生了正面冲突。

局势非常复杂。政府降低了税收，收税无章可循，再加上“独立将使居民免于赋税”这种观念深入人心，政府资源因此也越来越少。支付政府雇员及军队的工资成为当务之急，因此议会除了起草宪法外，还得立法来组织公共财政和军队财政。但是，议会的缺乏经验导致议员们在形式主义方面分散了过多精力。同样缺乏经验的伊图尔维德也不知道该如何面对这种情况，一旦与议员发生冲突时，他就威胁要辞职。因伊图尔维德广受欢迎和爱戴，关于他辞职的谣言助长了皮欧·马尔查（Pio Marcha）中士在5月18日夜间煽动塞拉亚军团暴动。暴动中，士兵们高喊出口号："墨西哥皇帝，奥古斯丁一世万岁！"首都的民众很快就开始支持塞拉亚暴动叛军的诉求，要求议会讨论为伊图尔维德加冕的提案。这一次议会没有再反对，因许多议员支持民众请愿，伴随着群众激昂的呼喊声，议会中的多数人对伊图尔维德加冕投了赞成票。

伊图尔维德一边剥夺共和派叛乱分子的权力并激起了他们的不满，另一边则于7月21日举行了加冕典礼，尽管现在他的追随者比起他担任摄政主席时要少得多。不满情绪的加剧以及米埃尔从圣胡安德乌卢阿监狱被释放回归，催生出了各种密谋。新皇帝伊图尔维德忙于监禁各种犯罪嫌疑人，导致局势危急，以至于几位议员建议他就此解散议会。在10月21日解散议会之后，伊图尔维德成立了一个国家委员会来取代议会，委员会的成员都是从原来的议会议员中挑选出来的。

伊图尔维德解散议会，各省对伊图尔维德所青睐的中央集权主义深感恐惧，以及实施强制贷款等，诸多原因共同造成了局势的进一步恶化。年轻准将安东尼奥·洛佩兹·桑塔·安纳（Antonio López de Santa Anna）充分利用了这一局势并发出了自己的声音。

1822 年 12 月 2 日，桑塔 · 安纳从韦拉克鲁斯州发出了请愿，宣布不承认伊图尔维德，要求重组议会并建立一个共和制的政府。几乎无人支持桑塔 · 安纳的计划，但是它促使了那些秘密社团以及共济会小社团与被派遣去打击他们的军队结成了稳固联盟，这个联盟在 1823 年 2 月 2 日发布了“卡萨马塔计划”（ Plan de Casa Mata ）。“卡萨马塔计划”要求选举一个新的议会并承认省议员的权威，因此获得了地区上的支持。而伊图尔维德则确信“卡萨马塔计划”并非是针对他本人的，只是在试图恢复被解散的议会。但是恶化的局势并未好转，最终伊图尔维德在 22 日宣布退位，并在 5 月 11 日和家人一起离开墨西哥，逃去了意大利。议会不仅宣布了帝国非法，而且宣布伊图尔维德将永不得踏足墨西哥领土，如若回国则被视为违法。由于该法令规定，当 1824 年伊图尔维德试图返回墨西哥领土时，立即遭遇枪杀。

在复辟君主制的政治试验失败之后，墨西哥再次面临群龙无首的境地，国家没有领导人。重组的议会毫不犹豫地行使了全部权力，并于 3 月 31 日任命了由佩德罗 · 塞莱斯蒂诺 · 内格雷特（ Pedro Celestino Negrete ）、瓜达卢佩 · 维多利亚和尼古拉斯 · 布拉沃（ Nicolás Bravo ）三人组成的最高行政权力执行机构（ Supremo Poder Ejecutivo ）。省议会和军队拒绝服从，要求按照“卡萨马塔计划”来召集选举新的议会。

中美洲联邦在总督殖民地时代就已经就被单独分开管理了，它是唯一永久与墨西哥分开的区域。现在随着瓜达拉哈拉、瓦哈卡、尤卡坦和萨卡特卡斯陆续宣布成为独立的自由主权国家，中美洲联邦的解体似乎也近在眼前。最高行政权力执行机构任命了卢卡斯·阿拉曼（Lucas Alamán）担任公共关系部长一职。为阻止中美洲地区的分裂，阿拉曼调动军队来控制最危险的省份瓜达拉哈拉省。瓜达拉哈拉省和萨卡特卡斯的代表们表示，只要议会同意他们作为联邦来进行组织运作，他们就愿意承认议会的权威。议会抗拒这个提议，但是由于恐惧分裂而开始让步（在南方的总督殖民地已经发生了多起分裂事件），并且开始召集选举以组成新的立宪制议会 。

新议会在 1823 年 11 月成立，绝大多数议会代表都是联邦派人士，但愿意维持联合的形式。遵循这种方式，1824 年 1 月 31 日的议会会议宣告了墨西哥合众国（los Estados Unidos Mexicanos）的建立。经过长时间的辩论，到 9 月份，议会已经准备好了 1824 年的宪法文本，并于 10 月份宣誓颁布。在墨西哥合众国的宪法文本中，要求建立一个具备广泛代表性的、受欢迎的、联邦制的共和国，由 19 个州、4 个领土辖区和 1 个联邦特区共同组成；天主教仍然是国家宗教，不允许存在其他宗教形式；政府实行三权分立，立法机关为权力主导机关。共和国总统由国家立法机构选举产生，总统和副总统行使行政权力，司法权则由法院及最高法院行使；保留了《西班牙宪法》框架下建立的选举制度——这是一个间接选举系统，虽然在基层几乎所有成年男性都可以参加投票，但它是受到限制的。这部宪法受到了美国的影响，但对它有最本质、最基本影响的还是1812年的《西班牙宪法》。

传统的区域主义派认为墨西哥的联邦制比北美更加激进，因为联邦政府被剥夺了对公民的税收权。联邦政府要承担偿付债务、维持国防、维护社会治安以及获得国际认可等职责。为了履行这些职责，联邦政府主要依赖各州的捐款（实际上各州几乎都没有履行这个义务）、海关税收，以及一些其他微不足道的收入来源。

前叛乱分子瓜达卢佩·维多利亚和尼古拉斯·布拉沃当选为总统和副总统。他们在一片乐观主义的氛围中宣誓就职，人们确信新的政治制度会确保国家进步。人们普遍的乐观心态与墨西哥的实际情况形成了鲜明对比：墨西哥实际上负债累累、毫无组织，急需信贷和国际承认来保障它的运行。帝国只获得了哥伦比亚、秘鲁、智利和美国的承认，但它最迫切需要的是大不列颠帝国的承认，因为大不列颠帝国强大的政治和财政权力使其成为唯一一个能够保护墨西哥免受再一次殖民威胁的国家，并且能提供墨西哥所需要的贷款。正好大不列颠帝国对白银和墨西哥市场都很感兴趣，于是在1825年承认了墨西哥合众国，并且在1826年与之签订了一个不平等的商贸条约。英国银行家的投机热情催动他们在墨西哥被大英帝国承认之前就已经为其提供了两次贷款。虽然贷款的条件很苛刻，但贷款缓解了墨西哥合众国的燃眉之急，为第一任总统的统治运转提供了资金，并且帮助墨西哥人把西班牙人从其在墨西哥境内的最后一个据点圣胡安德乌卢阿驱逐出去了。不幸的是，墨西哥无法支付高额利息，随之而来的是信贷损失以及对任何政府来说都是噩梦的高额债务。

墨西哥独立开启了人们渴盼已久的自由贸易，并允许欧洲和美国的商人抵达墨西哥。在经济停滞、通信不畅、安全保障缺乏、道路运输成本高企、汇率不能浮动等诸多因素的影响下，在墨西哥独立的最初几十年，贸易几乎陷入瘫痪。伊图尔维德曾经发行过纸币，但随着他的倒台，这项举措也被中止了。此后工资信贷[①]作为替代品出现了。1829 年，政府引入铜币以支持小额交易，但由于很快就出现了大规模的假冒仿制铜币，政府在 1841 年又取缔了铜币，公共财政部门因此遭受了巨大损失。

很快，18 世纪末开始萌芽的工业化初期阶段因为现实原因而一蹶不振，人们对自由贸易的巨大期待落空了。诚然，从欧洲和

---

① 工资信贷是金融机构向雇员提供信贷的一种形式，能确保金融机构从雇员工资中收取还款费用等。

美国抵达墨西哥港口的大商船促进了某些领域的商品交易，但是很快，英国人就主导了廉价毛毯、纱线、仪器和机械的批发贸易，而奢侈品则是法国人的特长。在国际条约中，零售贸易是为墨西哥本国人保留的领域，但无法避免法国人和西班牙人入侵到该领域中，它导致的严重外交问题迫使政府在1842年取消了这个禁令。自由贸易还带来了一些政治后果，因为一些商人同时是其母国在墨西哥合众国的领事或副领事，他们插手或煽动各种政变，特别是在韦拉克鲁斯和坦皮科（Tampico），这些商人利用反叛分子的行为来要挟墨西哥政府降低税收。

虽然还有一些墨西哥生产的产品用于出口，包括各类染料，诸如墨水树、靛蓝染料、珊瑚虫红等，以及香草、剑麻（龙舌兰纤维）和糖等，但墨西哥的出口仍主要集中于白银。大部分出口交易都是通过韦拉克鲁斯、坦皮科、马塔莫罗斯（Matamoros）、坎佩切、西沙尔（Sisal）、马萨特兰（Mazatlán）、瓜伊马斯（Guaymas）和圣布拉斯（San Blas）完成的，并且走私活动猖獗。一些在北方建立的商贸通道，尤其是在圣达菲、奇瓦瓦以及与美国交界的得克萨斯之间的商贸通道，特别成功；但很不幸的是，这种繁荣兴旺助长了墨西哥的北方邻国美国的领土扩张野心。

尽管经济停滞，但对于富得流油的新西班牙的美好记忆，因亚历山大·洪堡（Alejandro de Humboldt）的著作出版而唤醒的财富野心以及不可或缺的墨西哥白银，吸引着英国人和德国人前仆后继地来到墨西哥的矿区寻宝。尽管商人们投入资本、引入蒸汽机，都不足以维持旧式生产模式，矿业产量已经降到了过去的一半。除萨卡特卡斯外，墨西哥的采矿业复苏缓慢，但每年合法出口的白银总值达到了 1500 万比索，另外还有走私白银没有计算在内。

受劳动力流失、安全保障缺乏和运输成本高企等因素的影响，农业也需要很长时间才能恢复元气。种植园或大庄园仍属海外西班牙人后裔所有，它们的主人继续保持农业公司的多元化经营以抵抗经济波动。大庄园一般以出口为导向，进行糖、咖啡或龙舌兰的农业生产，一些大庄园甚至扩张侵犯村镇土地，这激发了多起农村起义。

通过建设铁路来解决内部沟通问题，这个梦想也无法实现，因为缺乏资金导致铁路建设困难重重，最终只修建了总长 18 公里的铁路。组建商船队的设想也面临同样的结局：只有尤卡坦人有一队小船可以用于国内沿海贸易。

政治方面也没有形成稳定局面，因共济会小团体和各类军事政变而催生的“派系主义瘟疫”很快就会吞没和平局势。但也必须注意到一点，除了 1832 年和 1854 年之外，革命一般只是影响着墨西哥的有限地区。由西班牙军队带来的苏格兰礼共济会在上层社会中广为流行，因此极端分子们决定建立另外一个更流行、更适合普罗大众的共济会。维多利亚总统赞成这种寻求平衡的举措，而美国驻墨西哥公使乔尔 · R. 波因塞特（Joel R. Poinsett）则在美国注册了一个与苏格兰礼完全不同的新的共济会分支。这个后来被称作“约克礼共济会”（Yorquina）的组织采用了反西班牙人的语言宣传体系，因此受到普罗大众青睐，并借助发现华金·阿雷纳斯（Joaquín Arenas）神父的阴谋——阿雷纳斯神父策划着推动墨西哥回归到旧有殖民地秩序——而进一步巩固了它的流行程度。举报阿雷纳斯神父，增加了苏格兰礼和约克礼两个共济会不同流派之间的冲突对抗，妨碍了政府的运作，并导致了共济会与副总统布拉沃的冲突。副总统布拉沃于 1827 年发表公开声明，表示反对共济会以及波因塞特公使对墨西哥政治进行干预。布拉沃在斗争中败北并被驱逐，这确保了约克礼共济会在墨西哥合众国的优势，并最终通过了驱逐西班牙人的法律。

1828 年，墨西哥在紧张气氛中举行了第一次继任总统选举。墨西哥没有通过测试。立法机构投票选举曼努埃尔 · 戈麦斯 · 佩德拉扎（Manuel Gómez Pedraza）为下一任总统，但桑塔 · 安纳将军在韦拉克鲁斯宣布他支持格雷罗当选新总统。在墨西哥城发生了一起支持起义的激进派骚乱后，佩德拉扎宣告辞职。议会在无宪法授权的情况下，任命格雷罗为总统，并任命阿纳斯塔西奥·布斯塔曼特（Anastasio Bustamante）为副总统。在格雷罗短暂且不幸的总统任期内，国库疲软不堪，且不得不完成驱逐西班牙人的任务，还要与由伊西德罗·巴拉达斯（Isidro Barradas）领导的西班牙重夺墨西哥远征队进行正面对抗。米埃尔、特兰以及桑塔·安纳将军率队设法击败了西班牙，重夺墨西哥远征部队。虽然获得了军事成功，并且颁布了废止蓄奴的法律，但都无法挽回格雷罗不受欢迎的局面，这种局面导致了他的最终败北。1829 年 12 月，驻扎在哈拉帕的支援国防后备军部队宣布不承认格雷罗总统。1830 年 1 月，副总统布斯塔曼特接任了总统一职，阿拉曼担任外交部部长。

布斯塔曼特政府致力于结束军事起义、规范公共财政、对英国债务的支付正常化以及促进经济发展。除了努力促进经济发展和工业化之外，阿拉曼还重新整顿了公共财政并重新就外债与其债主们进行谈判。为此，阿拉曼创立了阿维奥银行[①]，并进口了纺织机械、棉花种子、山羊和优质羊驼。阿拉曼的诸多努力，以及在诸如《信使报》（*El Mercurio*）等报纸上传播实用知识，都有助于纺织工厂的建立。到 19 世纪中叶，墨西哥的纺织工厂达到一

① 阿维奥银行（Banco de Avío）是在墨西哥创建的第一个旨在促进行业和国民经济增长的发展机构，成立于 1830 年 10 月 16 日。

定的生产规模，但还是无法与英国人进行竞争。

虽然阿拉曼的能力被广为认可，但人们不信任他对政治的操控。通过操控政治，阿拉曼在某些州消灭了布斯塔曼特政权的敌人，阿拉曼寻求中央集权化的意图激起了各州政府的普遍恐惧。除此之外，1831 年枪决格雷罗将军和其他一些极端分子，也导致了广泛不满。桑塔 · 安纳将军也企图染指总统职位，决定好好利用国内的骚乱和混乱局面，并在 1832 年 1 月揭竿而起，发动了一次代价高昂的革命。桑塔 · 安纳谴责政府向教会抵押海关、造币厂以及盐田的收入来进行贷款，最终只能诉诸高利贷来勉强维系体系运转。

桑塔 · 安纳获得了民兵的支持，并且凭借韦拉克鲁斯和坦皮科的海关收入，战胜了布斯塔曼特的政府军队。各州热烈响应桑塔的提议，请求曼努埃尔 · 戈麦斯 · 佩德拉扎返回政治中心并继续担任总统至其当选任期结束。在 1833 年的选举之后，桑塔 · 安纳和瓦伦丁 · 戈麦斯 · 法里亚斯（Valentín Gómez Farías）当选为新的国家领导人，组成了一个激进而缺乏经验的议会。鉴于桑塔·安纳不是待在他的大庄园里，就是行进在打击“宗教和特权”起义的军事行动中（起义因反对米却肯州和墨西哥州州长而起），在桑塔 · 安纳当选后的第一年间，大部分时间实际上都是副总统戈麦斯 · 法里亚斯在行使行政权力。

激进分子决心进行自由主义改革。为确保不会出现重要的反对者，激进分子们制作了一份可能成为反对派的嫌疑人名单，并颁布了一项法律，通过这项法律将名单上的政敌全部判处流放。1833 年 10 月，霍乱疫情侵袭墨西哥。同时，议会开始颁布一系列将会影响到教会的法律，比如：删除了动用公共资源来征收什一税的规定以及教士要遵守修道院誓言的规定；空缺的牧师职位由政府提供人选；关闭大学以及施行高等教育世俗化。因为觉得无关政治性，戈麦斯 · 法里亚斯否决了由政府来提供牧师人选的条款，但是议会敦促相关法律生效，那些对此进行抵抗的大主教们都被判决流放并遭到驱逐。此项措施加上公民禁令，使民众的不满情绪开始爆发。

宗教改革得到了桑塔 · 安纳总统的批准，但是当议会开始讨论军队重组时，他又利用公众对副总统及激进派分子的高度不满，恢复了总统实权。安纳总统指定了一个温和的内阁并暂停了几乎所有的改革，仅废除教会什一税的法律得以实施——这一条款有利于大庄园主的利益。

实际上，自 1829 年开始，违宪的可能性就被剥夺了。议会已经数次违反了最高法，总统权力非凡，联邦的弱点使政府难以运作。换句话说，宪法改革迫在眉睫。1835 年，得克萨斯州的定居者们密谋着一起分裂运动，在此危急关头，联邦议会批准了一项削减民兵规模的法令。萨卡特卡斯州、科阿韦拉州和得克萨斯州决定挑战政府权威。外交部部长何塞·玛利亚·古铁雷斯·埃斯特拉达（José María Gutiérrez de Estrada）规劝萨卡特卡斯州政府遵守法律的努力最终徒劳无功，他甚至威胁破例绝不可能，但也并不起作用。萨卡特卡斯准备好了队伍试图违抗政府削减民兵规模的法令，但是当政府军队抵达时，指挥官、民兵们和州长都弃城而逃。政府军队在没有遭遇暴力抵抗的情况下，不费一兵一卒就占领了萨卡特卡斯州首府。然而，这些镇压行动似乎为联邦制的敌人们提供了更多反对联邦制的理由。

在遭受外国威胁的背景下尝试中央集权主义和独裁

萨卡特卡斯州挑战中央政府以及得克萨斯州威胁分裂出去，深化了人们的普遍看法，即认为联邦制度会导致国家领土的分裂。因此，虽然 1834 年选出来的议会已经开始讨论宪法改革，但最终却因屈服于另一个呼声高涨的请愿而结束了宪法改革的进程。请愿要求立法机关转变成政府的一个组成部分，并采取一种“更符合墨西哥需求和风俗习惯的形式”。与此同时，当桑塔·安纳将军开始率军朝向得克萨斯州远征时，立法者们开始起草新宪法了。议员们继续仔细研究第一基本法的“错误”，并讨论该如何纠正它们。

《七部法律》[①]，是墨西哥第一部中央集权性质的宪法，在1836年准备就绪。虽然联邦主义者认为它过于保守，但其本质上是自由派的，因为保留了代表制和分权制，而且将三权分立增加到四权分立，新增加的最高保守权力机构[②]负责监督其他所有人。过于广泛的代表性将会带来不稳定，这种看法深入人心，这因此导致了代表数量减少。通过这种方式，政府建立了限制选举权（或人口普查选举权），类似于在所有代议制国家普遍流行的代表投票方式，即只有那些缴税或拥有财产的人才能参与投票选举或者被投票选举。选举依然维持着非直接的形式。各州丧失了自治权，成了政府部门，由国家总统从各州的部门委员会提交的三位候选人中选出一位来担任州长职务。州议会变成了部门委员会，只有7位议员代表。市政厅减少到1808年的数量，仅那些有8000人以上规模的城镇以及4000人以上规模的港口保留市政厅。总统选举变得更加复杂，参议院和最高法院提交他们的候选人名单，众

① 《七部法律》（*las Siete Leyes*）指1836年墨西哥为加强中央集权制度进行的宪法改革，它从根本上改变了墨西哥的国家组织结构，结束了第一个联邦时期，并建立了一个统一的共和国，即中央共和国。其出台的目的是集中和加强国家政府。旧宪法寄望于建立一个能够效仿美国的成功政治体制，但在经历了十年政治动荡、经济停滞和外敌入侵之后，保守派认为对于墨西哥来说更好的道路是集中制。该宪法由总统桑塔·安纳推动，并由代理总统何塞于1836年12月30日颁布。它所强化的中央集权导致得克萨斯州、塔毛利帕斯和尤卡坦宣布独立。
② 最高保守权力机构（Poder Conservador）是一个由五人组成的合议机构。

议院则从中选出 3 名候选人，并将最终的 3 人名单转交给各州的部门委员会。每位候选人的投票都会被众议院审核考虑，众议院的主席将宣布最终的获胜者。公共财政得以集中，以加强政府的力量。但是，虽然总统任期延长到了八年，并且废除了副总统职位，总统的权力仍然非常弱，因为要受到最高保守权力机构、议会以及国务委员会的监督和制约。尽管《七部法律》（1836 年宪法）是在得克萨斯州分裂事件发生后宣誓颁布的，墨西哥人始终对奇迹充满信心，在乐观的氛围中选举出阿纳斯塔西奥 · 布斯塔曼特将军担任新一任总统，他认为新宪法所确立的制度是“一个新的、有希望的开端”。

无知者将得克萨斯州的独立归罪于中央集权制，但墨西哥最终失去得克萨斯主要是因为不断增加的美国定居者们蜂拥而至，而且美国对于出钱购买得克萨斯一直是兴趣盎然。美国驻墨西哥公使波因塞特早在 1825 年就表达过美国购买得克萨斯的兴趣。西班牙皇室曾经授权第一批英裔美国人定居者进入得克萨斯居住，因为当时急于用人口填满这片广袤的地域，并且当时的皇室还表示要为帝国在自路易斯安那州和佛罗里达州的臣民们提供庇护——虽然帝国此时已经失去了这两个殖民地，来自上述两个地区的原帝国臣民们被授予了部分特权，并获批可移至得克萨斯居住。当墨西哥宣告独立时，渴望用人口来填充北部地区的墨西哥新政府仍然沿用了这一殖民地时期的政策。政府对曾是天主教徒的英美定居者们进入得克萨斯实行了一些限制，但同时也增加了他们的部分特权，希望将他们变成墨西哥忠诚的公民。政府批准为一些“企业家”划拨出大片领土，这些“企业家”承诺将带领诚实的定居者们来填满这些广袤的土地，定居者将可以近于免费的价格获得土地，仅仅只需向“企业家”们支付用于划界和地块分割的费用。科阿韦拉州和得克萨斯州拥有这些土地的所有权，只是向“企业家”们收取了一点点象征性的费用。但不幸的是，边界漫长、地处偏僻且资源匮乏，诸多因素都导致移居到这些新希望之乡的人多是新教徒或奴隶制分子，并且普遍肆意践踏法律，这些人因为同样的原因在他们原先居住的殖民地被判处了法律驱逐。

1824 年的制宪议会（El Congreso Constituyente）的确激发了很多问题，它成立于得克萨斯并入科阿韦拉州之际。但等到 1834 年时，大部分的问题都得以解决。导致得克萨斯州从墨西哥分裂出去的真正原因是蓄奴问题以及豁免期限届满时墨西哥政府在此设置了海关机构。在有关国家宪法的辩论中，盎格鲁 - 撒克逊商人埃斯特班 · 奥斯汀（Esteban Austin）对那些想要废除奴隶制的议员们进行勒索，质问墨西哥将动用哪些资金来向奴隶主们支付款项，为作为奴隶主财产的奴隶“赎身”。因此，1827 年的宪法仅限于宣称“没有人生而为奴”。1829 年，格雷罗宣布废除墨西哥的奴隶制，但此法在得克萨斯州豁免生效，条件是得克萨斯州同意不再进口奴隶。但是奴隶制在不久的将来将会消失这个事实还是让定居在得克萨斯的殖民者们感到不安。

无论如何，1830年的移民法还是宣告出台了，该法禁止英裔美国人移民到墨西哥，这激发了普遍的不满情绪；并且，1832年墨西哥设立第一个海关的举措，进一步加剧了这种不满情绪。阿纳瓦克谷地爆发了一场反抗运动，最终导致了第一次英裔美国人公约大会的召开。19世纪20年代末期来到阿纳瓦克的兼并主义投机者们，被委托来巧妙利用“这些不满”以煽动那些和平定居者们。第二次公约大会决定派遣奥斯汀前往墨西哥，向议会提起几项请愿。1833年的激进派议员中很多人都是奥斯汀的朋友，在他们的帮助下，奥斯汀的墨西哥之行成效颇丰：成功取消了墨西哥的英裔美国人移民禁令，延长了免税期，要求科阿韦拉州进行改革以增加得克萨斯的代表权，授权在行政程序和诉讼程序中使用英语，批准陪审团审判制度，即由公民们自己来对违法者们进行判断和裁决。

但是当新的免税期结束后，墨西哥于1835年在此地重设海关，这让当地民众再次感到不安。军事总司令不知如何解决这些问题，而兼并主义分子们又开始操控拓荒定居者们对废奴制的恐惧情绪，引导他们投身于独立运动。为了推动运动的发展，拓荒定居者们号召北美居民加入他们，为自由而战。因此，在美国，成立了数千个俱乐部来动员志愿者、组织武器和相关资源。与此同时，美国总统安德鲁·杰克逊（Andrew Jackson）则宣称对墨西哥内部事务保持“中立”，当然最终他还是食言了。

墨西哥政府派遣了一支远征军去试图平息得克萨斯的叛乱，军队由桑塔·安纳将军指挥。国库贫困且军队总是即兴而为，导致了军队组织不力且供给乏力。但是这场战役在开始阶段还是相当成功的，经过一场血腥战斗后重新收复了要塞堡垒阿拉莫。但战斗失利并不能阻止得克萨斯人在此时宣布独立。1836 年 3 月 16 日，得克萨斯宣告独立，并且委任了一个临时政府，墨西哥人洛伦佐·萨瓦拉（Lorenzo de Zavala）被任命为副总统。桑塔·安纳想剿灭这个非法政府，但却一不小心变成了它的阶下囚。政府军的副总指挥文森特·菲利索拉（Vicente Filisola）执行了阶下囚总统的命令，将部队撤回到了格兰德河（Río Grande）（后来在墨西哥称作布拉沃河［Bravo］）。此举确保了得克萨斯州的独立，将格兰德河设作墨西哥和得克萨斯边界的要求得到了满足。墨西哥的赤贫状态让政府无力组织针对得克萨斯的新的远征行动，未能收复得克萨斯成为烙印在政府心头的一根巨刺，痴迷于这种执念将阻碍墨西哥政府听从英国人的警告——英国人认为，墨西哥不得不承认得克萨斯的独立以避免遭受更大的损失。

中央集权主义很快就让大家的期待落空。甫一实施中央集权制，诸如镇压市政厅、强制所有居民必须缴纳税收（人头费）等措施立即引发了北方农村的叛乱以及联邦主义者在北方的起义。在这种情况下，中央集权的十年成为 19 世纪期间墨西哥最不稳定的阶段，并且，起义进一步恶化了经济瘫痪的状况。中央政府实力羸弱为外国干预提供了可乘之机，很多外国政府借口墨西哥政府玩忽职守而要求赔偿。其中很多索赔要求都是不公平的或是夸大了事实，因此国际仲裁法庭将北美提交的针对墨西哥的仲裁请求通过率降低到了 15%。1838 年，法国用同样的借口轰炸并封锁了韦拉克鲁斯州和坦皮科，强迫墨西哥政府举债来支付一笔并不公平的赔偿金。

因为缺乏资金，墨西哥政府的负债率上升，这迫使议会颁布法令对进口商品征收 15% 的税收，此举导致颇多外国商人以及一些墨西哥商人破产。因此，在第一任总统的任期还未结束之前，已经有一些人开始寻求通过推举“一位外国王子”加冕君主或是通过军事独裁来解决问题。何塞 · 玛利亚 · 古铁雷斯 · 埃斯特拉达确信，有些人正密谋在墨西哥建立军事独裁政权，因此斗胆提出了建立君主制的替代方案。军队巧妙挑拨并引发了共和国的巨大丑闻，为独裁开辟了道路。1841 年，外国商人们敦促将军安东尼奥 · 洛佩兹 · 桑塔 · 安纳、马里亚诺 · 帕雷德斯 · 阿垦亚加

（Mariano Paredes y Arrillaga）和加布里埃尔·瓦伦西亚（Gabriel Valencia）发动军事政变，并于10月建立了由桑塔·安纳领导的军事独裁政权。温和的联邦分子支持独裁政权，条件是召集成立一个新的制宪议会。桑塔·安纳同意了，召集成立了议会，其中联邦主义者们获得了议会的大多数席位，这决定了议会不可能持久。1842年12月，政府解散了议会，并用起草了新宪法《政治组织基础》（*las Bases Orgánicas*）（1842年宪法）的贵族委员会取代了议会。新的中央集权宪法撤销了（监督机构）最高保守权力机构，加强了总统的行政权力，并扩大了代表性以及被称为"立法机构"的省代表数量。但国家财政破产同样导致这套体系无法运作。

《政治组织基础》宪法宣誓颁布后，墨西哥于1843年进行了选举，桑塔·安纳当选为总统，组建了一个由致力于遵守宪法的温和派联邦党人组成的议会。因此，当1844年11月总统试图解散议会时，议会进行了抗争，并凭借司法机构、市政厅和底层民众的支持，于1844年12月5日弹劾了总统桑塔·安纳。国务委员会主席何塞·华金·埃雷拉（José Joaquín de Herrera）按照法律规定担任临时总统。埃雷拉选择了一个由温和派联邦党人知名人士组成的内阁，并坚持要组建一个诚实的政府来调和各派冲突。温和派意识到国家已经无力面对战争，因此选择与得克萨斯进行谈判，以避免战争。

但是国内和国际环境都很不利。国际威胁不仅来自美国，还来自西班牙。西班牙的皇室进行着阴谋策划，企图在墨西哥复辟君主制，而且这个计划还获得了法国和大不列颠的支持。西班牙驻墨西哥公使萨尔瓦多·贝穆德斯·卡斯特罗（Salvador Bermúdez de Castro）组织了复辟阴谋，并与阿拉曼等一些影响力巨大的墨西哥人进行合作。

复辟阴谋进一步加剧了墨西哥政治局面的分裂状态。更糟糕的是，到 19 世纪 40 年代，墨西哥与邻国美国的不对称性剧增。北美的人口达到了 2000 万，而墨西哥的人口仅仅只有 700 多万，墨西哥缺乏足够资源来与一个具有丰富人力、物力资源且充满活力的国家进行竞争和对抗。不幸的是，墨西哥提出承认独立协商动议的时机不对。1845 年，得克萨斯接受了美国提出的将其并入美国的提议，这一事件因此导致激进的联邦分子责骂埃雷拉是卖国贼，莫须有地指控他卖掉了得克萨斯州以及加利福尼亚州。

在此微妙局势下，君主制主义者们与预备师司令马里亚诺·帕雷德斯·阿里亚加将军进行了接洽，希望借助军队的支持来夺取权力。帕雷德斯享有为人诚实、办事高效的声望，这让他能够获得诸多政府资源，而他的部队对于保卫备受威胁的北方国防至关重要。然而，当政府要求他带领部队向边境挺进时，帕雷德斯拒绝服从命令，宣布不承认总统埃雷拉，而且反向而行，率军向首都进发以攻击总统。帕雷德斯的军事独裁统治是一次巨大的失败，因为他既不能打击腐败，也未能重组财政，更没能加强国防力量。不出所料，很快就在瓜达拉哈拉爆发了一场联邦主义者的反抗运动。尽管当时美国军队正在朝向墨西哥领土挺进，但帕雷德斯却分散了部分军力去与联邦党人作战。

帕雷德斯也曾试图竭力避免战争，但时任美国总统詹姆斯·波尔克（James Polk）却下定决心要不惜一切代价将加利福尼亚州收归囊中。此后，为避免激起区域争端，波尔克又倾向于避免战争。因此，在哈瓦那，波尔克向流亡中的桑塔·安纳将军行贿，试图从他手中买下加利福尼亚。1845 年底，一位波尔克派遣的专员带着各种购买提议来到墨西哥首都，但没有被接见。当听说特派团的任务失败后，波尔克随即命令扎卡里·泰勒（Zachary Taylor）将军带领部队向格兰德河河岸挺进，即挺进墨西哥领土（在最坏的情况下也可称之为“存在争议的领土”）。波尔克在 3 月收到有关暴力流血事件的消息，随后于 1846 年 5 月 12 日宣布开战，并指责墨西哥导致“北美人民的鲜血染红了美国的国土”，这其实是个谎言。

此时，墨西哥军队已经在 5 月 8 日和 9 日遭遇了大败。战斗失利让民众震惊，直接导致了帕雷德斯作为独裁者名誉扫地，并且终结了中央集权主义。丝毫不顾及在战争期间更换政府有多么不方便，8月4日，一群联邦主义者发动政变，宣布不承认帕雷德斯，并且宣布重新启用1824年的宪法，此举阻碍了墨西哥在边境的防卫组织工作。一方面，重新夺权的联邦党人抢走了政府的所有权力，导致实际上政府是在孤立面对战争；另一方面，市政厅、各州以及联邦中央权力都在激烈争夺各类职位，分散了对前线的注意力。

一旦战争爆发，结局是可以预知的。墨西哥几乎什么都没有：它的武器装备是过时老旧的，军官都不是职业的，士兵也都是临时凑合的。墨西哥军队所面临的敌人或许数量相对较少，但都是职业军人，享有卫生服务和军需供给服务，配备有现代化远程炮火，并且还有一群可以定期进行培训并更新技能的志愿者。墨西哥军队刚从南方向北方进发，美国立即就派遣了几支精锐部队同时袭击了几个前线阵地，同时美国的海军封锁并占领了墨西哥港口，剥夺了墨西哥政府通过海关获取资源以补给和维系战备的机会，并通过降低税率刺激商贸领域产生态度转变。为了避免港口被美军占领，尤卡坦宣布在战时保持中立。

1847年1月，因人烟稀少且几乎毫无防卫能力，新墨西哥州和加利福尼亚州被美国吞并。北美的诸多优势确保了军队的胜利以及对北方的占领，随后美国军队又攻占了轴心韦拉克鲁斯州、普埃布拉州。墨西哥军队吃得差、武器差，面对装备精良的敌人，士气低落、道德溃败，甚至遗弃了伤员。但是墨西哥军队依然还在与精力充沛的敌人做负隅顽抗，士兵的牺牲实际上几乎毫无用处。在蒙特雷和韦拉克鲁斯对美军的抵抗导致墨西哥军队损失巨大，而在安哥斯特拉（Angostura），墨西哥军队进行了为期两天的英勇斗争，但在撤退后，溃败也无法避免。

从韦拉克鲁斯登陆的美军很快就占领了普埃布拉，墨西哥城的陷落只是时间早晚的问题。在墨西哥谷地经历了四次失败之后，桑塔·安纳将军下令让军队撤退回首都，以避免遭受美军惩罚。当人们意识到敌人已经兵临城下时，奋起进行首都保卫战，但为时已晚，城市被围攻，城内血流成河。1847 年 9 月 14 日，墨西哥议会宫里飘扬起了美国国旗。

次日，在瓜达卢佩谷地（蒙特雷附近），桑塔·安纳宣布辞去总统职务，最高法院院长曼努埃尔·佩尼亚·佩尼亚（Manuel de la Peña y Peña）继任总统职务，并将政府迁至克雷塔罗。虽然激进分子和君主制分子激烈反对，但是温和派还是成功重组了议会并重新任命了几位州长，试图为政府增添一些恢复正常的迹象。

与此同时，胜利在美国境内助长了嚣张的扩张主义气焰，扩张主义分子叫嚣着要吞并整个墨西哥。波尔克已经派遣尼古拉斯·特里斯特（Nicholas Trist）与墨西哥政府进行和平谈判，但随着美国取得节节胜利，他被要求要通过和平条约来兼并更多墨西哥领土。波尔克的命令将特里斯特置于道德困境中，他因此进退两难。此时，他已经接受了墨西哥政府的沟通提议，并且得到了即将与之进行谈判的沟通委员会成员名单，其中包括路易斯·冈萨雷斯·奎瓦斯（Luis G.Cuevas）、贝尔纳多·库托（Bernardo Couto）和米格尔·阿特里斯坦（Miguel Atristáin）。应总司令温菲尔德·斯科特将军（Winfield Scott）的要求（他已经率领军队从韦拉克鲁斯向墨西哥城挺进），同时也是应英国部长的敦促请求，特里斯特决定拒不服从美国总统的命令并开始了艰难的谈判，最终于 1848 年 2 月 2 日在瓜达卢佩镇与墨西哥政府签署了和平条约。后来，特里斯特向他的家人坦承他所感受到的尴尬和羞耻，“在所有会议中（必须）面对……战争的罪孽，因为我们美国这一方滥用了我们的力量”。在和平条约中，墨西哥承诺向美国割让其超过一半的领土，批准了 1500 万比索的赔偿金诉求，用于赔偿损失以及支付与被割让领土相对应的墨西哥外债配额，因为这些被割让的领土是美国人通过武力方式征服的。谈判委员会的委员们成功拯救了下加利福尼亚州和特万特佩克地峡地区，避免它们落入美国手中，并确保生活在被割让土地上的墨西哥人的权利将会得到保障。在唯一一条有利于墨西哥的条款，即第十一条中，美国承诺保卫墨西哥边界免遭草原印第安人的袭击，但实际上美国从未履行过这个承诺。在向议会提交和平条约时，墨西哥总统佩尼亚强调说他已经签署条约来收回被占领地区，“共和国将幸免于难”。

尽管君主主义者和激进分子充满了敌意，政府还是举行了选举，并设法让位于克雷塔罗的议会在5月批准了该和平条约。总统选举有利于埃雷拉，他于6月在墨西哥城重建了政府。在广泛蔓延的萧条氛围中，埃雷拉开始了国家重建。同时埃雷拉政权还面临着君主主义者和联邦主义者的政变威胁，另外还有好几个州爆发了印第安人起义，特别是在尤卡坦州。这并非全部，墨西哥还遭受着北美印第安人袭击以及对新领土贪得无厌的北美海盗的袭击威胁。

埃雷拉政府成功重组了政府并裁减了军队，但除了打击了桑塔·安纳将军的追随团体之外，并没有消除温和派联邦主义者与激进派及君主主义者之间的政治两极分化。国家遭逢不幸导致了政治分裂，不同的政治派别互相指责对方应当为失败负责，这在某种程度上迫使各派开始重新定义它们的原则。因此，在1849年出现了墨西哥保守党并采用由阿拉曼构建的章程，这推动了联邦主义者将自己定性为自由主义党派。

1851年，埃雷拉将总统职务和平地移交给其继任者马里亚诺·阿里斯塔（Mariano Arista）。不幸的是，阿里斯塔屈服于各类攻击和政变，最终宣布辞职。在临时担任最高法院院长后，一份军事协议将曼努埃尔·玛利亚·隆巴迪尼（Manuel María Lombardini）推上了总统席位。与此同时，各州举行了临时总统选举，并将会组建议会。至此，各方党派终于达成了共识：墨西哥必须要有一个强有力的政府。流放在哥伦比亚的桑塔 · 安纳将军因此当选为新总统。

1853 年 4 月 20 日，桑塔 · 安纳这位不负责任的韦拉克鲁斯人重新夺取了政治权力。保守党人阿拉曼向桑塔 · 安纳提出了一个方案：有必要建立一个强有力且负责的政府，不代表任何一派的利益；配备一支备受尊敬的军队；宗教上团结一致，并获得欧洲的支持。自由党人米格尔 · 莱尔多 · 特哈达（Miguel Lerdo de Tejada）提出了另外一项方案，强调通过多种经济手段来促进国家发展。桑塔 · 安纳已经习惯于权衡不同党派的利益，他采用了保守党人阿拉曼的提案，阿拉曼因此成为政府内阁领袖，但实际上，桑塔 · 安纳又试图实施其激进同乡莱尔多提出的方案，莱尔多被任命为新的发展、殖民、工业和商业部部长。

桑塔 · 安纳开始了政治镇压活动，并驱逐了前总统阿里斯塔。保守派人士将独裁视作跨向君主制的桥梁，因此四处积极寻找一位合适的君主，但是此时欧洲只关注土耳其问题，在此微妙政治背景下，君主主义者的努力收效甚微。阿拉曼死于 1853 年 6 月，没有了这个温和派的监督制约，桑塔 · 安纳加大了审查力度，并且开始大规模驱逐自由派人士。没过多久桑塔 · 安纳就享受到了权力带来的甜头，独裁专制成为其一生追求的目标，并开始自称“宁静殿下”。

独裁政府同样面临着资金匮乏和债台高筑等问题。独裁统治者不会放弃他的异想天开和心血来潮，为了支付债务，桑塔 · 安纳又发明出了新的荒唐透顶的税收名目。然而，独裁政权在某些方面还是获得了一些成就，包括出版了第一部《商法典》，顺利推进了国家发展部的工作，促进了机械进口，推动了国内沟通以及图书馆发展。

桑塔 · 安纳必须再次面对北美邻居的扩张主义威胁。尽管已经吞并了超过一半的墨西哥领土，美国的胃口还是没有得到满足，不断向墨西哥施加压力，希望吞并特万特佩克地峡和下加利福尼亚州，如果可能的话，还有北部所有各州。新的美国驻墨西哥公使詹姆斯 · 加兹登（James Gadsden）对墨西哥政府的赤贫状态了如指掌，认为购买墨西哥大片领土将是举手之劳的易事。美国政府随便找了个借口，表示《瓜达卢佩 - 伊达尔戈条约》中约定的两国边界有一个错误，另外表示还需要梅西拉（Mesilla）的土地来修建铁路。

墨西哥政府没能实现与欧洲国家结成盟友并借助其力量来中和美国威胁这个目标，没有任何一个欧洲国家同意与安纳政权结盟。桑塔 · 安纳被可能爆发的新战争吓破了胆，在 1853 年 12 月接受了与美国人协商。美国趁机与墨西哥签订了一项新条约来吞并梅西拉高原，并且取消了保卫墨西哥边界不受美国印第安人袭击侵犯的条款。卖地获得的1000万美元让桑塔·安纳可以继续维系其独裁统治，但是签署条约的政治代价过于高昂，它让独裁政权名誉扫地。另外，墨西哥民众期冀建立一个强有力政府的希望破灭了，在桑塔·安纳重夺政治权力的当年，反对独裁政权已经成了民众的普遍呼声。1854年3月，爆发了我们今天熟知的一场由胡安·阿尔瓦雷斯（Juan Álvarez）和伊格纳西奥·科蒙福特（Ignacio Comonfort）领导推动的政变，政变后提出了“阿育特拉计划”（el Plan de Ayutla）。“阿育特拉计划”拒不承认独裁政府，否决墨西哥出售梅西拉高原的决定，要求选举制宪议会，并要求重建一个联邦代表制的共和国。

虽然“阿育特拉计划”获得了那些居住在新奥尔良的自由党流放人士道义上的支持，但因缺乏资源，反叛最终只发展成一场游击战争。与此形成对比，向美国出售梅西拉所获得的资金让桑塔·安纳能有效组织战斗，他的独裁政权因此得以苟延残喘，一直延续到了1855年。

自由派改革、法国干预以及共和国的最终胜利

桑塔·安纳的独裁统治激化了政治斗争局势。虽然两个党派

都渴望进步和发展，但是关于如何实现发展，每个党派的思路又都不一致。保守党人认为只有君主制和一个社团型的社会才能保证国家得以发展，教堂和强势的军队则为其提供支持。自由党人则认为，只有一个实行代表制和联邦制、具有广泛群众基础、与北美类似的共和国，才能保证实现国家发展，因此他们迫切希望能尽快抹除所有的殖民地遗产、废除合作社团和特权、没收教会资产和共有土地，这样才能把墨西哥变成一个由小业主组成的国家。但是关于通过何种方式来实现目标，又导致了自由党人内部的分化。温和的自由党人希望变革能缓慢进行，以避免可能出现的暴力反抗，因此倾向于重新恢复 1824 年的宪法并对其进行部分改革。而那些纯粹的自由党人则希望发生一场剧变，因此倾向于出台一部新宪法。

“阿育特拉计划”还在继续施行，因为除了有南部山区的保护，阿卡普尔科还有入海通道。但是面对资源匮乏的窘况，科蒙福特将军不得不前往美国，试图获取支援，但收效甚微。尽管如此，政治环境仍然对其有利。1855 年，巴希奥爆发了一场温和派运动；紧接着，圣路易斯波托西的另一位君主主义者又打算把奥古斯丁·伊图尔维德的儿子送上新帝国的宝座。这导致纯粹的自由党人、温和的自由党人、回归的流放人士们开始结成联盟。与此同时，一直在缓慢拓展的胡安·阿尔瓦雷斯的追随者们开始急追猛进，最终逼迫桑塔·安纳于1855年8月17日逃亡。

9月16日，自由党人占领了首都。10月14日，全国代表委员会选举了阿尔瓦雷斯担任临时总统，他组建了以纯粹自由党人为首的内阁，成员包括梅尔乔·奥坎波（Melchor Ocampo）、贝尼托·华雷斯（Benito Juárez）、庞西亚诺·阿里亚加（Ponciano Arriaga）以及吉尔莫·普列托（Guillermo Prieto），他们都是即将脱颖而出的新世代的优秀成员代表。通过颁布《华雷斯法》（*Ley Juárez*），政府几乎是立刻就开始了改革。《华雷斯法》废除了军事特权和教会特权，使法律面前的民事平等成为可能。自19世纪40年代以来一直在持续重组的教会开始了反击。

胡安·阿尔瓦雷斯于12月11日宣布辞职，温和派人士科蒙福特继任总统一职，并马上用温和派为首的内阁取代了前内阁。科蒙福特率军打击在普埃布拉州爆发的支持宗教和特权的运动，当他赢得了战斗后，毫不迟疑就施加了惩罚性的措施，准备杀一儆百：没收了普埃布拉大主教的财产。另外，科蒙福特还颁布了两项改革法案：《莱尔多法案》（*Ley Lerdo*），通过此法案来没收民间社团和宗教组织的乡村作坊及其城市财产和不动产；《教会法案》（*Ley Iglesias*），通过此法案禁止向穷人征收额外的教区津贴。墨西哥的总主教拒不承认这两项法令，认为这是对教会的袭击。

选举结束后，制宪会议于1856年2月14日举行。虽然绝大多数与会议员都是温和派，但那些激进派还是主导了议会上的激烈辩论。最具争议性的问题集中在教育以及对教士的宽容性议题上。虽然自由派渴望控制教育领域，以便塑造国家未来的公民们，但是遵循其一贯的信念，最终还是在教育自由问题上达成了和解。面对社会对民众运动的普遍恐惧情绪，自由派不敢公开宣称宗教宽容，但还是删除了“天主教是国家宗教”的规定，并且宣称不禁止“任何类型的宗教崇拜”。一些自由主义者试图将盎格鲁-撒克逊的陪审团审判模式作为一种民主制度在墨西哥合众国加以应用，但未获批准。自由派还就农业改革进行了讨论，但最后只在宪法中加入了《莱尔多法案》，此法保障土地的私人所有权。

宪法于 1857 年 2 月 5 日颁布，并不激进，但是系统性地引入了“人权”概念：教育自由和工作自由；言论、请愿、结社、过境、财产自由；法律面前人人平等；在无正当理由的情况下，不得拘留个人超过三天。宪法批准了构成共和国的人民的主权，“共和国实行代议制、民主制及联邦制，由对州内部事务充分享有主权和自由权力的各州共同组成”。政府权力一分为三，其中一院制立法机构是主导权力机关。政府保留了间接选举制度并简化了共和国总统选举程序，选举将是“一级间接和无记名投票”；也就是说，由公民们指定的代表们来选择总统。

科蒙福特被选举为合法总统，但是他没有资源，也不抱有自由派的希望——自由派认为通过出售教会财产就能解决国家的财政金融问题。因为支付方式、折扣、接受毫无价值的债券作为偿还债务的手段等多种因素限制，《莱尔多法案》带来的效果微乎其微。该法案设计的初衷是让租户可以从土地中获利，但因为他们心存顾忌或是过于贫困，最终好处都落入了投机者手中。

尽管相当温和，但是保守派自由主义者们还是对宪法表示不满；而对于纯粹派自由主义者来说，宪法做出的改革又远远不够。这种状况让许多政治家开始动摇，最终形成了对贝尼托·华雷斯有利的局面。华雷斯表示愿意让基本法充分发挥作用，显示出对宪法坚定不移的信念。华雷斯出生于瓦哈卡山脉，来自一个讲单一语种的少数民族群体，曾在瓦哈卡州的神学院和科学研究所接受教育。激进的联邦党人和中央集权派都曾支持过他的职业生涯。华雷斯于 1847 年当选为墨西哥议会议员，并由此开启了他的全国性政治生涯，虽然此后华雷斯两度回到出生地担任州长职务，第一次是从 1847 年到 1851 年，第二次则在 1856 年。1856 年，华雷斯当选为最高法院院长，并于 1857 年返回首都。

教宗庇护九世（Pío IX）谴责墨西哥自由派政府的行为，并鼓励墨西哥总主教安东尼奥·佩拉乔·拉巴斯蒂达（Antonio Pelagio de Labastida）挑唆煽动保守派的叛乱行动，为此总主教被驱逐出境。这起事件导致许多自由党人要求建立一个自由派的独裁政权来作为过渡。在此背景下，菲利克斯·苏洛阿加将军（Félix Zuloaga）于1857年发动政变，敦促召开一次新的议会代表大会。总统科蒙福特对依宪治国的可行性表示怀疑，支持了这次政变，并监禁了拒绝政变的华雷斯。几个星期之后，苏洛阿加宣布不承认总统科蒙福特，并宣布自己成为新一任墨西哥总统。科蒙福特辞职并释放了贝尼托·华雷斯，后者根据宪法取代了科蒙福特的总统职位。两位总统同时存在，内战不可避免。

国家进入了分裂状态。一些州政府宣布继续坚持宪政道路，诸如科利马州、格雷罗州、瓜纳华托州、哈利斯科州、米却肯州、克雷塔罗州、韦拉克鲁斯州和萨卡特卡斯州；但是大部分军队和神职人员都拥护占领首都的苏洛阿加派，苏洛阿加政府也获得了外国政府的承认。华雷斯深信，为了获得持久的和平，帝国的合法性是不可或缺的，因此他跑去了瓜达拉哈拉，但保守党人的威胁迫使他搬到了韦拉克鲁斯——韦拉克鲁斯除了是自由党的地盘外，还可以为他提供海关资源。

军队支持保守派，自由派的武装力量则由曾于1846年被动员起来参与保卫领土的国民警卫队的民众们组成。但是临时成军代价高昂，保守党的军队占领了国家中部，特别是当米格尔·米拉蒙（Miguel Miramón）将军取代苏洛阿加成为新总统之后，情况更是急转直下。米格尔的策略是将战斗集中在韦拉克鲁斯，并攻下了两个地点。在第一次的尝试失败后，米格尔立即执行了从陆地和海上同时发动进攻的新作战计划，为此还买了一艘战舰准备从海上实施进攻，同时他还从陆地上封锁了港口。华雷斯利用美国人因保守派拒不出售土地而拒绝承认保守派政府，请求美国海军来截断米格尔的海上袭击。虽然美军指挥官没有权限，但他响应了华雷斯这一请求，击败了米格尔的船只，后来美国法院裁定美国指挥官的行为非法。

为了巩固来自纯粹自由派以及企业家阶层的支持——这两者对教会的财产都相当感兴趣——华雷斯和他的激进派内阁选择巩固改革，并在 1859 年 7 月 12 日颁布了《改革法案》（*las Leyes de Reforma*），宣布将教会的财产收归国有，将教会和国家分离开来，压制宗教性组织（教会、兄弟会和行会），实行婚姻和民事登记，推动墓地世俗化以及实行宗教信仰自由。

资源匮乏导致斗争中的两派都选择了与外国签订协议，以卖国方式来“回报”祖国。美国总统华盛顿选择支持自由派，条件是从墨西哥购买新的领土，此条款令人无法接受。自由派同意签署《迈克雷恩 - 奥坎波条约》（*Tratado McLane-Ocampo*）[①]，以换取美国向墨西哥提供的 200 万比索的贷款，条件是授予美国人

① 也称《过境和商业条约》。

在特万特佩克地峡的自由过境权、商业特权以及在必要情况下可能的军事干预权。幸运的是，美国参议院没有批准这个条约。

与此同时，保守派与欧洲人签署了《蒙-阿尔蒙特条约》（*Tratado MonAlmonte*）①，条件是承认桑塔·安纳签署的1853年的公约，并接受公约所约定的可疑债务。此外，保守派与瑞士银行家杰克尔（Jécker）签订了大宗贷款合同并疏远了英国的资金，这让他们在海外失去了信誉，要求墨西哥政府偿还债务的呼声越来越多，反对墨西哥政府的声浪也越来越高。

保守派在韦拉克鲁斯州的失败为自由派带来了胜利。在西劳（Silao）和卡尔普拉尔潘（Calpulalpan）的胜利为自由派武装力量顺利攻占首都开启了大门。华雷斯于1861年1月11日进入首都，但是和平远远没有到来。在失败的刺激下，保守派谋划了他们在欧洲的阴谋诡计，展开了一系列暗杀活动，奥坎波、莱安德罗·瓦耶（Leandro Valle）和桑托斯·德戈亚多（Santos Degollado）等人都被暗杀。而华雷斯方面则下令驱逐使徒代表团、总主教、一些主教以及曾支持过保守派的西班牙、危地马拉和厄瓜多尔的几位外交代表。

在选举中，华雷斯大获全胜，他在当选总统后立即重组了政府

① 1859年9月26日，由墨西哥保守派胡安·阿尔蒙特和西班牙女王伊莎贝尔二世的代表亚历山大·蒙在墨西哥签署，墨西哥和西班牙之间的关系因此得到恢复。

行政管理和教育领域，并颁布法令来采用公制系统。但资金短缺迫使他暂停了偿还政府债务，包括英国的高利贷以及西班牙和法国的战争索赔。生活在欧洲的墨西哥君主主义者们利用了这一点，并成功挑起了法国皇帝拿破仑三世在墨西哥建立君主制的兴趣。这位法国皇帝梦想建立一个“拉丁”帝国，这个帝国将成为抑制盎格鲁-撒克逊人扩张的城墙，因此他利用墨西哥停止支付赔偿款作为一个干预墨西哥政局的良好契机，并召集英国和西班牙来讨论此事。1861 年 10 月 31 日，英国、西班牙和法国这三个国家在伦敦签订了一份公约，承诺将封锁墨西哥湾的港口，在不干预墨西哥内政的情况下向墨西哥施加压力，以敦促其继续偿付债务。

西班牙人的舰队于 12 月抵达了韦拉克鲁斯，法国人和英国人的舰队则于次年 1 月抵达。在收到最后通牒后，华雷斯派遣曼努埃尔·多布拉多（Manuel Doblado）部长与外国干预者们进行谈判。为了避免爆发热带病，华雷斯允许外国部队登陆墨西哥，条件是如果没有达成协议就会将他们遣返回船。多布拉多承诺说停止付款只是一个暂时性的策略，墨西哥将尽快恢复还款。英国人和西班牙人接受了多布拉多的说辞，但是法国人不仅表示反对、拒不登船，还从船上派下来了更多人登陆墨西哥境内，其中包括几个墨西哥的君主主义者，如莫雷拉斯的儿子胡安·阿尔蒙特（Juan N.Almonte）。

4 月 17 日，法国人开始向陆地进发。在如此危急的情况下，华雷斯下令对保守派军队实行大赦，并批准组建游击队。伊格纳西奥 · 萨拉戈萨（Ignacio Zaragoza）准备保卫普埃布拉免受世界上最好的军队的攻击。法国的劳伦斯伯爵（El conde de Lorencez）对其部队的全面优势充满信心，对阿尔蒙特的警告并未放在上心；在 5 月 4 日和 5 日，萨拉戈萨率领的散兵游勇击败了伯爵的部队。羞辱难耐，拿破仑马上派遣了 30 000 名士兵，在新统帅的带领下开始远征墨西哥。

一年之后，墨西哥军队集结在普埃布拉，但没有萨拉戈萨将军，他已经病死于伤寒。在经过漫长的围攻后，法国人攻占了普埃布拉。华雷斯不得不抛弃首都，它在 6 月被法军占领。法国人召开了贵族代表大会，于 6 月 19 日宣布成立帝国，并宣布将邀请来自哈布斯堡王室的马克西米利安（Maximiliano de Habsburgo）加冕墨西哥王位。墨西哥的摄政政权由一些著名的将军、平民和教会人士组成，其中还包括总主教拉巴斯蒂达，但实际上这个政权只是装饰性的；与墨西哥有关的所有事务，都由元帅阿尔希 · 巴赞（Achille Bazaine）根据拿破仑三世的指示做出决定。当马克西米利安抵达墨西哥时，法国军队凭借其军事优势攻城略地，占领了墨西哥一个又一个城市。然而，由于自由派游击队的袭击和骚扰，以及法国军队的嚣张气焰所引发的民众仇恨，法国军队难以维系对被占领城市的统治，因此不得不一次又一次地去收复曾攻占下来的城市。

马克西米利安是奥地利皇帝的兄弟，他的妻子是比利时国王的女儿卡洛塔·阿玛利亚（Carlota Amalia），他在米拉马尔城堡中接待了墨西哥帝制派们的来访。马克西米利安大公提出了一个条件，要求必须由墨西哥人民请求他去当皇帝，他才会答应登上王位。君主主义者们通过收集几千份签名满足了他的要求，并于1864年4月10日将签名提交给他，马克西米利安最终接受了登基的请求。

马克西米利安皇帝和拿破仑三世签署了两份条约，条约确保墨西哥将会支付法国远征墨西哥的费用。法国派出了28000名士兵，并向墨西哥提供了1.75亿法郎的贷款，但马克西米利安皇帝只收到了其中的800万法郎，其余的钱则直接被用来支付法国膨胀的债务、战争费用以及利息等。双方达成的秘密条约同意法国士兵在墨西哥的数量最高可达到38000人，并自1865年开始，在墨西哥的法国士兵数量逐渐减少。

在觐见教皇之后，新皇帝马克西米利安登上了开往韦拉克鲁斯的船只，并于1864年5月底抵达了目的地。自由派的港口对皇帝的到来冷淡应对，与其他城市的热情欢迎盛况形成了鲜明的对比——奥里萨巴（Orizaba）、普埃布拉和墨西哥城都以“最好的方式”迎接墨西哥的新统治者，张灯结彩来款待新的皇帝夫妇。

很多温和的自由派人士与新的帝制政府进行合作，期待新政权能够解决自1821年以来一直困扰整个国家的诸多问题。马克西米利安皇帝是一位被归化的自由派，表态将会实行皇室行动，不会压制宗教宽容以及教会财产国有化策略，这是教皇特使所极力主张的要求。因为这个决定，马克西米利安皇帝失去了大量保守派的支持者，任由自由派嘲弄。因变成帝制国家的一员，墨西哥似乎获得了新生命。首都美化了，街道贯通了，建筑都用灰粉粉刷一新，煤气照明也用上了。首都出现了“帝国大道”，但是不久之后自由派人士又将其重新命名为“改革大道”。此外，查普尔特佩克（Chapultepec）的城堡重新装修了。皇帝开始投身于立法：起草帝国法例，并于1865年4月10日颁布；之后又陆续颁布了《民法典》《土地法》和《劳动法》，根据法律，将把土地归还给印第安原住民，并授予没有土地的人们。法律规定每日最长工作时间不得超过10个小时，取消超过10比索的债务，禁止体罚并限制条纹商店[①]。教育和科学也得到了关注，而皇后则

---

① 条纹商店（la tienda de raya）是满足基本供应的信贷机构，位于工厂或庄园旁边，工人或农民被迫购买其商品。在墨西哥它之所以被称为条纹商店，是因为绝大多数工人或农民都是文盲，在工资单记录簿中大部分人以画一条线来替代签名。大庄园主（种植园主）或工厂主利用条纹商店来剥削劳工，并让劳动者陷入债务泥潭无法获得自由。

负责推动女性教育事业。马克西米利安皇帝决定将墨西哥划分为50个部门，而且他相当关注经济发展，因此签署了修建从墨西哥到韦拉克鲁斯的铁路建设合同，并授权成立伦敦、墨西哥和南美洲银行，以促进贸易往来。

法国的占领迫使华雷斯向北方撤退。这位总统不仅要单独面对法国人，同时还得应对那些叛徒。1864年间，共和派控制着北部诸州，如科利马州、格雷罗州、塔巴斯科州和恰帕斯州；但是到1865年，共和派手中只剩下几座孤立堡垒。在危急时刻，赫苏斯·冈萨雷斯·奥尔特加（Jesús González Ortega）将军，同时也是最高法院的部长，从美国敦促华雷斯交出总统大权，因为其总统任期已经结束。华雷斯重提国家处于战乱状态的老论调，在国家被占领期间延长了自己的总统任期，诸多纯粹的自由派人士对其决定表示失望，开始放弃支持华雷斯。

到1865年底，局势开始转变。美国南北战争结束，自由派从美国获得了300万比索的贷款合同，以美国可以干涉墨西哥内政作为条件而换取了北美邻居的保护。共和派的游击队则逐渐演变成了真正的正规军队，开始向其他地区挺进。

在法国的贷款被消耗殆尽之际，帝国再次被永恒的资金匮乏问题所困扰，正在散播的谣言则让局势进一步雪上加霜：拿破仑三世将会从墨西哥撤军，以应对欧洲本土德意志联邦的成立对法国所造成的威胁。控制一个如此庞大的国家从来不是易事，崩溃是可以预见的结果。马克西米利安皇帝试图建立一支全国性的军队，并且召回那些被派遣到欧洲去执行外交任务的保守派将军们。马克西米利安的兄弟弗朗西斯科·何塞（Francisco José）准备从欧洲派遣 4000 名奥地利士兵前往墨西哥，但是美国的抗议导致他们无法出发。皇后去往欧洲以敦促各国执行各项条约，但是拿破仑三世和教皇都回避了她的请求，导致她最后发了疯。消息传到墨西哥，马克西米利安皇帝意识到他唯一的选择就是退位，可是大臣们的反对终止了他的退位过程，但最后这些大臣还是抛弃了皇帝，任他自生自灭。

1867 年初，共和党人的军队快速挺进，帝国的控制领域只剩下普埃布拉州和韦拉克鲁斯州。皇帝撤退到了克雷塔罗，米格尔·米拉蒙和托马斯·梅希亚（Tomás Mejía）与其在此会合。4 月 2 日，波菲里奥·迪亚斯（Porfirio Díaz）占领了普埃布拉，米拉蒙建议皇帝弃克雷塔罗而逃，但是马克西米利安皇帝拒绝逃跑，决定正面迎击军队。因叛徒出卖，皇帝很快被捕。华雷斯和莱尔多立即着手应用 1862 年的法律；根据法律，皇帝要接受军事法庭的审判。两位杰出的律师为皇帝辩护，但不能阻止皇帝被判处最高刑罚死刑。宽大处理哈布斯堡皇室的请求从世界各地蜂拥而至，但是华雷斯拒不松口。面对死亡时，马克西米利安皇帝表现出了极大的尊严。1867 年 6 月 19 日，在钟声山的小山丘上，马克西米利安皇帝给母亲和妻子写完告别信，然后坦然面对行刑队，与米拉蒙和梅希亚一起赴死。在行刑前，马克西米利安发誓要用他的鲜血去封印“我新的祖国的所有不幸”。

打败帝国政府后，华雷斯于 1867 年 6 月 16 日返回墨西哥城。这一次，民众对华雷斯保卫国家主权所进行的斗争表示热烈赞赏，兴高采烈地迎接了他的回归。虽然并没有终结层出不穷的混乱和起义，共和国的胜利还是最终使帝制得以废除，而墨西哥全境此起彼伏的混乱和起义中的大部分都是由自由党人的政治野心所激发的。

华雷斯急于召集 8 月份的选举。在政治角力中，保守派消失了，现在是三个自由党人之间的竞争：华雷斯、塞巴斯蒂安 · 莱尔多 · 特哈达（Sebastián Lerdo de Tejada）和战争英雄波菲里奥 · 迪亚斯。虽然军事胜利有利于华雷斯，但是现在他的敌人也在成倍增长，不仅是针对他的再次参选，而且还针对他推动宪法改革的尝试，他推动宪法改革的意图似乎与他捍卫宪法的承诺自相矛盾。华雷斯的政治经验无疑是独一无二的，他曾在战争状态中统治了墨西哥将近 10 年，拥有非凡的团队和追随者，几乎没有依靠过议会。华雷斯曾经加强了总统的行政权力，但现在必须要面对局势的变化，因为 1857 年宪法确认了立法机构至高无上的地位，而一院制则让其更加令人敬畏。因此，华雷斯试图推动重建参议院以获得更大的平衡。当选择了一个拥护宪法的平民内阁时，华雷斯激起了诸多军事团体的不安，他们自视为战争胜利的功臣并支持波菲里奥·迪亚斯。由于树敌众多，贝尼托·华雷斯和他的部长们成了讽刺漫画和政治漫画最为关注的焦点题材——在重建共和国的过程中，墨西哥一直都享有完全的新闻自由。

同样，战争胜利并没有改变局势的复杂性。在漫长的战争过程中，地区和中央之间的古老冲突重新被激活了。因为在战争过程中，军事首领们享有广泛的财政权力，中央权力因此被分化了。为了削弱各方权力并且重建秩序，议会支持华雷斯，通过了法令来剥夺军事领袖们的财政权力。另外一方面，对保守派公务员施行的惩罚性措施则激起了不满。华雷斯试图缓解不满情绪以达成和解，于 1870 年颁布法令施行大赦，允许总主教拉巴斯蒂达返回墨西哥，并对其表示完全的尊重。

共和国憎恨战争岁月，要求政府来提振经济。经贸往来成为混乱局势的牺牲品，尽管在北部边界地区建立的自由贸易区曾经促进了交易往来，并再次创造出了一个发展极。在美国内战期间，北美邻国借道墨西哥的马塔莫罗斯出口棉花，墨西哥则在美国售卖面粉、食物以及其他墨西哥产品。蒙特雷、黑石城、拉雷多（Laredo）和马塔莫罗斯都从贸易往来中获益，获得了快速发展。

同样，共和国还备受资源匮乏的困扰。出售教会资产并没有获得预期效果，虽然的确有助于通过吸收国内债务中的大部分内债流通券，从而达到重组和清理公共财政的目的。对于务实的华雷斯来说，对公共财政进行总体重组和调整在政府事务中具有最高优先性，唯有如此才能获得必要的资金以促进国家发展。华雷斯的部长们，何塞 · 玛利亚 · 伊格莱西亚斯（José María Iglesias）和马蒂亚斯 · 罗梅罗（Matías Romero），对公共财政和债务进行了总体研究。他们通过对墨西哥高达 4.5 亿比索的债务进行定位分析后，将其调整为 8400 万比索，拒绝承认和偿还帝国政府的其他外债，并设定了新的付款时间表。此外，政府还诉诸节流措施，其中包括削减军队至 2 万人。到 1870 年，罗梅罗成功总结了自墨西哥独立以来公共财政的变迁过程，首次清楚地了解到政府的收入和支出情况，并第一次制定了政府预算。

作为一个致力于发展和进步的自由主义者，华雷斯希望政府能支持所有富有生产力的领域：投资、通信（特别是电报线路、公路和铁路）以及殖民化。华雷斯不仅批准了几项美国投资，还承认了前帝国政府签署的修建从墨西哥到韦拉克鲁斯的铁路合同。财政部部长罗梅罗雄心勃勃，希望能建立一个国家发行银行来规范货币的流通，但资金匮乏使其梦想破灭；随着伦敦、墨西哥和南美洲银行开始运转，他不得不宣布辞职。

从个人经验出发，华雷斯极其重视教育。从一开始，华雷斯就将推动教育视作一项能确保国家发展的有效手段，通过教育来团结印第安各原住民部落并为其在共和国内提供一个有尊严的栖息地。因此，政府在 1867 年颁布了一项法律，宣布实行强制化的免费基础义务教育，并创立了国家预科学校（Escuela Nacional Preparatoria）。

墨西哥与世界各国关系的正常化也是华雷斯最关心的问题之一。战争早就导致了墨西哥和大不列颠、法国、西班牙之间产生裂隙，但还有很多不利的国际背景导致墨西哥的外交关系进展得磕磕碰碰。距离远且缺乏沟通，这阻碍了墨西哥与伊比利亚美洲国家的接触，另外，墨西哥还与危地马拉之间存在边界争议问题。出于这些原因，华雷斯竭力避免与美国的关系蒙上阴影。尽管存在诸多分歧，并且美国在法国干预期间并没有对墨西哥提供相应的支持，但两国之间的关系几乎进入到了历史最佳时刻。战后，美国的工业化已促使这个墨西哥的邻国从领土扩张主义转向金融扩张主义。但是在墨西哥和美国之间还存在着两个问题：边境上的游牧民和土匪以及索赔问题。第一个问题悬而未决，华雷斯和莱尔多都不允许他们的北美邻居肆意跨越边境来追寻“罪犯”。关于第二个问题，华雷斯试图解决赔款问题，接受了成立一个双边委员会来探讨解决方案的提议。委员会接纳了北美的主张，但是对墨西哥的主张却未表态。1869 年，墨西哥抓住机遇，扩大了与两个新国家——意大利王国、德意志北方联邦——之间的外交关系。

到 1871 年选举期间，虽然贝尼托·华雷斯的受欢迎程度有所下降，但是他还是成功获得了连任。这一次，迪亚斯并没有屈服于败选，于 11 月 8 日宣布了“诺里亚计划”（Plan de La Noria），“反对无限期连任”。尽管迪亚斯在各地区有广泛的关系网络，但诺里亚运动进展缓慢，贝尼托·华雷斯派的将军们设法掌控住了局面。尽管树敌众多且个人健康状况不佳，华雷斯的政治能力使他能够利用自由党人的分裂来维持住自己的最后一个任期。1872 年 7 月 18 日，华雷斯死于总统任中。

按照宪法的规定，最高法院院长莱尔多接任华雷斯成为新的国家最高领导人，并施行了覆盖范围广泛的大赦，终结了波菲里奥领导的诺里亚起义。紧接着，莱尔多召集了选举，并以获得压倒性的支持而成功当选为新的总统。莱尔多与前任总统华雷斯的政治理念在很多方面具有共同性，他的政治才能保证他能成功重组参议院，并将《改革法案》都转化为宪制法律。在宗教事务方面，莱尔多则没有那么灵活，他驱逐了卡里达（Caridad）的修女们，尽管她们的首要工作只是提供医疗护理服务。“反教派主义”让莱尔多成为被攻击的目标，并引发了民众的大规模反叛，包括卡耶梅（Cajeme）的亚基人起义和曼努埃尔·洛萨达（Manuel Lozada）领导的可怕的特皮克起义，后者于1873年底被枪杀。同时，当纺织工人和矿工们展开罢工时，莱尔多还要面对墨西哥工人大联合会（Gran Círculo de Obreros de México）的批评。当政府拒绝授予特许权来兴建一条连接墨西哥与美国的铁路时，商人们的利益也受到了影响，尽管从韦拉克鲁斯州到墨西哥城的铁路已于1873年开通。

总统继任重新导致了各派不和。莱尔多希望能够连任，但是这次迪亚斯没有再等到选举到来时再采取行动，而是提前发布了"图克斯特佩克计划"（Plan de Tuxtepec），指责莱尔多"侵犯了宪法"。通过上次的诺里亚计划，迪亚斯已经吸取了失败的教训，这次的计划更为周详、细心。他利用莱尔多干预瓦哈卡州选举一事，成立了一个反对莱尔多的州际联盟。确信获得了本州的支持后，迪亚斯于1875年底搬到了得克萨斯州的布朗斯维尔（Brownsville），并呼吁州长们和地区军事指挥官们一起加入战斗。但是因为运动仅局限在东北方地区以及瓦哈卡州，迪亚斯改革了他的计划，向支持运动的人士授予头衔并提供军事荣誉，反叛区域因此成倍增加。马里亚诺·埃斯科贝多（Mariano Escobedo）将军控制住了叛乱分子，选举于1876年9月举行，莱尔多成功连任。此时，最高法院院长何塞·玛利亚·伊格莱西亚斯宣布不承认新的总统选举结果，认为这是一次“欺诈”，并在萨拉曼卡发动了起义。在迪亚斯领导的图克斯特佩克运动之外，反对派中又新增加了最高法院院长的声明。伊格莱西亚斯并没有获得太多支持，但是他的反叛对迪亚斯相当有利，后者于 11 月 1 日在特考克（Tecoac）打败了联邦军队。总统莱尔多的逃跑制造了一场混乱，几个州的州长已经宣告承认伊格莱西亚斯作为新的总统，因此，在剩下的两个竞争者之间必须要进行协商谈判。迪亚斯提出，如果由两个党派共同掌管内阁，并且迪亚斯可以出任战争部部长，那么可以承认伊格莱西亚斯作为临时过渡总统。伊格莱西亚斯拒绝了迪亚斯的提议，这迫使迪亚斯采取了极端措施，他于 11 月 23 日武力占领了墨西哥城。一周后，迪亚斯宣布成为新一任墨西哥总统。

共和国时期国家生活的缓慢转型

在 1821 年开始成为独立主权国家的新西班牙国土内，生活着 750 万居民，他们经由共同的历史经验和宗教信仰联结在一起，组合成为一个多样化的异质联合体，其中只有少数人是讲西班牙语的。几乎所有人的生活都或多或少被十一年的战争所扰乱，人们一起目睹了维系了 300 年的秩序是如何扭曲变化的，见证了国家是如何开启一段为时漫长的变革期的。西班牙的自由主义为墨西哥引入了许多新的概念，其含义往往也被进行了调整以便适用于墨西哥的传统语境。对西班牙依赖性的消除过程，让精英和中产阶级对新秩序所许诺的墨西哥未来抱有乐观主义态度，他们认为墨西哥所经历的诸多痛苦事件对于擦去过往的痕迹而言是必不可少的。

此时的墨西哥人口稀少，集中于中部和南部，居住在伊图尔维德帝国时期扩张所形成的广阔国土上，共计 450 万平方公里。由于受周期性的流行疾病和战争的影响，墨西哥人口几乎完全没有增长，因此到 19 世纪中叶，人口数量才仅有 700 万，到了 19 世纪 70 年代也才达到 900 万。但是，在首都聚居着大概 400 万人口，然后依次是普埃布拉、瓜纳华托、克雷塔罗、萨卡特卡斯和瓜达拉哈拉。因为无法用人口填满北部地区的领土，再加上各种政治变化以及外部威胁，墨西哥的国土面积不断减少：1823 年，危地马拉从墨西哥分离出去；1836 年，得克萨斯州独立；1846 和 1847 年间，美国强占了新墨西哥州和上加利福尼亚州，并于 1853 年侵略了梅西亚。到共和国时期，墨西哥的国土面积下降到了 197.2546 万平方公里。1869 年，剩下的 19 个州、4 个领土区域和 1 个联邦特区共同演化组成了墨西哥共和国的 28 个州以及 1 个领土区域。

尽管社会的连续性毋庸置疑，但是独立运动和建立共和国的过程从一开始就影响了社会合作。战争允许人口进行适度流动，但是也仅限于海外西班牙人后裔以及西班牙人和土著所生的混血儿们。无论如何，平等仍是一个遥不可及的承诺，民众的普遍贫困状态仍然没有得到改善，而少数拥有财富的人群其夸张的富裕程度却与民众的普遍贫穷形成了鲜明对比，简直是社会的耻辱。另外，政治变化影响到了所有人。混乱和道路不安全造成了商人的损失，大庄园普遍停产。对矿井的废弃造成了很多矿井洪水泛滥，而因为资金匮乏，最后不得不贱卖给外国资本，或者与外国资本结盟以合作开采矿藏。因为独立运动的发展，官僚机构也丧失了职业安全感，寄望于有朝一日能要回工资或是可以重新拥有一份公职，因此官僚机构的雇员们总是拥护政府的变化。除了一些生意兴隆的医生和律师，专业人士们也都加入到官僚体系中。总之，富裕的纯西班牙人（即半岛西班牙人）开始逃离墨西哥，并且政府也通过法律来驱逐这些人，所有这些因素导致了海外西班牙人后裔开始垄断人口结构中的上层。

矿工们失去了此前的职业优势，欧洲人占据了所有的技术性岗位。另外，粗纺织品进入墨西哥，影响了旧纺织工厂的工人们。其他的人口则调整自己来适应时代所带来的局限性，而毫无廉耻之心的坏蛋和土匪们则利用混乱局势大发国难财。

教会悔恨因参与独立斗争而造成人员流失，而社会生活的缓慢世俗化又进一步减少了人们对宗教职业的需求。另一方面，因为成了几乎所有不同立场的政府都最喜欢的攻击目标，教会的收入和财产在40年间逐渐下降。尽管教区居民都反感支付额外津贴，10位主教和177位大教徒都还能享用教会的财富，但普通神职人员和世俗神职人员却普遍生活艰辛，到1825年，教士人数减少到了大约3500人。

真正从战争和混乱中受益的是军队。因为缺少资金，军队士兵的数量从1821年的75000人减少到了30000人，而监控如此辽阔的国土，这些军队远远不够用。由于军官中的大部分都依赖政治而生存，他们的晋升途径主要来自他们参与过的起义和叛乱，这严重阻碍了专业化队伍的形成；另外，相对于人数有限的军队，将军的数量则显得极为夸张。而与行政官僚机构一样，军队在支付工资方面也总是不准时，因此，军官们总是在寻找军队中的机会，一旦有任何机会就会立即叛逃。

新的仪式和庆典活动在新的法律和秩序框架下是合法的，这些民事仪式和庆典与传统的宗教节日进行竞争，并逐渐开始流行起来。实际上，随着越来越多的外国人来到港口城市和首都，最显著的变化也都发生在这些地方。轮船抵达不仅意味着新商品的到来，随之而来的还有新闻、时尚和发明；而且，到美国和欧洲的旅行也变得更加便利。新的驿马车公司缩短了国内旅行所需的时间：从墨西哥城出发，7 天内就可抵达韦拉克鲁斯州，13 天可达瓜达拉哈拉，到达圣达菲也只需要一个月的时间。

对进步的信仰曾经激发过启蒙主义，如今它的影响还在持续，人们坚信通过教育可以解决国家的诸多弊病。1822 年，几个贵族发起了兰卡斯特里安纳运动（Compañía Lancasteriana），旨在对民众进行识字教育，人们对这个项目抱有信心。一些来自国外的教师作为导师来到墨西哥，或者着手建立一些特殊学校。与之相反，大学则失去了声望，专注于传播科学知识的科学学院、新的科学研究所、艺术研究院取代了大学，它们都是共和派人士推动建立的。将于 19 世纪中叶进入政治领域的精英们，大多在这些新式学院接受过教育。

日历和年历传播着历史和科学消息。始于 1808 年的政治化以及新国家的宪法条款都有利于印刷报纸、宣传册、政治传单等，这些都是渴望了解现实的普通民众最喜爱的形式。人们手手相传这些印刷品，或是聚集在理发店、咖啡店、城市广场等公共场所，听别人大声朗读印刷品上刊载的消息。人们对政治的兴趣也与对历史的兴趣紧密相关，塞尔万多 · 特雷萨 · 米埃尔、卡洛斯 · 玛利亚 · 布斯塔曼特（Carlos María de Bustamante）、洛伦佐 · 萨瓦拉、何塞 · 玛利亚 · 路易斯 · 莫拉（José María Luis Mora）以及卢卡斯 · 阿拉曼都创作出了相关主题的优秀作品。文学也开始起步，诸如何塞·华金·费德南德斯·利萨迪（José Joaquín Fernández de Lizardi）、曼努埃尔·爱德华多·格罗斯蒂萨（Manuel Eduardo de Gorostiza）以及费尔南多·卡尔德隆（Fernando Calderón）等人的文学作品都是社会变革的见证。与之相反，艺术界则需要等待更长时间才能恢复它的旧日荣光，尽管政府提供了一些奖学金来支持学子们前往意大利或者德国留学学习艺术。

要等到 19 世纪中叶以后，墨西哥才开始出现真正的变化，并形成一个世俗化的社会。随着墨西哥独立，教会已经失去了在殖民地时期曾掌有的社会控制权，不再掌管人口出生、婚姻和死亡登记等事务。随着改革推进，教会也失去了所有的财产。这些都导致教会不再具备提供社会服务的能力，诸如提供医院、学校、收容所等服务。教会的房产被出售，很多修道院被拆毁或者被指派作其他用途。当政府将一些教堂指派给新派基督教使用时，激起了持续的骚乱和抗议。私立的宗教学校依然存在，但公共教育在很大程度上实现了世俗化。

政治冲突迫使知识分子们（大部分来自新闻行业）致力于挑战审查制度或与独裁统治进行抗争。新闻实践允许人们对国家问题进行鞭辟入里的精细分析，因此自由派的主力知识分子们出版了大批关于社会问题的重要著作。诸如知名的传统主义小说家曼努埃尔·派诺（Manuel Payno）调查了一系列关于公共债务、宗教财产充公以及与改革相关的议题。米格尔·莱尔多·特哈达关注商贸和经济问题，梅尔乔·奥坎波则关注国家和教会的问题。因此，到19世纪60年代和70年代，墨西哥新闻界发展到了极为成熟的阶段。尽管新闻界总是出现过度行为，但是自由派政府始终尊重新闻自由，并将其变成了“第四种权力”，因此新闻业能蓬勃发展也就不足为奇了。

战争所导致的四分五裂让共和国的重建者们将工作优先权分配给了通过教育和文化来促进国家和民族融合，以防止新的政治竞争再次分裂墨西哥族群。因此，刚刚重获墨西哥城，司法部部长就匆忙提出了一个公共教育计划，且在1867年和1869年将其以法律的形式确定下来。该计划相当重视基础教育，按照计划，建立了一个中等教育示范机构国家预科学校。国家预科学校采用了奥古斯特·孔德（Augusto Comte）的实证主义方法来与传统教育方式抗衡，用逻辑和科学的教育方法取代宗教和形而上学的解读。政府期待能通过新式教育让国家未来的领导人们的思想更加清晰。华雷斯和莱尔多不仅进行了立法改革，而且促使墨西哥的小学数量增长了三倍。华雷斯派致力于对印第安原住民进行西班牙语教育，以达到将其融入国家生活的目的，激起了原住民的极大反抗。而在中学和高等教育中，华雷斯派则正式采用了实证主义的教育方式，这也引起了知识分子的大讨论。在共和国恢复期以及波菲里奥执政时期，关于实证主义教育方式的争论持续发酵，因为很多自由党人认为实证主义违背了自由主义的原则。

另外，法国干预墨西哥内政唤醒了墨西哥的民族主义，民族主义开始渗透到所有的文化、艺术、文学和音乐表现形式中。伊格纳西奥·曼努埃尔·阿尔塔米拉诺（Ignacio Manuel Altamirano）是墨西哥民族主义的首要推手，主要阵地是他的文学集会以及文学杂志《复兴》（*Renacimiento*），主要刊登自由派和保守派作者的作品，诸如曼努埃尔·派诺、伊格纳西奥·拉米雷斯（Ignacio Ramírez）、吉尔莫·普列托、何塞·托马斯·库埃里亚尔（José Tomás de Cuéllar）、文森特·里瓦·帕拉西奥（Vicente Riva Palacio）、弗朗西斯科·皮蒙特尔（Francisco Pimentel）、何塞·玛利亚·罗阿·巴塞纳（José María Roa Bárcena）和安塞尔莫·波蒂亚（Anselmo de la Portilla）。社会氛围有利于学术团体的建立，一大批学术团体纷纷宣告成立，诸如墨西哥地理和统计学会、墨西哥学院以及墨西哥语言文学院。

民族主义也促进了传统主义小说和历史小说的繁荣发展，报章开始分期连载小说。历史研究享有优先特权地位，而促进国家巩固、民族融合的需求则催生了第一批"爱国"主义学术文章。保守派人士诸如弗朗西斯科·阿兰戈伊思（Francisco de Arrangoiz）、曼努埃尔·奥罗斯科·贝拉（Manuel Orozco y Berra）和华金·加利西亚·伊卡斯巴尔塞塔（Joaquín García Icazbalceta），以及自由党人诸如吉尔莫·普列托和文森特·里瓦·帕拉西奥，都致力于阐述“国家”的过去。根据他们的意识形态倾向，他们喜欢研究当代历史事件，解密或是重新解读遥远的历史，不仅包含殖民地时代的历史，还涵盖西班牙人到来之前的历史。

在墨西哥与美国战争期间，圣卡洛斯学院进行了重建，造型和视觉艺术学院变得越来越重要。华雷斯将学院重新命名为国家美术学院，雕刻家曼努埃尔·维拉尔（Manuel Vilar）、画家佩雷格林·克拉维（Pelegrín Clavé）和尤金·兰德斯欧（Eugenio Landesio）在此传授美术技巧以及欧洲风格。但是，他们无法抵抗民族主义者的狂热，并最终采纳了民族主义的表现风格。宗教主题让位于风景和历史主题，同时版画和漫画成了服务于政治的攻击手段。画家们创作了诸多非凡的墨西哥风景画作，何塞·玛利亚·贝拉斯科（José María Velasco）是其中毋庸置疑的最杰出代表。虽然首都的艺术家们热衷于追逐新鲜事物，住在各州的艺术家们则保持了对静物和人物肖像的新鲜感，诸如传统主义画家何塞·玛利亚·埃斯特拉达（José María Estrada）和埃梅内希尔多·布斯托斯（Hermenegildo Bustos）。因需要使用大量杰出人物的雕塑来装饰位于首都的改革大道，雕塑业获益颇丰。建筑业则在国家的前几十年中经历了大幅衰退、萎靡不振，仅被允许修建了一座国家剧院、几家市场和几所监狱，但也即将重整旗鼓，建筑师哈维尔·卡瓦亚里（Javier Cavallari）即将带来的关于铁的知识将会让整个墨西哥建筑业获益。

音乐界也拥有自己的一片天地。1866年，墨西哥爱乐协会成立。共和国胜利之后，一所被关闭大学的大楼被分配给协会当作总部办公大楼，协会在此教授课程、组织音乐会和讲座。阿尼塞托·奥尔特加（Aniceto Ortega）创作了广为流传的进行曲，用音乐表达着民族主义情绪。

民族主义很有可能激发了描述国家地理全景的热情，领土研究和资源研究蓬勃兴起。科学被神化，以及政府采用实证主义的教育方式，这些都极大推动了相关的地理研究。当1865年最终关闭旧大学时，专业学院的数量已经成倍增长并更加专业化。

墨西哥科学、文学和艺术委员会（1864—1869年）鼓励科学家们与旧大陆（欧洲）保持联系并开展学术旅行。得益于委员会的大力推动，墨西哥的医生、自然学家、地理学家、化学家和地质学家共同推动了墨西哥科学研究的进展。虽然要等到更晚之后才能看它所发挥的作用，但毋庸置疑，《墨西哥地理和统计学会公报》中出版的翻译文章和报告为国家科学研究的发展打下了深厚基础。

***

始于 19 世纪初期的漫长努力，到了 19 世纪的最后三分之一阶段，深刻影响开始在整个社会显现。随着改革的推进，世俗化的生活成为主流，古老的社团式传统社会已经消逝，墨西哥真的演变成了一个共和国。随着习俗改变，社会生活与以前大为不同。但同样的紊乱依然存在，人们习惯将“动乱”称为“球”。随着时代动乱的球形凸轮从一个地方转至另一个地方，巨细靡遗地碾遍了墨西哥的全部领土，“西班牙语化”也实现了扩大化，现在则通过公立学校强制推行“国家官方语言”（即西班牙语）的教学。

政治试验失败、在对抗外国军事威胁的行动中败北，这些也都在社会生活中留下了痕迹。尽管人们还没有失去对进步的希望，但社会现在变得更加没有信任感、更加谨慎。共和国和自由主义已经获得了胜利，墨西哥人希望能够重获和平以确保物质经济的发展。人们已经做好了准备，去接受一个能够保证秩序和发展的行动方案，并且愿意为此付出代价；而波菲里奥·迪亚斯清楚知道如何好好利用人们的这种期待。

–5–

波菲里奥时期

埃莉莎·斯佩克曼·格拉

(*Elisa Speckman Guerra*)

从 1877 年到 1911 年间的 34 年时间里，有 30 年时间墨西哥由波菲里奥·迪亚斯统治。因此，这个阶段也被称作“波菲里奥时期”。此时期由两个政治事件所界定：始于 1877 年——在击败莱尔多派和教会党人几个月后，波菲里奥·迪亚斯开始了他的第一个总统任期；终结于 1911 年——革命爆发几个月之后，迪亚斯被迫放弃权力并开始流亡之路。

波菲里奥·迪亚斯于 1830 年出生于瓦哈卡州，曾是反抗保守派以及君主主义者的战争英雄，比贝尼托·华雷斯和塞巴斯蒂安·莱尔多·特哈达都要年轻。另外，与后两人不同的是，波菲里奥·迪亚斯选择了投身军旅，并获得了将军头衔。迪亚斯曾三次参加总统竞选，但均被华雷斯和莱尔多击败。其中两次，迪亚斯以不承认总统选举结果为由，揭竿而起：第一次是在 1871 年，发布了“诺里亚计划”；第二次是在 1876 年，发布了“图克斯特佩克计划”。在两次起义中，迪亚斯都挥舞着反独裁、反中央集权主义的大旗，反对共和国总统拥有过度权力并凌驾于司法权、立法权和各州州权之上。除了反对总统连任外，迪亚斯还努力将总统的行政权力降低到宪法规定的合法限度。与对总统权力的限制相反，迪亚斯认为需要加强各州政府的权力和人民的权利，尊重人民自由选择市政当局并由其决定各州内务的权利。

作为地区集团和地区利益的拥护者及代表人，迪亚斯获得了众多酋长首领和地方领袖的支持，而且还获得了被华雷斯或莱尔多清除出队伍的军人们的支持。迪亚斯因此成为人民或者说是农村人民群体最爱戴的政治人物，他们通常捍卫自己政治自治的权利，作为交换，这些人接受财产充公或是将土地分配给集体成员的措施，但又要求必须要根据自己的习俗和需要来进行。最后，迪亚斯还赢得了城市人民群体的拥护和支持，他们认为波菲里奥·迪亚斯是唯一一个能够维护国家团结和主权，并能结束困扰国家的战争状态之人——战争在墨西哥已经持续了超过 50 年的时间。

1876年11月，在选举获胜之后，波菲里奥·迪亚斯成功挺进了墨西哥城，并于1877年开始担任总统职务。在迪亚斯的第一个总统任期里，他尊重反连任派的呼声，在1878年推动了一项宪法改革来禁止总统连任，还在1880年将权力移交给他的革命伙伴曼努埃尔·冈萨雷斯（Manuel González）。通过这些行动，迪亚斯作为领袖的政治声望高涨，并且其声誉在冈萨雷斯执政期间不断增长，他也借此建立起新的关系网络和联盟。如此这般，迪亚斯作为唯一的总统候选人赢得了他的第二个总统任期（1884—1888年）。但是，在第二个总统任期里，迪亚斯并不打算就此离开总统的位子。1887年，迪亚斯推动了一项新的宪法改革，允许总统连任，也就是说，总统可以有一次竞选连任的机会。借此操作，迪亚斯又赢得了1888年至1892年的四年新任期。1890年，所有关于限制总统连任的条款都被从宪法中删除，1903年他又将总统任期延长至六年。此后，波菲里奥接连赢得了四次总统选举，任期分别为1892年至1896年、1896年至1900年、1900年至1904年、1904年至1910年。

在波菲里奥担任总统期间，墨西哥社会发生了诸多变化。变化如此之多，对波菲里奥时期进行全面阐述几乎成为不可能完成的任务。但是至少我们要谈及波菲里奥时期的两个阶段以及危机年代。

波菲里奥政治

◎ 第一阶段

波菲里奥政权的第一阶段开始于 1877 年，结束于他的第三个总统任期开始前（1888 年），或者也可以用波菲里奥废除所有限制连任的条款来作为其政权第一阶段的结束节点（1890 年）。这一阶段的主调是建设、和平、统一、调解让步、协商，但是也涉及镇压行动。

担任总统职务后，波菲里奥必须要面对几个不同的挑战。首先，巩固国家和民族还是遥不可及的任务。1857 年颁布的宪法，以及关于国家和社会的各项自由主义计划，都没有完全充分实施。《大宪章》（*la carta magna*）构想了一个法律面前人人平等的社会，并且强迫政府统治者要保障人民的平等权。此外，为了避免权力集中化，将权力分为执行（负责执行法律）、立法（制定法律）和司法（监督法律适用）三个部分，人民则负责选举机构成员（总统和州长、立法者、最高法院大法官、高级法院法官以及其他法官）。

但是，在宪法捍卫者和批判者之间进行的战争阻碍了宪法的适用。共和党人在 1867 年的胜利并未消除这些桎梏，因为不同的国家方案仍然存在。但这不是阻碍宪法实施的唯一障碍，还有政府治理的问题。比如，宪法要求实现不同力量之间的平衡，这不利于开展行政工作，总统很难掌控反对派，或者说经常要屈服于地方权力团体施加的压力。因此，华雷斯和莱尔多攥在手中的权力实际上要大于法律所规定的权力。另外，对于一些人来说，《大宪章》远远脱离了现实。这是波菲里奥派执政期间反复出现的一个争论主题。有一部分知识分子认为，宪法构想了一个由个体组成的社会，但是墨西哥社会是高度异质化的，其成员仍然感觉自己是属于某个机构的一部分，并习惯通过这些机构来行事。因此，应该延迟适用宪法。简而言之，不仅需要去建设宪法所构想的制度和实践，同时还要建设一个能够证明其效率的政治制度，而当前的现实情况则是，条件远远不够成熟。此外，尽管华雷斯、莱尔多和迪亚斯在某些地区里享有极高的知名度，但仍然需要巩固他们作为总统的合法性以及他们已任职国家总统这个社会共识，并将总统的合法性和认知度覆盖到全国。最重要的是，政府必须要团结各种政治力量以及区域力量，结束各地的起义活动并终结领土分裂的风险。

另外，在墨西哥还不存在完全一致性或是统一的民族身份认同感。一些民众还处于孤立生活的境地，不觉得自己同时也属于其熟悉的小群体之外的团体，而统治者们则因为有着不同的文化背景，完全忽视了这部分人的问题。更糟糕的是，边境可以轻松穿越，外国干预的威胁依然存在。

因此，波菲里奥·迪亚斯所面临的挑战首先是统一并团结不同的政治力量和区域力量、赋予政权正当性及合法性、尊重（或假装尊重）宪法以及获得国际承认。

关于如何应对统一并团结不同政治力量的挑战，波菲里奥·迪亚斯采用了类似于华雷斯和莱尔多的政策，并不总是会履行他对地区政治团体和农民团体做出的承诺。从根本上说，迪亚斯采取了两种手段并行的策略。第一种手段是进行调解或谈判。迪亚斯的追随者们保持了极高的忠诚度，同时迪亚斯又吸引了旧的对手们来投诚。因此，迪亚斯的军队既吸纳了那些曾经为"图克斯特佩克计划"浴血奋战的士兵们，同时也吸引了那些因华雷斯或莱尔多战败而流离失所的士兵们，甚至还有一些莱尔多派或者是教会党，也都被他统统收至麾下。波菲里奥·迪亚斯的妻子卡门（Carmen），是前莱尔多派曼努埃尔·罗梅罗·卢比奥（Manuel Romero Rubio）的女儿，迪亚斯通过政治联姻而对莱尔多派做出了承诺。迪亚斯的内阁里还包括有曾从事军人职业的自由派人士，这些人在恢复共和国时期（República Restaurada）都是被排除在政治权力之外的。同时，迪亚斯的内阁里还吸纳了自由派政治家或是自由派知识分子，并不在乎成员们的党派隶属关系。例如，1884 年，只有一位国家部长可以被定性为波菲里奥派成员，与之对比，却有两位华雷斯党人、两位莱尔多党人以及一位君主主义者。

如此一来，除了统一自由派的各个派别之外，迪亚斯还吸引了一些君主主义者以及天主教教会人士，特别是后者更为突出。

对于教会人士来说，此时教会机构已经变得非常虚弱。教会被禁止拥有资产，而且收入有限，因此在经济上必须依赖国家。教会还失去了很多成员，因为法律只允许存在世俗化的神职人员。而且，教会也失去了参与社会事务的空间，因为法律禁止在教堂进行宗教崇拜，并且禁止教会参与教育、慈善和医院服务活动。在波菲里奥政府统治下，这种情况发生了改变。迪亚斯并没有删减反教会的相关法律，但他也没有全部严格加以实施。迪亚斯允许教会收回财产、允许重新设置普通神职人员职位（修士和修女）、允许建立活跃的教会，并允许教会致力于教育、照顾病人和精神病患者。此外，包括总统夫人卡门在内的官员妻子们也亲自去参加了宗教活动，宗教庆祝活动都是公开举行的，有时庆典盛况空前，如1895年瓜达卢佩圣母加冕仪式曾轰动一时。作为回报，教会阶层表态支持国家首领，不承认以宗教名义发起的人民起义，并参与了针对亚基人和玛雅人的传福音活动；另外，当教会重新开始从事慈善和教育工作时，也填补了政府仅靠自身资源难以覆盖的空白领域。

迪亚斯和农民团体之间的关系，以及他与酋长首领和地方领导人之间的关系，则更为复杂多变。在某些地区，迪亚斯遵守了他与当地人之间达成的协议，尊重他们的政治自治权，并且停止了财产充公行动。而在另外一些地区，迪亚斯并未阻止对集体财产的分割趋势，也没有阻止殖民化的进程，他试图把未种植的土地全都纳入生产和市场流通中，并将被报告土地面积的三分之一作为奖赏分发给那些报告这些未开垦土地的测量公司。问题在于，这些测量公司还报告了大量尚在耕种中的土地，只不过这些土地的主人没有土地契约文书而已，其中还有一些是属于原住民部落的土地，最后，大量人民都失去了自己的土地。

同样多变的还有波菲里奥与州长以及军阀领袖之间的关系。总的来说，总统试图向那些忠诚的，并且得到该地区其他团体一致支持的人才授予高职。而如果拥护者们（通常是首领们）满足这两个条件，迪亚斯就会寻求将他们与军事力量划分开来，但会帮助他们获得州长职位或留在州管理层中。如果不符合这些条件，迪亚斯就会把他们从政治领域清除出去，但会为他们提供丰富的致富手段。如此这般，迪亚斯赢得了地方领导人的支持并削弱了他们的力量，州长的职位都由忠心于迪亚斯的心腹来担任，他会给这些拥护者们一定的自由，如果这些人能确保地区和平，迪亚斯就不干涉他们的治理工作。

波菲里奥 · 迪亚斯同样还与外国势力进行了和解，并达成了自己的第三个目标：获得国际承认。波菲里奥政权重新与法国、英国、德国和比利时建立了外交关系，自前总统华雷斯宣布延期偿付外债之后，墨西哥与这些国家的关系就宣告破裂了。同样，波菲里奥政权还赢得了美国的支持。墨西哥与其北方邻国的关系隐含着各种各样的问题：墨西哥的外债；印第安原住民和偷牛贼们频繁跨越美墨边境，跨境追捕他们的部队也在边境肆意展开活动；墨西哥为吸引定居者而在其边境地区开放了自由贸易区，但因此产生了走私活动；墨西哥劳动者移民到北美等等。尽管问题多多，但是得益于墨西哥支付了债务和赔偿金，并向美国投资者提供便利设施，以及实施其他诸多有利于美国的措施，美国于 1878 年承认了迪亚斯政府。不过，墨西哥总统还是会坚决捍卫国家主权的。

而当调解或谈判不起作用时，波菲里奥 · 迪亚斯就会诉诸第二种手段：强权和镇压，并为此调动军队、警察以及乡村警察力量。例如，1879 年，韦拉克鲁斯州长下令枪决了 9 名莱尔多派反叛分子。有人说他只是夸大了总统的命令而已，因为总统要求他惩罚那些同时也是军队官员的起义领导人；也有些人说他只不过是在执行通过另一封电报发来的总统简短指令："趁热杀死他们。"索诺拉和尤卡坦的农民叛乱也导致了血流成河的悲剧，关于此事我们将在后面展开讨论。另外，劫匪路霸们，包括墨西哥"罗宾汉"赫苏斯 · 阿里亚加（Jesús Arriaga）以及赫拉克里奥 · 伯纳尔

（Heracilo Bernal）（也被称作“锡那罗亚之光［El Rayo de Sinaloa］”），都是通过适用“逃跑法”[1]而被逮捕或被暗杀。

现在我们来了解一下政权的合法性问题，即政权在多大程度上遵循了宪法的规范。正如他干预了州长任命，波菲里奥就议会议员、参议员和联邦大法官的选举进行了谈判。这些选举都是间接选举。这意味着选举人必须是在墨西哥出生的男性（女性此时还没有投票权），必须是墨西哥人的后代或归化墨西哥国籍的外国人。如果已经结婚，年龄只要超过 18 岁即可参与选举；如果还没有结婚，年龄则要达到 21 岁才能参与选举。他们借助一种“诚实的生活方式”来投票选举出选民，而后再由选民投票选举出议员代表。然而，联邦选举曾经演变成一场闹剧：在选举日里，投票箱都是空的，选民们都没有填写选票。尽管如此，政府从未停止过练习：每次都公布候选人名单，每次都会制作安装正方体投票箱，并印刷、计算选票。这些仪式旨在显示政治制度的有效性并以此赋予政权合法性。同样的事情也发生在一些州级选举中，在某些情况下也是间接选举。因此，波菲里奥政权在选举事宜上并不总是能够遵守法律，一些利益集团会表现出貌似合法或至少

---

① 逃跑法（Ley Fuga）是一种法外执行手段，在认为人身安全受到威胁的情况下，可以对试图逃跑的犯人或视作犯人的危险分子进行枪决。在波菲里奥政权时期，逃跑法被特别当作一种镇压手段来消灭反抗总统的异见分子。

是采用了表面尊重法律的形式。其他领域也类似。另一个案例是关于反教权的法律，这些法律并未被全部实施执行。尽管教会阶层坚持要废除这些法律，但是政府并没有删减相关法律条款，这对天主教会构成了持续性的威胁。另外，政府允许教会恢复常规神职人员，但当局又时不时关闭一些“地下”修道院。

简而言之，政权在合法与貌似合法之间摇摆不定。另外，在第一阶段，除了立法变化和使用武力外，波菲里奥 · 迪亚斯与来自不同党派、地区和社会部门的个体之间通过谈判及和解手段而建立起了关联，并获得了国际承认，且在加强民族凝聚力方面取得了进步。鉴于在政治实践的主导形式中，个体一般都代表着集体（他们的家庭、他们的城镇、他们的庄园以及他们的同伴），通过吸引个体，总统吸引了个体所从属的群体的支持。迪亚斯利用了拥护者之间的关系网络，成功地将自己置于忠诚金字塔的顶端。因此，迪亚斯并没有将具有影响力的团体变成可能会导致分裂的元素，而是通过联结忠诚的纽带来建立起他自己的政治大厦。

◎ 第二阶段

第二阶段开始于 1888 年到 1890 年间，一直延续到 1908 年。此阶段的典型特征是高调的中央集权主义，以及波菲里奥的个人特色和执政州长们的个人特色都越来越浓厚的威权政府。

在波菲里奥·迪亚斯向权力高位挺进的过程中，很多昔日陪伴他的战友们都已经故去，另外一些则在陪伴他度过了组建政府的早期阶段之后也过世了。政治团队成员的更替经常会改变政局方向，但是，团队成员的更替同时也是在回应新的政治力量对比。在意识形态斗争以及加速波菲里奥派精英团体分裂的过程中，华金·巴兰达（Joaquín Baranda）、何塞·伊维斯·利曼图尔（José Yves Limantour）以及贝尔纳多·雷耶斯（Bernardo Reyes）这三个人物起到了至关重要的作用，他们代表着不同的团体、不同的区域、不同的政治实践方式以及关于“国家”的不同理念。

巴兰达是三人中第一个进入内阁任职的，自 1882 年开始担任司法部长一职。在进入内阁之前，巴兰达曾担任坎佩切州州长，在当地积累了强大的关系网络。借助自己兄弟的关系，巴兰达在塔巴斯科和尤卡坦也有深厚根基。另外，归功于特奥多罗·德埃萨（Teodoro Dehesa），巴兰达在韦拉克鲁斯州也展现出雄厚实力。巴兰达代表着改革时期的自由派人士，在民法和民权领域经验丰富，他们希望建立一套受到限制的政治机制。

第二个进入内阁的是利曼图尔，他也是最后一个进入政治领域的，曾在 1893 年至 1911 年间担任财政部部长。利曼图尔曾是“科学家派”的成员，这个团体包括有以下人物：胡斯托·谢拉（Justo Sierra）、马塞多兄弟米格尔·马塞多和巴勃罗·马塞多（Miguel y Pablo Macedo）、罗森多 · 皮内达（Rosendo Pineda）、华金 · 卡萨苏斯（Joaquín Casasús）以及弗朗西斯科 · 布尔内斯（Francisco Bulnes）。“科学家派”是一个由杰出的专业人士组成的团体，其中一些人出身富庶家庭，另外一些人则与这些家庭有千丝万缕的关联，最初这群人以曼努埃尔 · 罗梅罗 · 卢比奥为中心紧紧团结在一起。另外，团体成员还包括有自由派联盟（Unión Liberal）的创始人们，自由派联盟宣称捍卫由机构和制度构建而成的政府，并将为加强现有的机构和制度而奋斗。为此，自由派联盟倡议进行政府改革，诸如设立副总统职位等。此外，“科学家派”赞同实证主义的哲学理念，认为应当将科学方法应用于社会研究以及寻求社会问题解决途径的探索过程中。也就是说，“科学家派”认为，只要对社会进行系统化的研究，就能够去了解支配社会运行的规律，并且能对这些规律进行掌控；通过这种方式，能够消除阻碍社会进步的束缚和障碍。群体成员们坚持，国家应采用通过实证主义方法获得的“科学化的政治”，并且成立了相关团队以进行培训和实践，因此他们被称作“科学家派”。此外，“科学家派”确信墨西哥需要一个强有力的，有能力提振经济并组织社会的政府。因此，“科学家派”也表现出推动社会和教育项目的强烈兴趣。“科学家派”代表着经济实力强大的资本家群体，但是他们脱离了墨西哥的内陆地区，且与中间阶层及普通民众也毫无关联。

贝尔纳多·雷耶斯是第三位进入内阁的，入阁时已有颇久的政治经验：雷耶斯在1876年就已经是上校了，1889年开始担任新莱昂州的州长；自波菲里奥派起步早期阶段，雷耶斯在墨西哥东北部就已经具有相当大的影响力。在1900年到1902年间，雷耶斯担任战争部部长职务，代表着经典波菲里奥派——大部分是出身于地方省份中下层阶级的起义军官，与各州关系紧密。另外雷耶斯还获得了军队的支持，在他任职新莱昂州州长期间，此前支持他的团体还继续支持着他，他的支持团体覆盖了企业家阶层、小资产阶级、中产阶级，甚至还包括有组织的劳动者阶层，因为雷耶斯推动了一项保护工人的政策。

有几年时间里，波菲里奥·迪亚斯通过权衡而维系了不同团体之间的平衡，但是分裂不可避免，他不得不选择一位继任者。1898年，波菲里奥决定将权力让渡给利曼图尔，并且相信雷耶斯和巴兰达会接受这个安排。但是司法部部长巴兰达反对波菲里奥的决定，并不得不从内阁辞职，这导致他所代表的群体完全失去了存在感；但巴兰达所代表的群体本来就相对弱小，比另外两派要弱得多。

两年后，总统波菲里奥还在继续利用“科学家派”以及雷耶斯派的成员们来统治国家，并试图保持两派之间的平衡，但是同时也充分利用了这两个党派之间持续不断的冲突所导致的两败俱伤的状态。换句话说，政府当局希望能将两个党派所能提供给政府的作用发挥到极致：“科学家派”的特长在于可以巩固经济，并且他们同企业家、银行家、资本主义投资家之间关系密切；雷耶斯派在东北部势力庞大，在军队中影响力深厚，不仅具备满足企业家们期待的能力，同时也能回应中产阶级和劳工阶级的诉求。与此同时，政府充分利用了两派之间的分歧——持续的对抗状态让两个党派都无法加强自己的力量——这就要求政府出面作为调解人来解决两派之间的问题。因此，波菲里奥任命雷耶斯担任战争部部长，与此同时也要求利曼图尔继续担任财政部部长。

一旦政府做出支持其中某一派别的决定，两派之间的斗争就开始变得尖锐。1902 年，利曼图尔否决了用于军队更新和实现现代化的预算，同时还尖锐批评了第二预备队（la segunda reserva），这是由雷耶斯所创立并且吸纳了大批平民加入（数量持续增长）的非正式部队，一般在周末接受军事训练。因为对战争部部长雷耶斯动员职业军队以及民兵组织的能力感到恐惧，害怕他们所能提供给战争部部长的力量和支持，波菲里奥要求雷耶斯返回新莱昂州，实施军队改革并且复员民防队员。

1903 年至 1904 年间，“科学家派”在政府中占主导地位已经成为毋庸置疑的明显事实。那些曾一路伴随波菲里奥跃升权力高位的人，以及拥有军事和文化行业从业履历的自由派人士，都已经从内阁中被清除出去。另外，“科学家派”在 1904 年的选举中推出了自己的副总统候选人。选举一位副总统，这是墨西哥历史上的第一次。副总统将会在总统缺位或死亡时替代行使总统权力，而考虑到波菲里奥已经有 73 岁高龄，这一情况很有可能会随时发生。因此，选择副总统也就意味着选择最高领袖的继任者。利曼图尔建议由拉蒙·科拉尔（Ramón Corral）来担任副总统一职，波菲里奥欣然同意。

精英阶层出现了分化，总统既不能使之恢复巩固团结的状态，也无法调解并弱化各方的冲突。做出倾向于“科学家派”的决定、驱逐原先的自由派人士、在军队的某些部门中树敌，总统因此失去了与地区以及各团体之间的联系，后者逐渐在政治权力游戏中被边缘化。一方面，有几个处于上升阶段的利益团体，在一个瘫痪的政治体系中无法寻找到合适的位置，因为几乎所有的事情都已达成了协议、完成了协商或进行了利益分配。同时，与州长们以及地区权力集团达成协议，迫使总统背弃了对人民做出的承诺——一般来说是对农民们的承诺；而与投资家和企业家达成的协议则让总统否决了劳工阶层的需求。这就是为什么总统不得不越来越多地采取强制措施、诉诸专制和镇压手段。

另一方面，在第二阶段，政府对立法和司法自治权的侵犯也更加明显，虽然这并不是此阶段新出现的特点。如前所述，联邦和各州的立法者及地方法官是在与总统或其亲信进行谈判后被加以任命的，并且他们一而再、再而三地当选并任职。只有在与选民形成敌对状态或是被任命了一个更好职位的情况下，这些人才有可能会离职。因此，立法者们和地方法官们对总统相当忠诚，并且缺乏自主权。议会则倾向于批准最高行政长官的任何建议。最高法院则放弃了参与政治，仅满足于保护宪法法院或上诉最终裁决法院的角色；原本最高法院可以发挥更多作用，在有关设立宪法法院以及监督联邦法律的合法性或正确适用性、裁决选举的有效性等方面以及其他事务中承担更多责任。

各州州长也丧失了独立性。显而易见，政治权力中心对于区域政治和经济的干涉在日益增长，虽然州长们依然保持了一定的自由行动空间（比如，在选举议员代表时，州长们可以在波菲里奥钦定的候选人中进行选择，或者提名替补候选人，这些人通常最终都会成为议员并出席议会），并且州长们也不总是接受联邦权力做出的所有决定（例如，捍卫州政府在教育方面的立法权，或者在教育方面，虽然接受了联邦政府强制安排的统一课程，但会要求增加一些有关区域主义的细微的差别性内容等）。

另外，各州内部也在复制集中制。也就是说，各州的行政长官们也采用了同样个人化和专制化的手段进行区域治理。政治领袖们此前曾是介于总统和各州长之间的权威人士，现在则需要依赖共和国总统或州长们行事。同样，政治领袖们也开始干涉各州事务。因此，在此阶段，人民的自主权更加弱化，仅仅只有少数几个地区的市政当局保留了一定程度的自由。

与此同时，对政权反对派的控制和镇压也愈演愈烈。此时诞生了一个反对派政党，其起源可以追溯到墨西哥自由党。反对派同时还在媒体上进行抗议。有一些官方的政府报纸，比如《公正报》（*El Imparcial*），获得了大量政府补助，只是专注于新闻，社论则完全被弃之不顾。因为采用了现代化的机器而导致批量印刷成本低廉，追逐具有轰动效应的新闻，并且采用大量图片，《公正报》的读者数量翻了几番，远远超过旧报纸的发行量。也有一些非官方的报纸，如自由派的、基督教的、劳工阶层的报纸，其中一些也采用了《公正报》的方法进行了现代化变革，但是另外一些报纸则继续使用古老的机器，印刷数量较少。所有这些非官方报纸都有一些共同点：刊发批判波菲里奥政策的文章。因此，这些报纸的员工也成了政府镇压的对象，报社主管、编辑记者甚至包括印刷员工都常被关进监狱。最好的一个例子是菲洛梅诺·马塔（Filomeno Mata），他是《家庭日报》（*El Diario del Hogar*）的主任。因为频繁被抓，以至于有人向马塔要地址的时候，他不仅给了自己家的地址，同时还给出了贝伦监狱的地址，因为他也不知道他将会在两个地址中的哪一个度过下一个夜晚。

针对不断增加的社会抗议，政府也加剧了镇压行动，下文我们会提及这一主题。各种社会不满情绪在表达上也表现出不同的细微差别：有人走上街道进行抗议示威，有人则攻击公共建筑并进行抢劫，工人罢工、农民暴乱。相比以前，为了压制社会不满情绪而诉诸武力的政府行为也越来越多：成百上千的亚基人，包括男女老幼，都被驱逐到位于瓦哈卡和尤卡坦半岛的劳改营；对布兰科河（Río Blanco）流域的工人以及卡纳内阿（Cananea）地区的矿工们进行了大屠杀。

最后，波菲里奥将工作重心调整到发展对外关系上。波菲里奥政权从最初阶段就对美国态度谨慎，并且始终对美国的扩张威胁保持着清醒意识，现在更多是担心经济而不是领土问题。关于对美国的警戒心，波菲里奥曾在一个著名的演讲中激情地展示过：“可怜的墨西哥，离上帝如此遥远，离美国如此之近。”有两个原因导致迪亚斯对美国的防备情绪越来越严重：美国在加勒比和中美洲的影响越来越大，特别是危地马拉（墨西哥和危地马拉之间有一些历史问题悬而未决，诸如领土划分和人口过境等）；美国对墨西哥经济的影响越来越大。为了防止美国过多干涉墨西哥事务，波菲里奥与英国、法国和日本发展了外交和经济关系。并且，美国总是在拉美受到欧洲威胁时跳出来充当保护者的角色，或是在美洲国家之间出现冲突时跑来充当仲裁员，波菲里奥对此表示反对。波菲里奥主张，上述相关问题都是属于美洲各独立主权国家的内政或内部关系问题。

◎ 尾声年代

导致波菲里奥政权垮台的因素是多方面的。实际上，危机远远不止一个，根源可以回溯到 20 世纪之初。接下来我们会看到，诸多危机影响到了经济、社会和文化各个层面，同样也影响到了政治层面。

波菲里奥政权逐渐老化且僵化：总统已经八十高龄了，内阁成员的平均年龄高达 67 岁，州长、大法官、立法委员们也差不多都是类似情况。波菲里奥不是唯一一个位居权力高位时间如此之久的领导人，重新选举开始在各个层面全面铺开，比如州长们，特奥多罗 · 德埃萨担任韦拉克鲁斯州的州长职务长达 15 年，穆西欧 · 马丁内斯（Mucio P.Martínez）统治普埃布拉州长达 17 年，弗朗西斯科 · 卡内多（Francisco Cañedo）在索诺拉州和华金 · 奥布雷贡 · 冈萨雷斯（Joaquín Obregón González）在瓜纳华托州的任职时间也差不多这么久。政权几乎已经瘫痪且丧失了柔性回旋的能力，无力为新的政治和社会类别提供空间。除此之外，过往处于平衡状态的不同派别之间也呈现出分裂状态。“科学家派”

和雷耶斯派的分裂并未随着雷耶斯回归新莱昂州而消失，反而在1910年选举前夜重新被激化。

1908年波菲里奥应允了一位美国记者詹姆斯·克里尔曼（James Creelman）的采访请求。在采访中，波菲里奥表态将不会参与即将到来的选举，并且允许选举按照完全自由的方向来发展，他断定墨西哥已经为迎接民主做好了准备。波菲里奥的言论激起了公众的热烈反响，推动了政治辩论，虽然那些接近总统的人士很清楚这种言论只是为了对外关系而做做样子。再一次，关于副总统职位的人选问题再次被提上日程。随着现任总统越来越老，副总统确定将会成为总统的继任者。

1909年，波菲里奥支持的"科学家派"再次建议由科拉尔担任副总统。雷耶斯派四处游说，试图推动雷耶斯成为副总统人选，并且在全国范围内建立后援俱乐部，俱乐部成员都由中产阶级和劳工阶层组成。然而，或许是出于对波菲里奥的忠诚，或许是不愿领导或推动最终会终结和平的武力运动，雷耶斯远离了支持者们，接受了总统委派的欧洲委员会的职位。

如此一来，反对派们开始变得极端化。由此，雷耶斯派（尽管雷耶斯自我流放到了国外，但是他的追随者们还是继续推动着运动持续发酵）、自由主义反对派以及马德罗派开始登场。这些派别之间大相径庭，无论是领导人的出身，还是支持力量的来源阶层都各不相同，但是在当前阶段也有一些相同的诉求：迷恋宪法、热衷于合法性、尊重投票选举、反连任，并且在不同层面上都主张保护农民和工人的合法权益。

尽管社会的反对氛围在逐渐升温，选举还是按照传统如期进行，并且宣布波菲里奥和科拉尔成功当选。选举不到一年，1911年5月，波菲里奥不得不弃位保命，坐上了逃往法国的轮船，此时革命爆发不到6个月。随着波菲里奥出逃，波菲里奥政权也宣告终结。波菲里奥政权的起始和终结都取决于波菲里奥·迪亚斯崛起和倒台的政治历史。

尽管波菲里奥·迪亚斯并未完全实施他的国家方案，也并没有应对所有的挑战，但是波菲里奥政权阶段对于巩固“民族国家”(Estadonación)这一概念相当重要。波菲里奥政权的两个口号是“秩序和进步”以及“少谈政治，多做行政管理”。当然，社会恢复了一定程度的秩序——虽然并非完全的秩序，时不时还是会爆发起义或叛乱，但是显然，“少谈政治”的目标未能达成。虽然波菲里奥政权是诉诸武力和强权来获取并维系权力，但他的成功也要归功于他个人广泛的关系网络和庞大的追随者网络，以及如此优秀的协商能力和调和能力，以至于所有的政治角色都寄望于他的干预。因此，波菲里奥在政治力量和区域的结合方面获得了相当大的进展。此外，波菲里奥并不欣赏合法性，不尊重选举法律，并未全盘适用并实施反教会的法律，侵犯了个人权利（比如自由言论的权利）或者说不保障个人权利（允许人们因落入债务陷阱而沦为半奴隶状态的苦工，反对劳动自由，甚至反对出生自由，因为债务可以因此而得到继承）。但是，自由派方案的其他方面甚至是宪法的应用方面获得了进展。比如，《改革法案》的重要部分以及世俗化项目（比如尊重宗教信仰自由）都开始显现出价值，继续建立现代法律和司法体系（完成了宪法编纂并规范了在司法判决前要保护宪法权利）。自由派捍卫的经济项目也都获得了实质性进展。最后，波菲里奥在国家一体化、创建国家身份认同、保卫国家主权等方面都取得了胜利。

由此我们可以确认，20 世纪墨西哥的诸多政治制度都萌芽于波菲里奥 · 迪亚斯政权时期，或是在此阶段得到了加强。在经济、社会和文化领域也发生了同样的演化。

公共财政和经济发展

波菲里奥 · 迪亚斯上任时，国家公共财政已经破产。国外债务以及国内的借款规模相当庞大，海关收入直接就上缴给墨西哥的各位债主们。还有部分税收收入归各州所有，联邦并不能从中分得一杯羹。纳税人们反对增加新的税收项目。为了修整财库，财政部的部长们（诸如马蒂亚斯·罗梅罗、曼努埃尔·杜布兰（Manuel Dublán）和何塞·伊维斯·利曼图尔是其中最突出的代表）各显神通，尝试了各种方法：精心缩减公共支出，并对全部资源进行细致管理；对政府收入进行了最大程度的控制；创立了一些新的税收项目，不同于上一阶段，这一手段并没有恶化商业环境或是对商业发展造成障碍。最后，借助一项新的贷款，墨西哥重建了国内国外的债务体系，这让墨西哥获得了外部的信任，投资者的信心也得以恢复，因此墨西哥能够获得更多的其他国家贷款以及投资。政府一方面利用从外国获得的资金偿还了一部分债务，另一方面则和债主们达成了关于延迟付款的协议，并且确立了一个固定的贷款利率。通过这种方式可以计算借方金额，并且将其转换为长期债务。归功于这一系列举措，随着时间的流逝，墨西哥的财政支出未超出收入总和，甚至从 1894 年开始出现了财政盈余。

生产系统发生的变革让人震惊。为了响应有利的国际环境，波菲里奥和冈萨雷斯都试图将墨西哥和国际经济联系在一起，将墨西哥定位为农产品或矿产品出口国，但同时也着力促进工业发展和对外贸易的发展。在波菲里奥政权初期，全国市场仍然受限，区域性或地区性的经济实体生产了几乎所有的（本地区）消费产品，因此全国范围的商品买卖很少。政府认为有必要扩大生产规模，刺激全国范围内的商业联系，甚至突破国界的限制。为达到这个目标，需要配备相应的法律基础设施、投资或信贷机构、流通网络、交通工具以及通信工具等。

我们先来看看法律层面。在此阶段，政府颁布了一项商业法典，允许一个专门机构对商业进行清晰、连贯且统一的监管。此外还废除了商品交易税[①]，这是一项施加于商品运输和交易过程中的税收，不仅导致商品价格更加昂贵，同时也阻碍了远距离的商品交易。为此，针对工业、公共建筑业以及交通行业，政府还施行了一项补贴政策。此外，针对某几个特定工业领域，还实施了几年的保护主义政策，对与墨西哥企业形成竞争关系的外国产品征税。

获取政府或者私人资源的挑战则更加巨大。执政初期，波菲里奥政府完全没钱。一直到波菲里奥政权的第二个阶段，政府设法产生了财政盈余，这才可以开始着手投资公共项目和通信项目。另外，政府在不同区域积累了一些国家财富并用于投资，但是其规模太小，几乎可以忽略不计。因此，在波菲里奥政权第一阶段，转向国外势在必行。联邦和各州政府都提供了慷慨的优惠措施，并且通过立法来保证企业能获得巨额利润。归功于这些举措，墨西哥政府吸引到了数量可观的外国投资。

---

① 商品交易税曾是西班牙皇室最重要的收入来源。

很多资源都被用于兴建港口、铁路上，尤其是铁路。当波菲里奥登上总统席位时，墨西哥只有一条连接墨西哥城和韦拉克鲁斯州的铁路，长度仅为 640 公里。其他线路的旅行都只能借助马或者骡子，旅行过程极其漫长而缓慢，一年之中只有少数几个时节能够旅行，而且路上还会遭受土匪的抢劫或骚扰。在波菲里奥执政期间，墨西哥的铁路公里数年增速达到了 12%：1885 年铁路总长 5825 公里，到 1910 年铁路总长则达到了 19280 公里。为了吸引资本投资建设铁路，联邦政府根据修建的铁路公里数来发放资金。另外，各州的州长们普遍都提供免税政策以及免费土地。修建铁路的资金大多数来自美国（占比 42%），但是，为了抵消美国资金的影响，并且保证政府的竞争力，政府大力推动了和英国资本的合作（英国投资占比上升到了总额的 35%）。另外，在 1902 年至 1903 年间，政府购买了墨西哥全国铁路公司（Ferrocarril Nacional Mexicano）以及跨洋铁路公司（Interoceánico），并且在 1906 年出手拯救濒临破产的墨西哥中部铁路公司（Ferrocarril Central Mexicano）。这些融合推动墨西哥进入全国铁路时代，并开启了国家垄断铁路的格局。

兴建港口和铁路促进了对外贸易，同时也对国内贸易带来利好。墨西哥同美国、欧洲各国以及加勒比各国进行商贸往来，金属制品和农产品的出口总额不断增长，从 1877 年的 4050 万比索上涨到了 1910 年的 28700 万比索。进口产品同样也在快速增长，包括机器设备、工业制成品以及一些食品。受促进墨西哥与美国之间商贸往来的所产生的利益驱动，外国公司完成了墨西哥的铁路布局。尽管如此，兴建铁路也为墨西哥国内商贸发展带来了巨大好处。通过铁路将不同的地区连接并整合在一起，商贸活动成本降低并且全年无休，因此墨西哥的国内贸易额成倍增长；同时，因为铁路提供的便利，为远方市场进行生产变为可能，这也有利于各地区实现专业化。

与葡萄酒贸易增长同步，农产品、矿业和工业品生产也都在成倍增长。在农业领域发展最迅猛的是出口部门，特别是龙舌兰酒、橡胶和咖啡。这些产品生产于大庄园，它们受益于公共基础设施的发展、信贷手段的出现、铁路扩张以及现代化的种植方式。相比之下，从事粮食生产的农业部门则遭受了挫折。尽管人口出现了显著增长，但是小麦、大麦、豆类和辣椒的产量没有实现任何增长，1910 年的产量和 1877 年的产量持平。因此，食品价格高企，一些农产品如玉米，必须要开始依赖进口。

同时，矿产品出口额也出现了显著增长，矿业主要集中在某些州，诸如索诺拉、奇瓦瓦、锡那罗亚和杜兰戈。外国资本的涌入大规模提升了金银的开采量；另外，矿业生产开始多样化。得益于应用新科技以及交通成本下降，开采铜、锌、铅都变得有利可图，这些矿产品在欧洲和北美市场上的需求量极高。到 20 世纪初期，石油开采也开始进入人们的视野中。

另一个非常重要的领域是工业，工业领域在 19 世纪末期发生了变革。在波菲里奥执政期间，在墨西哥某些州还存在一些手工艺人的手工作坊，通常由一位师傅掌管，雇有少数几个工人，使用并不复杂的工具来进行生产。这些手工作坊逐渐被制造业所取代，通常都是家庭制的组织，使用专业的工具或机器，工人们按生产的不同阶段而被分配到不同的岗位中。从 1890 年开始，墨西哥的制造业也开始进入现代工业体系中，通常是归企业家或协会所有，使用由液压能、蒸汽或电力驱动的机器，拥有更高的生产率。一般来说，工厂都集中在新莱昂州、哈利斯科州、普埃布拉州、韦拉克鲁斯州以及墨西哥城，主要生产瓷器、香烟、鞋类、啤酒、纺织品、纸张或玻璃制品。工业领域里轻工业发展得最为强劲，此行业主要生产消费品。毫无疑问，尽管工业领域非常高效，并且在持续成长，但其发展还是受到了一系列因素的限制，诸如金融体系效率低下、原材料严重短缺严重、墨西哥社会消费能力低下等。同时也因受到机器设备短缺和生产物资短缺等问题的影响，墨西哥的重工业发展相对步伐缓慢，并且起步更晚。在重工业领域发展态势较好的是位于蒙特雷州的钢铁铸造厂——即将到来的铁路大建设催生了巨量需求，推动了墨西哥钢铁厂的快速发展。

用于出口的农产品和消费品之间的对比，以及轻工业和重工业之间的对比，都显示出墨西哥经济发展中普遍存在的不平衡。除此之外还有地理上的不平衡，一些地区比其他地区获得了更大发展。因为拥有多样化的经济体系（农业、畜牧业、矿业和工业），北部人口中绝大多数实现了城市化，居民多从事现代化的受薪工作，人口识字率也位居全国首位。此外，不同时期之间也显示出发展不平衡的状况，危机时期的到来让繁荣时期失去了色彩。比如，19 世纪 90 年代因银价下降而导致的经济危机，或是 1907 年至 1908 年间因国际危机而导致的资本外撤以及出口产品价格下降等危机。

总而言之，在波菲里奥政权阶段，墨西哥摇身一变成了最重要的原材料出口国，并且开始了第一次工业革命。但是，这也是一个不平等的发展过程，只有某些领域、某些区域以及某些团体能从中受益。

农村社会和城市社会

社会中发生的变化同样重要。人口出现了史无前例的增长。1877 年，墨西哥大概有 900 万居民，1895 年有 1300 万居民，到了 1910 年人口则增长到了 1500 万。人口增长带来了诸多利好，诸如国内冲突结束、市场扩大化、食物分配更有效，并且社会中的某些阶层还享受到了卫生和医疗进步的便利。

除了人口不断增长之外，人口活力也显著加强——这也是一个移民的时代。大量吸纳来自墨西哥其他地方国内移民的地区包括北部一些州（奇瓦瓦州、科阿韦拉州、杜兰戈州、新莱昂州和塔毛利帕斯州）、中部一些州（联邦特区以及普埃布拉州）、墨西哥湾海岸沿线（韦拉克鲁斯州）以及太平洋北部（索诺拉州和特皮克［Tepic］）。而移民们则主要来自于墨西哥州、瓜纳华托州、哈利斯科州、米却肯州、伊达尔戈州、萨卡特卡斯州和圣路易斯波托西州。

虽然人们大规模地向着城市移居，但是墨西哥依然还有相当一部分人口继续居住在居民数量少于 1.5 万人的小地方。比如在 1900 年，90% 的墨西哥人口都居住在这类小地方。因此，实际上绝大多数的墨西哥人还是居住在农村，分散生活于大庄园、小城镇、村庄和牧场中。

大庄园都倾向于以牺牲村社土地为代价来换取土地集中。由于国家实施没收和划界等政策，大庄园的面积在不断增长。虽然政府出台了几项法律，试图阻止大庄园对公共土地的侵蚀，但是到 1910 年，虽然还存在一些村社土地，但很多土地都经历了易主。对不那么肥沃的土地或是交通非常不方便的土地，土地划界者们不感兴趣，因此农村村社得以保留这些土地。若非如此，土地划界者们就会将土地划分开来以确保私人能占有这些土地，但是（划分后）继续按照习惯的方式来分配工作。虽然没收和划界政策对于大庄园有利，一些富裕农民和高利贷庄家也从这个进程中受益颇丰，中产群体利益得以加强。自此，大庄园、村社土地和牧场得以共存。

在偏远的农村地区或者说农村社会里，全国范围内的情况都有所变化。大庄园主们占据着金字塔的塔尖。一些种植园主是墨西哥人，还有一些是外国人，他们并不总是住在乡下，其中很多人因为要担任行政管理职务而居住在城市里，抛下了他们的土地。处在中间阶层的是牧场主和小业主、商人、手工艺人以及一些大庄园的雇员，比如管理者、管家或是操控农业机器的技工等。处在最下层的则是没有土地的农民，他们有些人为富裕的牧场主工作，绝大多数人为大庄园主工作。这些人中有一些是类似于奴隶的苦工，他们住在种植园或者农场主家宅周边，领取固定薪水。还有季节性工人，只有在需要劳动力的时候才会被雇佣，这对于土地的主人来说很便利，但是对这些“日工”来说则不然，他们要跑遍全国来寻找季节性的种植工作。此外还有租户、佃农和小佃农，大庄园主向他们出租相对没那么肥沃的土地，以此来收取租金，或者租户缴纳一部分收成抵作租金。

农民们的工作条件和生活条件各不相同，差异取决于土地的主人，同时也取决于他们所处的地理区域。北部和东南部的对比最具有说明性。在北部的大庄园，一般都是季节性工人或者是租户完成种植工作，他们的工作和生活条件比中部农民和南部农民要好。因为人口减少而导致此地工人稀缺，土地所有者需要给前者提供更好的薪水，并且北部的土地租金更低廉，另外，工人们也有很多其他的各种工作机会，他们还可以去矿厂工作或者是移民到美国。

东南部的情况则大不相同，这里的大庄园主全年都需要劳动力。他们倾向于使用苦工制度，为了留住他们的苦力而采用了一种负债系统。种植园主们向工人支付条纹商店的代金券，还向工人们提供信贷服务。庄园主支付给苦工的薪水远远不够后者用来支付生活所需，更不用说帮助他们偿还债务，因此苦力们剩下的生命以及他们孩子的生命都和庄园紧密联系在一起，因为债务也是要继承的。东南部的庄园主们还采用了一种“铰链”手段，用一笔初始资金来诱惑工人们陷入债务泥潭中，一般会去工人们的原籍支付给他们。另外，种植园主还使用一些曾有轻微犯罪行为的普通犯人或者是被军队驱逐的亚基印第安人以及玛雅人。这些人几乎不可能逃离大庄园，沦为苦力后只能忍受惨无人道的工作条件。

在波菲里奥政权时期，爆发了数量可观的农民起义，这并非怪事。其中最重要的是尤卡坦州的玛雅人起义、索诺拉州的亚基人起义以及奇瓦瓦州托莫奇克（Tomóchic）的人民起义，因为出现了一位被奉作“卡波拉圣女特蕾莎”（Santa Teresa de Cabora）的神奇少女，托莫奇克起义还蒙上了一层宗教色彩。一般来说，反叛者们反对政府侵占公共土地、森林和水源，并且捍卫政治自治权，有些情况下也是为保存自己的种族身份和文化身份而进行抗争。自墨西哥独立以来，政府采用了法律平等原则并不懈推动着人口同质化。政府试图统一语言和习俗，一些政客甚至推动跨种族混血通婚，目的是对印第安人进行“漂白”（当时的原话），在这些人看来，印第安人是懒惰、野蛮和迷信的。因此，许多社群为保护他们的土地、为捍卫选举代表以及独立做出内部决策的权利而进行抗争，甚至要为保留自己的传统和语言而斗争。

虽然此阶段的墨西哥社会还是明显的农村社会，在波菲里奥执政时期，墨西哥的中心城市的人口出现了显著增长。最明显的例子是墨西哥首都，但最突出的例子则来自瓜达拉哈拉、普埃布拉、圣路易斯波托西和蒙特雷（参见表 6-1）。另外，一些城市里出现了人口大量增长的情况。在 1877 年，只有 10 个州首府拥有超过 2 万居民；到 1910 年，拥有超过 2 万居民的首府数量增长到了 19 个。一些矿业中心周边的定居点也经历了增长（诸如北部的卡纳内阿、圣罗萨利亚［Santa Rosalía］），另外一些地区的人口增长则要归功于工业发展（诸如蒙特雷、托雷翁［Torreón］），还有一些城市的人口增长要感谢商贸发展（诸如图科斯潘［Tuxpan］、普罗格雷索［Progreso］、瓜伊马斯和曼萨尼略［Manzanillo］的港口，以及铁路穿过的城镇，比如新拉雷多［Nuevo Laredo］和华雷斯城）。上述因素在墨西哥首都的人口增长中都发挥了作用，另外墨西哥城还是联邦政治的总部、重要铁路的目的地，而且全国 12% 的工业集中于此。

表 6-1 城市人口增长图

城市	1877 年居民数量	1900 年居民数量	1910 年居民数量
墨西哥城	240000	325000	720000
瓜达拉哈拉	65000	101000	120000
普埃布拉	65000	94000	96000
圣路易斯波托西	34000	61000	68000
蒙特雷	14000	62000	79000

统治者们和精英们渴望大城市能展现出国家的繁荣兴旺和进步，希望它们变得与美国或欧洲国家这些文明国家的大城市相似。他们希望墨西哥的大城市看起来美丽又舒适，因此修建了花园和宽广的大道，类似于巴黎的香榭丽舍大道。同时，他们还希望这

些城市是安全而干净的。但是，这些城市都没有准备好迎接如此之多的国内移民。另外还有一些城市的居民缺乏机会，因此投身于犯罪活动或卖淫行为。大部分的城市居民都生活在肮脏的街道里，经常遭受水灾侵扰。而且，居民们饱受着各种折磨，诸如住宅、饮用水和食物匮乏。上述因素都导致了严重的居民健康问题，相关数据显示，城市人口的死亡率相当之高。

为了解决这些城市问题，并且作为现代化计划的一部分，统治者们颁布了一系列刑法法典、卫生法、警察条例，并且改造了监狱。为了控制水灾，政府兴建了排水工程，铺设了街道；为了控制倒流的生活污水而修建了排水道，为饮用水安装了供水管道。最后，政府还进行了一次“十字运动”，以改善城市及其居民的卫生状况：清扫街道、投入垃圾车以及小便器，并且将一些落后的设施（特别是坟场）迁离出城市范围。为了控制传染病，政府对病人进行隔离并焚烧他们的物品。与此同时，政府还促进了医药行业的发展，创建了细菌学和病理学研究所。因此，波菲里奥政权时期，也是政府大力兴建公共项目、兴建各类机构和制定规章条例的时期。政府管理着个人生活的多个层面，对机构和社会的承诺、婚姻和家庭关系，以及个人卫生习惯和娱乐等，无一不在政府管理范围内。

但是，并不是城市的所有区域，也并不是所有的社会团体，都能从政府的努力和现代化冲动中受益。实际上，城市景象反映出了明显的社会分化：商业区域以及那些由特权阶层居住的区域享有完善的社会服务，而平民的生活区域则基本上缺乏所有的服务。财富集中于少数人组成的群体中，他们是大庄园主、企业家、工厂主、银行家和杰出的专业人士，通过亲属关系、友谊关系和商业关系而紧密联结在一起，同时他们还投资商业、工业和房地产。因为商业和服务业的大力发展，中间阶层大幅增加，他们由专业人士、公共机构雇员、商业机构雇员、交通行业雇员和富裕的手工艺人组成。平民阶层占据城市人口的绝大多数，由不同的团体诸如服务人员、商店售货员、手工艺人、工人和街头摊贩等构成。

特别值得关注的是工人群体，工业繁荣导致工人数量倍增，逐渐取代了手工艺人，但是至今还没有出台任何一项保护工人的法律。因为根据经济自由主义的主张，政府不应该干涉经济活动，工人的工资应该由市场的供需关系来确定。因此，虽然工人们享有一定程度的结社自由，但政府不允许工人罢工。至于工作日，男女老少一天要工作 12 ~ 14 个小时，一周七天。资方可以毫无理由就随意开除工人，也不提供任何应对事故的必要保护措施。本来就低廉的工资，因为通货膨胀，其实际购买力还在不断持续下降；另外资方还会随意克扣工资，并使用工厂商店的优惠券来支付工资。因此，工人们通过互助协会的形式组织起来，分别提供一定比例的资金，用来共同帮助伤病人士和孤寡人士以及资助葬礼的举行等。同样，工人们还成立了贷款和食物供给合作社，以及致力于优化工作环境和提升薪水的组织机构。某些情况下，这些机构会受到社会主义和无政府主义的影响。

波菲里奥面对工人的策略是在协商和镇压之间游移。总统对于工人自发组织的互助合作机构容忍度最高，对其提供一定的补助，并且提供聚会的场所；作为交换，工人互助合作组织的成员们参加那些为总统贴金的公共活动，以此赋予政权合法性。但是，总统对于其他的工人组织和更为激进的工人社会活动则没那么宽容。在波菲里奥派执政期间，冲突和罢工持续不断，从 1900 年开始成倍激增。波菲里奥试图在工人和资方之间进行调解，但是一旦无效，就会进行暴力镇压。卡纳内阿铜矿和布兰科河的冲突是两个典型例子。1906 年，位于索诺拉北部的卡纳内阿的矿工们反抗资方，要求限定最高工作时长并制定最低工资标准，同时还要求与在同一家公司工作的美国工人获得平等对待和平等薪酬水平。工人们的要求被资方无情拒绝了，因此工人们举行了一场罢工，紧随其后发生了暴乱。为了镇压罢工和暴乱，墨西哥政府从美国运来了武装部队，墨西哥军队则对其进行支援。

几个月后，为了抗议恶劣的工作条件，奥里萨巴、普埃布拉、特拉斯卡拉州和联邦特区的纺织工人们开始罢工。波菲里奥 · 迪亚斯试图进行调解，并提出了一项解决方案，包括增加工资并结束各种克扣工资的手段、建立一项用于资助孤儿和寡妇的专项基金、禁止使用童工等，但是这项方案并非强制性的，是否实施还要取决于企业家的善意。其中几个工厂的工人们接受了协议并返回工厂开始工作，而布兰科河的工人们则发生了骚乱，洗劫了工厂和工厂商店，很多人在骚乱中丧生。

总而言之，城市社会呈现出深刻的阶层分化以及族群分化。精英阶层畏惧平民阶层的出现，畏惧社会边缘群体，特别是依然保留印第安原住民着装方式的人群，觉得他们玷污了城市的形象。这种担忧和恐惧在节日庆典和庆祝仪式前夕达到了顶点。为了避免外国游客看到悲惨和野蛮的痕迹，精英阶层会将衣服分发给那些他们认为有需要的人们。旧的、根深蒂固的社会偏见和种族偏见依然存在，一些团体则利用“科学家派”的观念来为他们的偏见寻找借口。

文　化

在波菲里奥政权时期，关于如何理解国家、社会和个体，多种观念共存，自由主义、实证主义以及保守主义各有其主张。有一些人坚持自由主义的思想，另外一些人则热情拥抱了实证主义

（随着社会达尔文主义等潮流到来），还有很多人采用了宽容而兼收并蓄的立场，综合吸纳了自由主义的元素以及实证主义的元素。他们认为应将科学方法应用于社会研究和解决社会问题，而且批评自由主义者利用进口的理论来制定本国政策和法律，而不是去用心观察墨西哥社会以制定符合实际的策略。但是，他们也并不想取代自由主义制度和1857年宪法，只是认为可以推迟实施，认为等到墨西哥人进化到了必要的程度再实施也不晚。他们还认为有必要促进教育和科学发展，认为这是实现国家进步的最佳手段。与之形成对比的是，另外一些人则继续支持保守主义，坚持天主教的教义。但是他们之中也存在着不同的分支流派。有些人反对将短暂现世和永恒精神进行分离，捍卫教会制度的至高无上；而另外一些人则接受世俗化的转变，专注于拓展和收复（教会）社会行动的空间。还有些人则认同天主教社会派，认为天主教徒应该干预国家的政治前途，但最重要的还是要解决困扰国家的社会问题。天主教社会派的拥护者们在20世纪初期力量强大，他们关注不平等和社会不公问题，敦促国家出台法律来保护工人，要求雇主以有尊严的方式对待工人。

无论意识形态如何变化，天主教在宗教层面上从来没有失去过它的主导地位。大部分墨西哥人都是天主教徒，比如，在1910年，99%的墨西哥人都接受过洗礼，并且坚持去教会。基督新教教徒的规模则要小得多。基督新教教徒在1870年到达墨西哥。随着时间流逝，基督新教教徒在墨西哥建立了18个传教团，分布于墨西哥北部边界、瓜纳华托、普埃布拉、帕丘卡、墨西哥城和韦拉克鲁斯。基督新教专注于吸纳对社会不满的人群，为他们提供免费的教育和医疗服务。但是，基督新教的传教工作遇到了一些障碍：新教教派的内部斗争、人们普遍的不信任、来自天主教的反对。有时天主教团体和新教传教士们会面临公开的冲突，但新教得到了波菲里奥和州长的支持，政府乐于看到新教遵守法律，并且希望通过新教的扩张来遏制天主教的影响。如果只从信徒数量的角度来看，新教的影响力是微乎其微的——大概仅占总人口的2%，而且还把外国人也计算在内——但是新教的存在象征着墨西哥对宗教信仰自由的尊重以及墨西哥国家的世俗化。

如同我们已经见到的，此时在思想层面共生着不同的流派，诸如自由派、实证派和保守派，但是这些不同派系在价值观层面存在一个巨大的巧合。精英分子、中产阶级，甚至包括某些领域的平民阶层，在某些方面观念一致，比如关于家庭、妇女在家庭单元中的功能以及在社区内的功能等。许多文字资料都反映出了这一点，包括立法资料和法律文本、文学作品、宗教出版物或致力于慈善事业的世俗协会出版物、行为手册、针对妇女和家庭的杂志、零星松散的街头印刷品或者是流行文学，无不印证了这个共识。社会普遍认为应该在婚姻的基础上组建家庭，最好是有宗教信仰。丈夫被视作家庭的头脑中枢，法律允许丈夫在未经妻子授权的情况下处置其配偶的财产（与此同时，妻子则需获得丈夫的同意，才能处理夫妻双方共有的财产）。授予丈夫对孩子的权威（妻子则只有在丈夫死后才可以获得这个权力，但是还有一系列的限定条件，且必须去会见已逝丈夫委任的一位顾问）。另外，为每个性别分配了不同的活动范围：男性属于公共世界，也就是说，属于政治和劳动的世界；而女性则被限制在私人领域，要投身于家庭事务。女性在外工作并不受欢迎，只有当女性成为寡妇时，或是不得不工作的单身女性，外出工作才会被接受，而且她们的工作总是局限于“适合女性性别的活动”，诸如缝纫或教学。立法并未赋予女性进行投票或从事民选工作的可能性，这限制了女性的工作范围。比如，为了从事商业工作，女性需要得到丈夫的授权许可。虽然职业教育并未禁止女性参与，但也仅仅只有出身于上流阶层或者中产阶级的女性才能接受高等教育，她们中的突出代表是玛蒂尔达·蒙托亚（Matilde Montoya），她是墨西哥第一位女医生。但是，当历史的车轮驶向 20 世纪时，女性开始更多参与到社会活动以及其他社会事务中；一些女性领导的杂志得以出版，这些杂志捍卫女性智力平等的权利。值得注意的是，早期的女权主义运动要求女性享有和男性平等的司法和教育权。

在文学和艺术领域，如同在食物和时尚领域一样，能明显看出源自欧洲的强烈影响，特别是法国的影响。在墨西哥的现代主义文学中能强烈感受到这种影响，它明显继承了法国的符号主义传统，代表人物有曼努埃尔·古铁雷斯·纳赫拉（Manuel Gutiérrez Nájera）、萨尔瓦多·迪亚斯·米龙（Salvador Díaz Mirón）、阿玛多·内尔沃（Amado Nervo）、何塞·胡安·塔布拉达（José Juan Tablada）以及埃弗伦·雷波耶多（Efrén Rebolledo）。建筑方面则吸收了不同的风格流派影响——古典派、罗马、穆德哈尔派、哥特式、洛可可式、新艺术等，享有充分的自由度来融合不同流派的风格，有时这些多样化影响可以在同一栋建筑上体现出来。墨西哥主要城市的剧院都是这类宏伟的建筑，诸如瓜纳华托州的华雷斯剧院（Juárez）、圣路易斯波托西的拉帕斯剧院（la Paz）、莱昂的多布拉多剧院（Doblado）、萨卡特卡斯的卡尔德龙剧院（Calderón）、梅里达的佩隆·孔特雷拉斯剧院（Peón Contreras）。

但是，在此阶段，墨西哥也形成了独有的民族文化和民族主义文化，致力于反映墨西哥这个国家的现实，并且借此培养墨西哥人的身份认同感。按照古老的传统，最先获得成功的总是带有浪漫主义或现实主义色彩的文学作品，代表作家有安赫尔·德坎波（Ángel de Campo）、何塞·托马斯·库埃里亚尔、拉斐尔·德尔加多（Rafael Delgado）以及何塞·洛佩兹·波蒂略·伊罗哈斯（José López Portillo y Rojas）。接下来轮到现实主义文学大获成功，一般此类作品忠于传统，但是对于真实描摹再现社会现实和人物生活也相当感兴趣，代表作家有埃里伯托·弗里亚斯（Heriberto Frías）、费德里科·甘博阿（Federico Gamboa）以及埃米利奥·拉瓦萨（Emilio Rabasa）。墨西哥的风景画历史悠久，现在这个古老的传统也勃发了新的生机，著名画家诸如何塞·玛利亚·贝拉斯科和华金·克劳瑟（Joaquín Clausell）让墨西哥风景画派获得了广泛声誉，同时他们的创作题材也涵盖人物肖像画、日常生活场景和社会事件等。何塞·瓜达卢佩·波萨达（José Guadalupe Posada）将印象画派的画作印刷在“一分钱”廉价小报上、小册子上以及传单上并广为传播，安东尼奥·瓦内加斯·阿罗约（Antonio Vanegas Arroyo）的印刷厂则出版了这些传单。

关于如何创建国民之间共同的纽带关系——之前的共和国恢复时期的统治者们也曾经在此领域进行过尝试——波菲里奥派认为最好的方法就是推行关于民族历史的爱国主义教育，统一的历史教育能够超越地区身份的局限，还可以向儿童们灌输公民价值观，这有助于孩子们成长为未来的公民。因此，政府施行免费的义务教育政策，并在教育领域施行官方项目、采用官方文本。但是，教育项目没有获得预期的成功。教育主要集中于城市地区，而且即使在城市地区，教育规模也是远远不够的：在 1895 年，只有 15% 的墨西哥人可以阅读和写作，这一比例到 1910 年也仅仅只是上升到了 20% 而已。

庆典仪式是另外一种可以推动民族主义、民族历史爱国主义教育以及英雄崇拜的方式。举行仪式来庆祝国家成立日、国家主权保卫日以及自由派机构成立日等，通过这些活动，波菲里奥派宣称自己是国家遗产的继承者、保护者，并将波菲里奥 · 迪亚斯塑造成国家英雄。因此，在这些庆典节日里，不仅是国家笼罩在荣耀的光芒中，国家总统也是荣耀加身。

简而言之，虽然波菲里奥时期的文化崇拜源自国外的影响，但是也展现出民族特色和民族主义的特点。关于民族特色和民族主义的诉求，革命期间的知识分子们已经在雅典青年会（Ateneo de la Juventud）[①]这一组织中进行了明确表达，他们在 20 世纪初察觉到了墨西哥社会的需求。雅典青年会组织成员有安东尼奥 · 卡索（Antonio Caso）、佩德罗 · 恩里克斯 · 乌雷尼亚（Pedro Henríquez Ureña）、阿方索 · 雷耶斯（Alfonso Reyes）以及何塞 · 巴斯孔塞洛斯（José Vasconcelos）。这些雅典派知识分子们鼓励解

① 在古希腊，人们用“ateneo”来指称献祭给雅典娜女神的神庙。从这个起源出发，此后人们用“ateneo”这个概念来命名致力于研究、传播科学和艺术的团体，以及他们所处的场所。

放新思想，批评人们对实证主义的迷恋，认为可以通过多种不同渠道来获取知识，而不仅仅只是借助科学方法；他们捍卫人类的能力，突出强调人类行动和选择的自由；重申文化中的人文价值观，努力终结法国对墨西哥文学的影响，并且致力于拯救墨西哥的特有元素。

以上以及其他诸多方面都是波菲里奥政权时期留给20世纪墨西哥的丰富遗产，这些遗产并不仅仅局限在文化领域，而且影响到了墨西哥的政治（巩固民族国家取得了进展）、经济（市场扩大、沟通方式增多、促进农产品出口、进入工业化初期）和社会（人口增长、城市化）。但是，墨西哥也从波菲里奥政权继承了一堆政治恶习，社会和经济发展极度不平衡，还有最终引起墨西哥革命的一系列冲突，而墨西哥则要一直要等到后革命时期的前几十年里，才能最终解决这些问题。

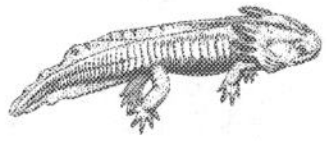

—6—

墨西哥革命

哈维尔 · 加西亚 · 迭戈

（*Javier Garcia Diego*）

批评者、反对派和前驱

本章将分析墨西哥革命，它终结了波菲里奥统治时期，并且在很大程度上定义了20世纪大部分（时期）的墨西哥地区。虽然对于很多人来说，“墨西哥革命”这个主题还应该涵盖政治变化、社会经济变化、文化变化更显著的阶段，但在本章，“墨西哥革命”仅指墨西哥深陷全面暴力战争的那些年代，但也并不能因此而将其与武装斗争年代直接画上等号。相反，墨西哥革命是一个复杂的过程，它终结了19世纪晚期以来的寡头主义和新殖民主义政权。

始于 20 世纪 20 年代最后那几年的制度化努力，标志着墨西哥开启了新的历史阶段，并巩固了一种新型的国家政权。

经历过几年经济增长和政治稳定的局面后，波菲里奥政权开始显现出一些衰退迹象。危机是多样化的，而且无解。各种危机以不同的强度影响着政治、经济、社会、外交和文化路线：19 世纪后期的兴旺局势在 20 世纪初开始变得严峻。波菲里奥政府在最后几年面临的问题激起了不同社会阶层和政治团体的批评和反对运动。

第一个表现出不满的是天主教的一些部门。受到自 1891 年以来梵蒂冈表态支持的社会事务创新观念的影响，时任教皇发布了《新事通谕》（*Rerum Novarum*）[①]，宣称打算为社会冲突提供天主教的解决方案。虽然波菲里奥政府和天主教关系密切，但教会也对波菲里奥提出了温和批评，因为政府保留了 1857 年宪法中的自由派反教权原则。除此之外，还对政府进行了社会政治批评，虽然教皇通谕原本是针对欧洲工业界所发，但墨西哥的天主教徒们对其进行了调整，以便适应自身所处的环境，其中绝大多数的墨西哥天主教徒都居住在偏远农村。虽然社会普遍赞成捍卫私有

① 《新事通谕》是教宗良十三世于 1891 年 5 月 15 日发出的一道通谕。这是一封公开信，被传播到了所有的天主教宗主教、总主教、主教长、主教手中，当中探讨了劳动阶层的现状问题。

财产是一项天然权利，但是人们也开始抗议土地过于集中的情况，以及在绝大多数墨西哥大庄园普遍存在的恶劣工作条件。除了反对农业过于集中，天主教徒们还谴责首领制以及缺乏民主。虽然天主教徒的批判并未直接指向波菲里奥·迪亚斯本人，在社会舆论中迪亚斯的伟大历史功绩始终被广为传颂，但事实是，对波菲里奥政府的批评声浪侵蚀了总统的个人声望，并损害了总统能从中受益的社会共识。质疑所带来的社会政治影响虽然还很温和，但绝不能无视。

与之相反的动机则在 1900 年导致了自由派分子起义，不同的城市中产阶级群体都参与了起义，包括职业人士、记者、教师和学生。自由派分子认为政府已经放弃了自由主义原则，提议重组 19 世纪被称为“自由党”的政治团体，对波菲里奥施压，迫使其实施以下原则：最重要的是反教权，同时也包括言论表达自由、民主选举、权力分化、对司法的适当管理以及市政自治。为了开启重组工作，卡米洛·阿里亚加（Camilo Arriaga）将自由主义思想的捍卫者们召集到了在墨西哥中部地区圣路易斯波托西举办的代表大会上。大会与会者中有两兄弟脱颖而出，赫苏斯·弗洛雷斯·玛贡（Jesús Flores Magón）和里卡多·弗洛雷斯·玛贡（Ricardo Flores Magón），他们的父亲是来自瓦哈卡州的华雷斯党人。兄弟俩定居在墨西哥城，学习法律并出版了反对派的报纸《重生》

（*Regeneración*）。很快，运动变得极端化：1903 年，自由派们开始批评“科学家派”，批评贝尔纳多 · 雷耶斯，开始质疑外国投资者所享有的特权，并且为工人和农民的境遇而担忧。政府对运动进行了镇压，迫使参与运动的大批人士逃亡海外、扎根美国。

玛贡兄弟的北美经历充满了戏剧性，同时这也是具有决定性意义的一段经历，充斥着叛逃、分离和激进化。通过报纸《重生》，玛贡兄弟在一段时间内还能继续使用和平的抗争手段，并且仍然接近自由主义意识形态，比如在1906修订后公开了《自由党章程》。里卡多 · 弗洛雷斯 · 玛贡取代了阿里亚加，领导自由派群体经历了向无政府主义意识形态的转变。有几个原因可以解释这种转变：玛贡与北美社会主义以及无政府主义组织成员之间的关联；新环境下的多元民族特征，如遍地可见西班牙人、中国人和欧洲人；更重要的是，居住在一个比墨西哥工业化发展程度更高的社会里，弗洛雷斯 · 玛贡及其同僚们现在想为劳工运动添加先锋主义属性，并且与逐渐扩大的中产阶级知识分子圈子联系起来。但当时的墨西哥实际上仍是一个农村国家，玛贡对国家的判断和诊断并不正确，导致其在政治战略上犯下了错误。随着政府镇压在矿区卡纳内阿和布兰科河发生的罢工运动，严重削弱了玛贡派可能对工人运动造成的影响，这也加深了玛贡与墨西哥的隔阂。更糟糕的是，因为呼吁发动武装斗争又导致他们丧失了中产阶级的同情和支持，并且被政府盯上了。尽管从 1908 年起，玛贡的影响力已经开始下降，但他的历史重要性毋庸置疑：玛贡派对波菲里奥政权进行了持续时间最久以及最精准的批判；归功于《重生》杂志，许多墨西哥人开始意识到社会问题的存在，并且开始变得政治化了。一些人在玛贡的队伍中积累了经验，后来这些人在墨西哥革命中脱颖而出，发挥了重要作用。而且，玛贡在美国的流亡经历损害了波菲里奥总统的国际威望。

最后，波菲里奥更青睐“科学家派”来继承总统职位，直接促使彼时依然忠诚于波菲里奥派的雷耶斯派转投反对派阵营，并且发展成反对派团体中非常重要的一支力量，他们动用各种手段施加压力，以迫使波菲里奥选择雷耶斯作为他在 1910 年选举的副总统。很快，各类团体、俱乐部、报纸和书籍纷纷反对“科学家派”，并支持雷耶斯。或许正是雷耶斯派的支持者们所展现出的能力和实力让波菲里奥过于害怕，1909 年 9 月雷耶斯被委派至欧洲任职。当运动陷入群龙无首的境地，雷耶斯的大多数追随者转而支持一个刚刚诞生的新组织。新组织反对总统连任，领导者是一位来自科阿韦拉州的大庄园主兼商人弗朗西斯科 · 马德罗（Francisco I.Madero）。自此，雷耶斯派具备了多重价值：从政治联盟中分裂出来，削弱了当局政权；致力于诋毁“科学家派”，即波菲里奥钦定的总统继任者；通过传播大量“图片”来壮大反连任运动。

他们具有声望、政治经验以及跨阶层属性，覆盖了城市上层、中层和下层阶级。在墨西哥革命之前的所有反对派运动中，雷耶斯派（为墨西哥革命）培养出最多领袖，举几个例子，来自雷耶斯派的贝努斯蒂亚诺·卡兰萨（Venustiano Carranza）、弗朗西斯科·瓦斯奎兹·戈麦斯（Francisco Vázquez Gómez）和路易斯·卡布雷拉（Luis Cabrera）都将成为墨西哥革命中的重要人物。

从反对派到武装革命

在导致波菲里奥时代终结的诸多危机中，弗朗西斯科·马德罗开始批评“科学家派”的经济政策，并认为应该建立一个全国性政党来反对波菲里奥在1910年的总统连任。行动开始于1909年下半年，马德罗进行了三次巡回宣传，以推动建立反总统连任俱乐部，并主张从国家遗产中选择一个名字来命名将于1910年初举行的全国大会。墨西哥国家反连任党在全国大会上宣告成立，并推举了两位候选人来参加即将到来的总统选举：马德罗以及前雷耶斯党人弗朗西斯科·瓦斯奎兹·戈麦斯——此举宣告两个运动之间开始结盟。

此时，马德罗开始显现出非凡的政治才能，在相当短的时间内就从一位地区性反对派进化成了全国性反对派，并且广受欢迎。

最终，他将取代其他更有经验的反对派运动（玛贡派和雷耶斯派），并将大部分反对派人士纳入其领导之下。作为总统候选人之一，马德罗开始了另一次巡回宣传，但很快就因被指控煽动叛乱罪而遭逮捕，并被关押在圣路易斯波托西的一所监狱。在马德罗被监禁期间，墨西哥举行了选举，波菲里奥和拉蒙·科拉尔宣告获胜。不久后马德罗逃往美国，在得克萨斯州的圣安东尼奥（San Antonio）避难。在圣安东尼奥，马德罗和一小群合作者共同起草了一份方案，计划号召发动武装斗争，这份方案今天仍然保留在圣路易斯波托西。如何理解前民主斗争时期的和平主义者开始呼吁进行武装斗争？这场斗争将会以谁为目标？他没有预见到暴力会带来的后果吗？马德罗的支持者们主要是城市中产阶级，这是他的根基所在；而在马德罗的全国巡回宣传中，也只接触过这些城市中产阶级。毫不意外，马德罗的反总统连任运动支持者们这次并没有响应号召拿起武器，因为他们的身份和现状不符合进行武装冒险的条件。另外，成为知名反对派并生活在人群里，让马德罗的支持者们变得更加脆弱：塞旦兄弟死于普埃布拉州就是政府发出的一个明确警告，参与反叛城市的反连任党人都会有相似的下场。

暗杀阿卡勒斯·塞旦（Aquiles Serdán）带来的影响至关重要，马德罗号召进行武装起义的召唤在反连任党人中没有激起任何回应。然而，奇瓦瓦山脉地区却对叛乱表示出强烈兴趣，之后这种氛围又蔓延到其周边地区索诺拉、杜兰戈和科阿韦拉州。显然，这批叛军的社会背景与马德罗此前的支持者们极为不同，他们是来自农村地区的平民阶层。农村地区的叛军诉求也是完全不同于城市支持者们的。革命爆发前三个月的叛军规模还相当有限，且武器装备恶劣、组织不力、缺乏战争策略，但是到了 1911 年 2 月，马德罗最终回到了墨西哥来领导武装反抗斗争，极大优化了反抗运动的组织形式。与此同时，不同的武装团体力量都出现了规模性增长，足够去袭击大一些的城镇，并且能够在正式战斗中与政府军进行对抗。特别值得一提的是，在墨西哥的其他地区也开始爆发起义，比如莫雷洛斯州和格雷罗州。3 月和 4 月，不同的武装团体在数不胜数的地方展开活动，这让政府的镇压活动变得极为艰难，政府疲于应付。波菲里奥对雷耶斯最终的不信任态度导致其从预算层面对联邦军队实施了惩罚性措施，无数支持雷耶斯派的军官都被直接从部队的领导岗位上清除出去，军队的效率因此受损；另外，经过多年的和平年代，军队的战斗力其实已经生锈了。而且，北美当局对马德罗派的武装斗争是持有同情态度的。诸多因素共同作用下，政府当局很快就开始了旨在重建和平的谈判。

在 5 月第二周，边境城市华雷斯市陷落，加速了政府和叛军之间的会谈进度，增加了反叛分子的谈判筹码，并激发了许多新的起义，联邦军队和许多地方当局因此陷入瘫痪。5 月下旬，叛军通过和平手段占领的城镇数量激增，在签署《华雷斯城条约》（*Tratados de Ciudad Juárez*）之后，这一现象有增无减。到 5 月底，许多地方的市政当局宣布接受波菲里奥辞职，确保了武装运动的胜利。墨西哥革命此时还处于初始阶段，并从反对选举运动演变成了武装叛乱，一些新角色也开始参与进来并蔓延到新的领域中：城市斗争和中产阶级斗争开始蔓延到乡村，并覆盖了平民阶层。革命中涌现出新的领袖，更适合于领导在农村地区进行的武装斗争，此前他们从未参与过反连任派的活动，或者至少未曾以明显方式参与过。墨西哥革命的一批主角们开始陆续登台，诸如帕斯夸尔·奥罗斯科（Pascual Orozco）、潘乔·维拉（Pancho Villa）以及埃米利亚诺·萨帕塔（Emiliano Zapata）。从社会学层面看，墨西哥革命开始吸纳广泛的社会阶层，北方牧场主、前殖民地军官、农业无产阶级、牛仔、铁路运输行业从业者、矿工（负责对铁路进行炸药攻击）、工人、手工艺人、农村教师、南方牧场主（比如格雷罗州的菲格罗阿兄弟［Figueroa］），以及中部及南部农民社区的庞大成员们和传统权威们（比如萨帕塔及其家庭成员），都参与到革命中来了。与政府当局、马德罗和其他的反连任党领导人所期望的不同，这些平民群体始终不懈地参与了政治变化的进程。实际上，正是这些平民团体推动政治变化的过程演变成了一个革命性进程。最早参与墨西哥革命的那批人具有政治需求，但后来加入革命的其他人更多的是希望（革命）满足其社会变革需求，基本上是农业变革需求。

不合时宜的自由主义

根据《华雷斯城条约》达成协议的条件，外交部部长弗朗西斯科·莱昂·德拉巴拉（Francisco León de la Barra）将按照法律程序取代波菲里奥，担任临时总统。德拉巴拉的职责是解散反叛部队、动员军人复员并组织新的选举。解除反叛部队的武装和动员反叛部队士兵复员是一个非常复杂的过程。虽然很多叛乱分子同意在收到奖金后回归和平生活，但另有一些人被重新组织成新的“农村武装部队”。叛军的主要成员对局势相当不满意，因为在获得军事胜利后，帕斯夸尔·奥罗斯科和他的追随者们立马就被降级了，他们认为分配到的利益完全不够。另外，埃米利亚诺·萨帕塔和南部叛乱分子们拒绝解散或重新组织为新的“农村武装部队”，在未收回被庄园主侵占的土地之前，他们拒绝上缴自己的武器，这种态度导致他们和德拉巴拉的临时政府之间发生了冲突。

至于新的总统选举，马德罗决定将国家反连任党（Partido

Nacional Antirreeleccionista）转变成宪政进步党（Partido Constitucional Progresista）。同时马德罗还决定，在第二次选举中，他的竞选伙伴瓦斯奎兹·戈麦斯将被何塞·玛利亚·皮诺·苏亚雷斯（José María Pino Suárez）取代，后者是一名律师和记者，出生于塔巴斯科州并定居在尤卡坦州，在尤卡坦州与反连任运动进行过合作。人们质疑马德罗做出的两项决定是否合适：在还没有一个积极的政府提议方案可以获得高度共识的情况下，反连任原则尽管具有负面特性，但却能够将各方力量统一在一起。此外，马德罗与瓦斯奎兹·戈麦斯的决裂让许多人相当失望。最重要的是，它导致了许多经验丰富的前雷耶斯党人与其疏远并出走，他们拥有的丰富政治治理经验正是马德罗政府所缺乏的。尽管如此，在 1911 年 10 月的特殊选举中，马德罗还是取得了压倒性的胜利，甚至在其与雷耶斯派、奥罗斯科派和萨帕塔派的结盟破裂之后，他依然执掌了总统大权。

马德罗的总统任期从 1911 年底持续到 1913 年 2 月，最终被暴力终结。马德罗政权因其执政期内墨西哥所产生的政治变革而显得尤为特别：与波菲里奥政府相比，出身于相对较低社会阶层的年轻人们加入了内阁，他们拥有不同的意识形态；新的州长们、议员们和参议员们都和以前的政客截然不同；最重要的是，由新的自由选举产生的地方当局取代了旧的“政治领袖”。简而言之，必须承认，在短短几个月间，波菲里奥的下台几乎导致墨西哥整个权力金字塔都实现了颠覆。即使是某些前波菲里奥派政客们勉强生存了下来，现在也只是承担着政府反对派的职能。最重要的是，在1911年至1912年间，中产阶级进入了政府机构和决策程序中，同时工人和农民的政治资本也增加了。另外，马德罗总统引入了更加民主的政治实践：举行自由选举，言论自由受到尊重；行政权力不再支配立法机关和司法机构，中央权力不再强加于州和地方当局。

伴随着政治领域发生的系列变化，马德罗和新的政府当权者们施行了一系列新的农业和工业项目。马德罗是大棉花种植园主、出身于企业家家庭，曾是私有土地所有权的支持者，并不信任农业公共土地所有权。与之相反，马德罗坚持墨西哥应该建立由小业主和中等规模业主占主导地位的一套体系，并建立更现代化、更高效的大庄园。在工业领域，马德罗则尊重工人们的组织权利，试图在不严重影响工业家收入的情况下改善工人的经济社会条件。马德罗政府开始作为仲裁角色而出现在工业家和工人的冲突调解现场中。受益于新的政治氛围以及工业家权力被削弱，1912年间，工人组织数量激增，并且开始组织罢工活动。同样的情况也发生在农村。农民们曾参与到反抗波菲里奥的武装斗争中，农场主们逐渐丧失了权力，因此农民阶层的政治资本大增。在1912年，乡村的力量对比开始发生改变：农民们侵占了无数土地，增加工资的要求越来越多；很不幸，庄园主未能得到当局的无条件支持，那些曾经支持他们的老酋长们或者是旧“农村”已经不存在了。

矛盾的是，马德罗的改革倡议几乎激发了各方的全面不满，全国各阶层普遍表示不满，外交官员和外国投资者也对马德罗政权相当不满。庄园主和企业家们认为马德罗是一个危险分子，此前支持马德罗的工人和农民则认为他毫无效率，工人们最早在选举阶段就开始支持他，农民们则在武装起义阶段选择支持他。普遍的社会不满导致针对马德罗的公开批评以及反对运动蓬勃发展，甚至爆发了武装叛乱活动。最主要的四个暴力冲突削弱了马德罗政权。其中两场运动由前波菲里奥政府的受益者们率领发动，他们是贝尔纳多·雷耶斯和菲利克斯·迪亚斯（Félix Díaz）；另外两场运动的领导人则是失望的前反波菲里奥武装运动领袖，帕斯夸尔·奥罗斯科和埃米利亚诺·萨帕塔。全国政治力量失衡导致了叛乱发生：波菲里奥派领导的起义是为了恢复自己的政治影响力，反波菲里奥武装运动的前领袖们领导的叛乱则是为了敦促新政府立即满足他们此前提出的经济和社会诉求。雷耶斯在1911年底开始进行反抗，因为他相信随着波菲里奥下台，只有他有资格来统治整个国家。菲利克斯·迪亚斯于1912年10月逃到了委内瑞拉，并声称反对马德罗政府的无能。问题是，波菲里奥的侄子迪亚斯既没有追随者，也不具备合法性去解决国家重组的问题；而自波菲里奥政权后期以来发生的重大社会政治运动都表明，能够提出解决国家重组问题的方案才是执政的必要条件。新时代发出了明确的信号，前政客们的反叛号召没有得到任何响应。

萨帕塔派的叛乱和奥罗斯科派的叛乱大不相同。莫雷洛斯州的农民们不接受《华雷斯城条约》所议定的解散军队条件，声称在未收回被大庄园主们侵占的土地之前决不会上缴武器，德拉巴拉总统因此将其定性为叛军。随着马德罗当选为总统，莫雷洛斯州的农民的斗争通过发布“阿亚拉计划”（Plan de Ayala）而变得正式化，他们希望借此来敦促政府解决农民问题，并要求将农民集体农庄定位为农村地区的基本单元。萨帕塔派的军事重要性与它的历史相关性并不成正比。在1912年，萨帕塔派的战斗强度并不高。与之相比，奥罗斯科派叛军则是臭名昭著地以暴力闻名于世。1912年3月，奥罗斯科和他的党徒们通过“打包计划”（Plan de la Empacadora）[①]揭竿而起。

起义出于两个原因：第一，革命领袖们觉得无论是在政治方面还是在经济方面得到的补偿都不够，他们认为自己在战胜波菲

---

① 也被称作奥罗斯科计划，于1912年3月2日由奥罗斯科在墨西哥奇瓦瓦州制定。

里奥政权的过程中起到了决定性作用；第二，士兵们则认为马德罗的社会改革方案太中庸，且速度太慢。与萨帕塔派不同，奥罗斯科派叛军是由多个阶层共同组成的，除了农民参与者外，还囊括大量的其他平民阶层以及数量庞大的地区中产阶级。而且奥罗斯科派也并不是一直维持着区域性的力量：叛军最终控制了整个奇瓦瓦州，包括州首府；同时它的影响力还延伸到了北部的一些州，诸如杜兰戈州、科阿韦拉州和索诺拉州，甚至还包括萨卡特卡斯州和圣路易斯波托西州的一些地区。因为初始阶段即表现出强劲实力，奥罗斯科派认为自己能战胜马德罗政府。

为了打败奥罗斯科派叛军，马德罗政府任命维克托里亚诺·韦尔塔（Victoriano Huerta）为战役总指挥官，并为他配备了大量资源。在打击奥罗斯科派叛军的过程中，韦尔塔还与昔日并肩反抗波菲里奥的旧战友们（如潘乔·维拉）进行合作，现在后者已经宣告效忠新政府并被收编到联邦政府军队的辅助队伍中。合作的目标是获得维拉在游击战中施展出的熟练战术，以及与地区性大众阶层建立起身份认同的能力。另外，北部的州长们组织了州级武装力量来对抗奥罗斯科派叛军的侵袭，表现比较突出的是科阿韦拉州的巴勃罗·冈萨雷斯（Pablo González）和索诺拉州的阿尔瓦罗·奥布雷贡（Álvaro Obregón）。打击奥罗斯科派叛军带来了双重结果：一方面，通过吸收前马德罗辅助部队以及建立州武装力量，革命运动的军事实力大增；另一方面，联邦军队通过军事胜利重新获得了政府信任，并且，韦尔塔展现出新的领导天分。不久之后，韦尔塔以极端戏剧化的方式展现出他的领导才能：宣告起义，反对已经组建的政府。

1912年末以及1913年初，因为战胜了上述四支主要叛军队伍，马德罗确信墨西哥已经重获稳定。他的乐观主义态度实际上是建立在对形势的错误分析上：这四支叛军队伍的确被打击得厉害，但尽管在战争中被击败，但他们却给马德罗政权造成了巨大伤害。马德罗面临的政治局面极为危险：军队的不满正卷土重来，政府逐渐处于孤立无援的境地，政权的敌人越来越多。在此背景下，1913年2月，雷耶斯和波菲里奥相信，只要彼此联合起来，就能在联邦政权的老巢里策划出成功的反墨西哥革命运动。虽然阴谋再次宣告失败，但新的军事领袖维克托里亚诺·韦尔塔担任了反革命运动的指挥官职务，马德罗政权最终因韦尔塔而宣告终结。维克托里亚诺派“政变分子”的合约被称作《堡垒协议》（*Pacto de la Ciudadela*），因起义部队曾经踞守于此；也被称作《大使馆协议》（*Pacto de la Embajada*），因为协议是在北美驻墨西哥代表驻地里签署的。马德罗政府遭遇了全面反对：华盛顿政府在马德罗政权成立伊始就表示反对（也许是因为马德罗派对石油征税的政策），联邦军队反对，波菲里奥派政治团体反对，庄园主、企业家、未被政府吸纳的前反连任党人、失望的中产阶级也都反对。同时，政府毫无政治治理经验，所有这些因素都注定了马德罗政权无法持续。1913 年 2 月，马德罗在一场旨在推翻其政权的军事政变中遇害。

立宪派的斗争

韦尔塔政府几乎融合吸收了所有反马德罗的政治团体，包括菲利克斯派、雷耶斯党人、“科学家派”、天主教人士，甚至包括奥罗斯科派。另外，韦尔塔还获得了联邦军队、庄园主以及企业家们的无条件支持。北美政府对韦尔塔政权的支持转瞬即逝，因为几个星期之内，民主党人伍德罗·威尔逊（Woodrow Wilson）就取代了共和党人威廉·塔夫脱（William Taft）成为新的美国总统，并且对墨西哥的态度急转直下。韦尔塔获取总统权位还激起了由绝大多数前反波菲里奥人士参与的反对运动，其中很多人曾经参与过与奥罗斯科派的战斗，另外一些人则后来摇身一变成了马德罗政府的地方长官。反韦尔塔运动的目的在于保护和保存已经发生的各种变化以及他们在马德罗政府中获取的政治职位，同时，旨在反抗波菲里奥派的政治家们试图重新获得政府中的绝大多数控制权。反抗运动获得了联邦军队强有力的支持，对大庄园主以及旧政权里的其他上层阶级都相当有利。

经过初期的酝酿，推翻韦尔塔的反叛运动从四个重要地点开始迅速发酵，每一个都展现出独特的社会、政治、意识形态、经济和军事特点。第一个爆发于科阿韦拉州，由州长贝努斯蒂亚诺·卡兰萨率领，他是老雷耶斯派的政治家，在 1909 年曾是反波菲里奥派。卡兰萨和其他的科阿韦拉州当权者们拒绝承认韦尔塔政权，因此宣布叛乱并召集建立立宪派军队，以打败韦尔塔并恢复政府的合法性作为目标。科阿韦拉州的反韦尔塔运动的主要特点在于其律法主义特性，并且拥有一位州长作为领袖。当然，二把手的职位再次落到了政治家和地方官僚的手中。军事方面，则是由曾参与反抗迪亚斯的士兵们组成了军队。这些特点都反映在“瓜达卢佩计划”（Plan de Guadalupe）[①]中。军事实力方面对战胜韦尔塔所起的作用最小，胜利最重要的原因还是来自于优良的组织、合法性以及对战斗有效的管理。

在索诺拉州则是由几个中产阶级成员组成了叛军的领导队伍，他们在波菲里奥时期在经济和政治层面都曾受到限制，但是在马德罗政府中担任相当重要的政府职位，他们斗争的目标是保护自

① “瓜达卢佩计划”于 1913 年 3 月 26 日制订，旨在清除韦尔塔政府可能拥有的任何合法性主张，并宣布在和平到来后进行总统选举。

己的既得利益。最重要的人物是阿尔瓦罗·奥布雷贡、萨尔瓦多·阿尔瓦拉多（Salvador Alvarado）、普鲁塔尔科·埃利亚斯·卡列斯（Plutarco Elías Calles）、曼努埃尔·迭戈斯（Manuel Diéguez）以及阿道夫·德·拉韦尔塔（Adolfo de la Huerta）。除了手握政治权力，这些人还掌控一定的军事实力，有与亚基印第安人战斗的经验，另外很多人还参与过武装反抗波菲里奥派和奥罗斯科派的战争。另外，与印第安农民之间的冲突，特别是与玛雅人后代和亚基人后代的冲突，以及与工人阶级的冲突（特别是北部的矿业城市卡纳内阿），导致中产阶级地方反对派和平民团体结盟。因此，除了军事实力之外，索诺拉州内部的分裂也为反抗运动提供了斗争经验，证明了中产阶级有能力与不同的平民群体之间结盟并达成协议。

分布于奇瓦瓦州以及杜兰戈州北部的反韦尔塔派军队非常特别，因为它的领导人是一位来自下层阶级的人士潘乔·维拉。与科阿韦拉州和索诺拉州的反韦尔塔起义领袖不同，维拉并非一位地方长官，而是一位典型的反叛人物；相应地，他的副手们以及反叛队伍的次要领导人也都是来自于平民阶层的人士。他们重新拿起武器，以阻止帕斯夸尔·奥罗斯科重新获取地方统治权，并防止以奇瓦瓦州大地主特拉萨斯家族（Terrazas）为代表的寡头们卷土重来。除了军事方面，维拉派最重要的贡献是为宪政主义提供了一支由平民组成的庞大队伍。归功于维拉派的出现，北部的反韦尔塔派不再仅仅局限在立法者们以及中产阶级成员中。维拉的队伍相当受欢迎，他们获取了民众的普遍支持，绝不仅仅只局限于农民阶层的参与。维拉的队伍中除了有相当多的农民、受薪农业雇员、佃农、贫穷的牧场主以及前殖民地军官，还囊括数量众多的牛仔、矿工、铁道员工和工人等。

反对韦尔塔的战斗并不局限在北方。韦尔塔登上权力高位，改变了萨帕塔派的斗争性质，提高了他们的反抗强度。首先，进行农业改革的期待落空了；其实一开始就有迹象表明它只可能是一场空想，因为韦尔塔派的农村方案是由联邦军队和大庄园主起草的。另外，韦尔塔派的镇压手段血腥且残暴，直接激发了更大范围内的更多起义，农民村社的居民们也因此认为强化自己的武装防御力量势在必行。萨帕塔派参与了反韦尔塔派的战斗，但并不承认卡兰萨的领袖地位。因萨帕塔派的存在，墨西哥革命反韦尔塔阶段具有双区域中心的特性。各种不同的社会主张层出不穷，也让 1909 年和 1910 年以来涌现出的基本政治诉求变得更加丰富；特别是农民们要求归还被侵占的土地、尊重传统农民社区的呼声最为高昂，这些传统的农民社区不仅是作为有效的体制而（在墨西哥社会中）长期存在，而且它们定义了墨西哥农业。

社会地理差异导致产生了深刻的政治分歧、意识形态分歧和军事理念分歧。除了通过瓜达卢佩计划授予的领导权之外，卡兰萨只领导了一支由其文职和军事雇员组成的反叛军。为了成为全国叛乱的真正领导者，卡兰萨开始将武装反抗运动拓展到邻近区域。尽管此举削弱了他的军事实力，但卡兰萨还是乐于派遣他的追随者们去煽动人们在新莱昂州、塔毛利帕斯州、萨卡特卡斯州和圣路易斯波托西州发动起义。如此这般，卡兰萨从一个州的领导者发展成了一个区域性的领导者。但同时，科阿韦拉州的军事力量被削弱，导致韦尔塔派在 1913 年中期胜利收复了此地区，迫使卡兰萨逃离根据地并逃往索诺拉州。不过这次逃亡经历让卡兰萨与参与革命的其他社会群体联系起来了。尤其是，卡兰萨因此真正变成了领导东北部和西北部两个地区的叛军领袖。

1914 年初，叛军已经控制了墨西哥北部。从 1913 年中到 1914 年末，反韦尔塔的运动在墨西哥高密度地频繁爆发，席卷了圣路易斯波托西、萨卡特卡斯、锡那罗亚、哈利斯科、米却肯和韦拉克鲁斯。与之相反，除了莫雷洛斯及其周边地区之外，中部、南部和东南部却很少卷入到叛乱中。掠夺者韦尔塔派军队和萨帕塔派军队在莫雷洛斯及其周边地区进行了血腥激战，而萨帕塔派军队都是由本地区农民社团的防御性机构组成的。在墨西哥中部，伊达尔戈和特拉斯卡拉几乎没有发生任何重大运动。反抗运动未能在此区域得以发展的原因有好几个，比如临近首都；另外，连接韦拉克鲁斯州的铁路经过了普埃布拉州和特拉斯卡拉并创造出一个重要的“工业走廊”，对此“工业走廊”的控制争夺是战略性的，并需要通过镇压手段来维系控制权。至于南部，虽然在格雷罗出现了大量反叛军队，但在瓦哈卡只形成了极少数反叛力量。而在东南部，虽然在塔巴斯科州的确涌现出了几位叛军领导人，但是他们的军事行动并没有严重到足够引起政府的不安。东南部的社会主要是由家长式的农场主、底层农业劳动力和印第安人组成，此地地处偏远、与世隔绝，这些因素都导致东南部区域不愿意参与到反韦尔塔的斗争中。

到 1914 年 3 月和 4 月，北部的叛军部队开始向中部挺进，目的是迫使韦尔塔放弃首都墨西哥城。同时，来自西部的奥布雷贡派、来自中部的维拉派以及来自东部的巴勃罗 · 冈萨雷斯共同组成了一股具有压倒性实力的军事力量。韦尔塔的失败不可避免，因为他的军队采取了静态防御性战略，只是在主要城市间进行巡逻；更糟糕的是，新的美国政府拒绝支持韦尔塔政权；并且，韦尔塔政权缺乏对北部边境的掌控，这造成了严重的经济危机，他无法继续招募新的士兵或获取新的武器和弹药补给。叛乱运动自爆发以来不断取得进展，与之形成鲜明对比的是，韦尔塔政府的情况却在日益恶化。在政治层面，在 1913 年 2 月政变后组成的保守派大联盟很快就宣告解体了，这降低了政府的代表性、合法性以及效率。在外交层面，韦尔塔与美国政府之间日益疏远的原因是民主党人伍德罗·威尔逊开始担任美国总统；另外，韦尔塔政权丧失了对美国主要投资所在地区的控制，这给美国造成了巨大损失。韦尔塔的溃败始于 1914 年 4 月，来自北方的叛军部队开始进攻国家中心，而且北美海军陆战队入侵了韦拉克鲁斯，以阻止韦尔塔接收从欧洲运过来的武器。

北方军队向首都挺进，激发了大量中部地区加入起义阵营。而每次韦尔塔派军队的失败，都意味着地方当局的倒戈。虽然北方军队的分支部队和维拉派的部队于同年6月抵达了萨卡特卡斯，但卡兰萨决定只有冈萨雷斯和奥布雷贡的军队才能占领墨西哥的首都，并命令维拉继续留在北部。这一决定表明维拉派和卡萨兰派之间长期存在的一系列分歧最终爆发，也是两派之间在社会经济和政治意识形态具有多重差异所导致的结果。虽然最终各方终于能够达成协议，但立宪主义者们即将开始分裂出去。协议宣称，尽管维拉派将停留在北方，但仍然是与韦尔塔政权进行抗争的重要成员；而卡兰萨一旦占领墨西哥城就会召集政治首领大会，在大会上将解决墨西哥所需的社会改革问题以及墨西哥下一任总统的人选问题。

除了上述冲突，墨西哥革命所向披靡，并没有遇到其他挫折：奥布雷贡朝向锡那罗亚州和哈利斯科州挺进，攻占了哈利斯科州的首府瓜达拉哈拉市，并从瓜达拉哈拉市开始向墨西哥中心迈进；冈萨雷斯朝向蒙特雷、坦皮科、圣路易斯波托西和克雷塔罗挺进。我们不能因为反对派进展得相当顺利而无视这一过程的历史重要性。首先，革命运动不再局限于墨西哥北部地区，现在它席卷了墨西哥将近一半的国土。革命在地理范围上扩张的同时也意味着革命的社会参与扩大化。随着革命成功推进，精英集团和韦尔塔政权的官僚们被迫逃离首都、放弃公职，叛军部队决定让中产阶级的非韦尔塔派人士填补政府公职空缺，以便与其进行合作、重建地方政府，中产阶级由此开始进入权力体系。与此同时，随着革命武装力量的到来，革命党人与地方平民阶层达成了协议，并通过了工人法案和土地法案，以此来获取平民阶层的支持。因此，在这几个月里，反韦尔塔的革命运动开辟了诸多新的战线，更多的新角色参与到其中，他们与北方叛乱者们截然不同，必然要提议一个新的国家重建方案，这个新的方案在地理和社会层面都会是崭新的，而且将会覆盖整个墨西哥全境。在这些政治结盟和社会承诺中，诞生了后革命时代的墨西哥国家政权。如果说马德罗派的选举斗争得到了城市中产阶级的支持，反波菲里奥派的叛乱是由精英阶层成员领导的北方平民团体推进的，那么反对韦尔塔的立宪派斗争的特点则是与中间阶层和平民阶层进行了结盟，一位前波菲里奥派 - 雷耶斯派政治体系的激进成员领导了所有的行动。

宪政主义与公约主义

随着占领墨西哥城、战胜政府和韦尔塔的军队，墨西哥革命开始进入一个新的阶段，并开启了一段新篇章。体现胜利的《特奥洛尤坎条约》（*Tratados de Teoloyucan*）签署于1914年8月，随着条约签署，反韦尔塔的力量转正成为政府，反韦尔塔的叛军也摇身一变成为和平缔造者。签署和平条约带来的另外一个显著变化是促进了与中部地区的接触，包括墨西哥城；墨西哥工业最集中的地区位于墨西哥城以及普埃布拉、特拉斯卡拉和奥里萨巴；在莫雷洛斯、普埃布拉、特拉斯卡拉以及墨西哥州，庄园主与农民群体的冲突最为激烈。当时的立宪主义运动也从局限于北方的区域性运动转变为全国性的运动，首先进入了中部地区和东海岸，然后又将影响范围延伸到南部和东南部。

立宪派面临的挑战并不小，尽管还没有一个完全明确的计划，立宪主义者们必须履行组织政府的职责，他们缺乏经验丰富的官僚政治机构，甚至连人数都不充足。诸多情况迫使立宪派组成了一个由三个部分构成的团队：立宪派的军官和政客们，他们拥有丰富的经验或行政管理能力；在波菲里奥和韦尔塔政府中被边缘化的中产阶级；可以回收利用的旧政权体系里的中下层官僚。通过这种组合设置，立宪派应该能够推行此前曾承诺的各种社会改革，特别是改变农业所有制结构、大量增加各类保护工人的措施。同时也应该能够确保中产阶级所追求的稳定。实际上，为了建立起政府，必须要满足平民阶层的社会经济需求，但同时又不能激起中产阶级以及外国投资者的恐惧或排斥。另外，新的立宪派政府需要将其统治拓展到墨西哥南部和东南部，这些地区未曾发生过反抗韦尔塔的战斗，因此当地精英的力量还未被削弱，也未发展出地区合作者网络、支持者网络或支持社会变革的力量。

最大的问题是，在打败了共同的敌人韦尔塔之后，获胜的原叛军部队必须要面对内部的冲突。因为所有派别，包括立宪主义者、维拉派和萨帕塔的追随者们，都希望自己提出的国家发展方案可以在全墨西哥范围内加以实施，即使维拉派和萨帕塔派的运动从社会角度和地理角度来看都只是局部性的运动。虽然各方曾试图以和平手段解决争议并期待达成一个共同计划，但分歧始终无法消弭，冲突箭在弦上。在1914年下半年，调解的努力和敌意共存。最好的例子是“公约”（Convención），卡兰萨派系和维拉派系在《托雷翁协议》（*Pactos de Torreón*）中曾做出承诺，双方会共同确定墨西哥需要进行的所有政治和社会改革。公约会议于10月1日在墨西哥城举行，但维拉派或萨帕塔派都并未参加，因此会议很快就宣告暂停了，并同意将在阿瓜斯卡连特斯重启会议——阿瓜斯卡连特斯是位于墨西哥北部和首都中间位置的一座城市。在接下来的第二阶段，卡兰萨派的代表数量减少了；与之对应，维拉派和萨帕塔派的代表们出席了会议，他们代表来自于城市的团体，要求公约承认阿亚拉计划的至高无上性。毫无疑问，这次集会比前一次集会具有更广泛的社会代表性，因为吸纳了诸多最受欢迎的平民团体；另外，此次集会宣称墨西哥是主权国家并将组成政府，拒绝承认卡兰萨的领导地位，因此卡兰萨被迫离开墨西哥城逃往韦拉克鲁斯——这个地方不像首都那么脆弱，它被美国海军陆战队所控制，美国士兵清空了整座城市，以便立宪主义者们可以接管此地。

战争已经重启，维拉的军队向首都挺进，并于 1914 年 12 月与萨帕塔的军队在首都会师。与此同时，卡兰萨在韦拉克鲁斯开始进行战争准备。各个政治团体都重新确定了发展方向：奥布雷贡派决定继续效忠卡兰萨，而维拉派和萨帕塔派则认为，既然两派都起源于平民阶层，那么他们可以结盟来争取实施一个共同方案。在 1915 年全年，墨西哥都将遭受派系战争之苦。一开始，一切迹象似乎都表明，维拉和萨帕塔派的平民军队将击败由卡兰萨和奥布雷贡领导的代表中产阶级的部队。但结果却与预测大相径庭，这有政治、军事、经济和社会方面的原因。公约政府的特点是政府是由公约所承认的总统领导的，公约政府期间的墨西哥总

统分别是欧拉里奥 · 古铁雷斯（Eulalio Gutiérrez）、洛克 · 冈萨雷斯 · 加尔萨（Roque González Garza）和弗朗西斯科 · 拉戈斯 · 查萨罗（Francisco Lagos Cházaro）。相对于其他两个派系，政府的实力非常弱。这种情况使中产阶级感到震惊，中产阶级撕毁了公约，因为该公约降低了（中产阶级）设计政府的能力，并降低了建立多阶级政治和社会联盟，以及赢得公众、国家和国际舆论的信任的可能性。更糟糕的是，公约一开始就具有分裂主义特点，并且依赖于维拉的军事力量。此外，历任总统都具有双重弱点：军方领导人执掌着权力，（政府）实际控制人是维拉或萨帕塔，或是他们的主要副手们；另外，公约制下运行的议会制总是将总统置于意识形态原则和历史遗产原则之下，最突出的是安东尼奥 · 迪亚斯 · 索托 · 伽马（Antonio Díaz Soto y Gama），他是原圣路易斯波托西的自由主义派人士，后来加入了萨帕塔派。政府无能、缺乏社会政治凝聚力成为公约派的最大特点。

与之相比，立宪派只有一位领袖，也就是贝努斯蒂亚诺，他经验丰富，声望颇高。最重要的是，立宪主义者们是一个更加同质化的群体，有足够的纪律性来保持统一性、维系身份认同和保持结构，这与公约派相当不同；公约派基本上是一个新成立的联盟，由北部的温和派平民群体（维拉派）和中部以及南部的传统农民群体（萨帕塔派）结盟组成。公约派的这种联盟是不可能持续的——很快就在内部显现出了社会和意识形态差异，这破坏了联盟的政府管理能力，并削弱了他们的军事实力。

公约派的军事实力本身也相对更差，因为它是由两支军队组成，其成员、战略和目标各不相同，两者之间完全没有合作。虽然维拉派知道革命首先必须获得军事胜利，并且他们全力投入战斗以试图获取胜利，但是萨帕塔派则认为需要优先考虑的是对他们所在的地区进行政治重组和农业产权结构重组，然后将这种模式复制到墨西哥的其他地区。因此，当维拉派在几个偏远的地区（巴希奥、瓦斯特卡石油产区和东北部）进行血腥战斗时，萨帕塔派只参加了一场防御性的斗争，并试图让他们的区域保持孤立状态。除了缺乏苏里安人的配合之外，维拉派还受到军火问题的影响。直到 1914 年 8 月，他们才从美国市场获得武器补给；然而，第一次世界大战爆发，美国的欧洲朋友们拿到了美国生产的所有武器，武器价格也随之水涨船高。另外，由于立宪主义者们是最早占领墨西哥城的派系，他们控制了由波菲里奥政府建造并由韦尔塔政府维护的武器工厂和弹药工厂。

在派系战争中，战术和战略因素影响到了战争走势。首先，卡兰萨正确部署了战斗：在了解到萨帕塔派的防御性倾向后，他决定首先正面应对维拉派的队伍。另外，立宪派们拥有运作多支军队分队的经验——至少在东北部和西北部军队中，这与北方部队（即维拉的武装部队）不同，维拉派的军队总是聚集在一起，但是现在必须分散开来，同时在中部、墨西哥湾和北部三线作战。最后，维拉派的骑兵冲锋队曾经在对抗韦尔塔的军队时斩获了诸多胜利，但是在面对立宪派们的战壕时却丝毫不起作用。另外一个对派系战争的结局至关重要的影响因素来自经济方面。一方面，萨帕塔派分配了大庄园的土地，抛开正义的标准不谈，实际上这种行为对当地经济造成了重大打击。另一方面，奇瓦瓦州是墨西哥唯一一个自 1910 年底以来暴力活动从未停歇的州，当地的财富破坏情况更为严重。因此，当革命走到了最为暴力的阶段，维拉却没有足够的资源来招募士兵、购买武器弹药。更糟糕的是，随着欧洲出现对武器的大规模需求，武器弹药的价格还直线飙升。

与此相反，在向中部、东部和东南部挺进的过程中，立宪主义者们占领了未被暴力染指的宝贵地区，诸如大粮仓克雷塔罗和巴希奥。与此同时，占领墨西哥城、普埃布拉、特拉斯卡拉和韦拉克鲁斯，也就是占领了墨西哥最重要的工业地区；更重要的是，立宪派控制了途经墨西哥湾的石油出口，并在占领尤卡坦之后控制了龙舌兰酒出口。与之对应，公约派从 1914 年底到 1915 年 8 月占领了墨西哥城，虽然这是军事和政治实力的象征，但他们不得不承担起向城市提供食品、安全保障和健康服务的责任，而墨西哥城是墨西哥人口密度最高的地区。

立宪派向中部、东部、南部及东南部扩张，除了补充更多的经济资源，同时还可以招募更多新鲜血液。与地理上的扩张同步增长的，是立宪派社会代表性的增长。因此，在派系战争中，其中一派（即立宪派）逐渐获得了全国性的胜利；而另外一派，即由两个完全不同的地方主义势力结成的联盟，则宣告失败。此后，立宪派发展出一个具有双重效果的政治策略：一方面为中产阶级的崛起提供便利；另一方面，在不吓坏资产阶级的情况下，通过社会让步吸引平民阶层。因此，在 1914 年 12 月，（立宪派）补充了瓜达卢佩计划的条款；1915 年 1 月通过了《土地法》；1915 年 2 月，与墨西哥最大的工人组织“世界工人之家”（Casa del Obrero Mundial）签订了协议。将卡兰萨派定义为民粹主义并不厚道，他们仅仅是希望削弱公约派的平民根基；但可以肯定的是，萨帕塔派未能将临近两个州的农民团体整合到一起，对与中部的无产阶级结盟也并不感兴趣，而维拉派很快就丧失了曾在 1914 年享有的广泛民众支持。1915 年末，立宪派的胜利已经毋庸置疑，他们在全国范围内全线击溃了维拉派，并从萨帕塔派手中夺回了墨西哥城。北美于 1915 年 10 月承认了卡兰萨政权。在 1915 年接下来的时间和整个 1916 年，卡兰萨都在致力于巩固胜利并完善他的国家计划。

卡兰萨主义的优势和局限

卡兰萨政权执政时期可以分为两个阶段：前宪法阶段和宪法阶段。1917 年 5 月是两个阶段的分界线。第一个阶段的主要特征是军事占据主导地位。维拉派和萨帕塔派依然持有武器；而且，因为抗拒在其地盘上移植革命模式，墨西哥另外几个地方也发生了武装暴乱，比如位于墨西哥湾上游的石油产区以及韦拉克鲁斯、恰帕斯州、瓦哈卡州和米却肯州的一些地方。1916 年的另外一些主要问题是军事和外交问题。为了报复维拉的军队入侵位于新墨西哥州的哥伦布市（Columbus），美国政府派遣了一个“惩罚性”纵队来打击维拉，虽然并未取得成果，但这支美国军队自 1916 年 4 月到达墨西哥，一直滞留到了 1917 年 2 月。1916 年的突出特点还表现在制度主义上的明显进展；另外，在派系战争中获胜的派别里，温和派占据了优势。既然维拉和萨帕塔的追随者们已经被打败，卡兰萨政府不再需要大规模的民众支持，因此它开始调整在 1914 年和 1915 年占主导地位的策略，即通过进行大幅度的社会政治让步，来获取不同阶层的支持。

为了从革命状态调整到革命后创建国家的状态，获胜的派系必须要确定国家方案，而这个任务通过 1917 年的宪法得以完成。

尽管武装反抗韦尔塔的首要目标是恢复1857年宪法的合法性，但是，经过七年战争后，此前的目标显然不现实了。新的国家最高法律即宪法必须由全国范围内选举产生的议员代表们来进行起草。议员代表的人数将由每个州的居民人数所决定，而且议员代表不能是立宪派曾经的敌人，也就是说，韦尔塔的追随者们和公约派人士都被排除在外了。革命的胜利者们将确定国家模式，他们不愿意在权力游戏中冒险输掉曾在战场上浴血奋战赢得的东西。立宪派们的排他性也并不意味着完全的同质化。议员代表们来自墨西哥全国所有地区，代表着不同的社会历史现状，每一个人都表现出特定的政治背景和意识形态偏好：有一些议员是社会天主教派的老派支持者，有一些人是玛贡派的，有几个人是前雷耶斯派人士，还有一些人曾参与过马德罗政权。所有这些差异导致会议期间争议层出不穷。

宪法可以被视作一个分水岭：总结完善革命的意识形态，建立新国家的规范性基础。有了宪法，基本上算是具有破坏性的革命进程，转变成了一个建立建设型和监管型政府的过程。此外，如果说武装斗争是由农村人民推动进行的，那么肩负描绘墨西哥未来之责任的议员代表们则是来自于城市，并由城市人民选出的。另外，由于北方各州的人口密度较低，而且由于莫雷洛斯和奇瓦瓦州曾经历过战争洗礼，在武装反抗斗争中来自曾是最活跃地区的议员代表人数反而比较少，少于那些在革命中处于边缘地位的州，甚至少于那些反对武装革命的州。请注意，奇瓦瓦州仅有1位代表，索诺拉州有4位代表，科阿韦拉州有5位代表，而哈利斯科州有20位代表，普埃布拉州和韦拉克鲁斯州各有18位代表，瓜纳华托州和米却肯州各有17位代表，瓦哈卡州有10位代表。

新宪法很快就显示出它与1857年宪法的相似之处以及不同之处。虽然新宪法继承了旧宪法中自由主义的教条，但是为了适应国家的复杂性，新宪法非常现实。此外，新宪法反映出了当时墨西哥所处的国际形势：贵族家族和寡头主义明显在逐渐衰落，自由派国家也经历着危机。不要忘记，1917年《墨西哥宪法》出台于第一次世界大战及布尔什维克革命之间。墨西哥社会及历史的复杂性导致了新宪法允许私有财产和集体财产同时存在，并允许私有企业和国有企业并存。从政治层面看，墨西哥仍然是一个联邦制共和国，实行代议制和民主制度。但是，行政权力将占主导地位，或许是因为墨西哥迫切需要一位唯一的指挥官来领导紧急的国家重建任务。出于同样的原因，墨西哥被设计成一个强调中央集权的国家，因此也是一个专制的威权国家，国家对经济、教育和宗教事务进行干预。新宪法是民族主义的，墨西哥革命曾试图结束墨西哥作为一个新殖民国家的历史，也因为墨西哥刚刚遭受了北美入侵韦拉克鲁斯和美国的“惩罚性远征”。与此同时，新宪法还确保了对平民阶层做出巨大让步，包括为农民分配农业土地、为工人提供福利保障等。考虑到这些平民团体在武装革命斗争中积累下来的军事和政治力量，这些让步必不可少。唯有 1917 年宪法才能确保在墨西哥建立一个有能力的国家，可以让墨西哥从波菲里奥独裁时代到墨西哥革命时代所经历过的那些转变都得以巩固并规范下来。

新宪法生效以及 1917 年 5 月卡兰萨作为立宪总统开始他的任期，正式为后革命时期的墨西哥拉开序幕，虽然建立真正的革命后墨西哥政府还要等到三年之后。在担任立宪总统期间，卡兰萨面临严重的政治、军事、经济、国际和社会问题。首先，宪法的生效要求在全国实施鲜为人知的系列规范和程序。经过 30 年的波菲里奥独裁统治以及 7 年的武装革命斗争，现在人们必须要开始选举政府机关。同样，势力庞大的军队领导人们必须要遵守新的民事当局所立下的规矩，而且必须要开始尊重个人权利。然而，在一个缺乏政治文化土壤以及合适机构和制度的国家里建立一个新的民主政权，困难重重；尤其是考虑到墨西哥近期的历史都是在专制和无序之间摇摆震荡，建立新的民主政权更是难上加难。

军事方面的问题并没有随着国家回归合法状态而凭空消失。事实上，卡兰萨不得不继续他的安抚和妥协工作，否则，墨西哥有几个地区就会脱离于国家权威之外，并终止社会转变的进程。除了削弱维拉和萨帕诺的军事实力，卡兰萨还必须针对几小撮叛乱分子、强盗和一些“反革命”集团发动战役，其中包括曼努埃尔·佩莱斯（Manuel Peláez）和菲利克斯·迪亚斯的部队，他们流窜于石油产区和韦拉克鲁斯州的中心区，还有位于瓦哈卡州的“主权派”叛乱分子和恰帕斯州的农民军队。困难的是，卡兰萨不得不面对所有这些挑战，但手头却只有一支无效率、无纪律、装备极差的军队。军事行动引发了诸多政治冲突，因为军方拒绝政府削减其权力。军事行动也激发了社会问题，引起了无数的过度反社会行为。最后，军事行动进一步恶化了已经备受摧残的墨西哥经济，因为它们继续破坏着国家财富，政府预算中相当大一部分必须分配给军队。同样，墨西哥有相当多的劳动力已经在战争中死亡了，或者在武装反抗时期毫无用处；另外很大一部分人口则或是移民，或是加入了某支军队或某个武装团体。这既涉及人口数量的变化，也涉及人口质量的变化：大批量的农场主、企业家和专业人士流亡海外，削弱了墨西哥的人力资本。更糟糕的是，第一次世界大战阻碍了贸易和外国投资进入墨西哥，这也推迟了国民经济的重启进程。

欧洲的战争也带来了严重的外交问题，美国政府向墨西哥政府施压，迫使墨西哥政府放弃中立并采取有利于盟国的行动。卡兰萨不仅保持了严格中立的立场，而且被指控为德国盟友，因为德国表示，若墨西哥对美国发动战争以恢复其在 19 世纪中叶失去的领土，德国总理齐默尔曼（Zimermann）将向其提供军事援助。欧洲的战争结束时，一些美国政客敦促政府严惩卡兰萨，想让他为这些年来对抗美国的行为付出代价。鉴于卡兰萨的总统任期将于 1920 年结束，华盛顿政府决定不采取激进手段，因为这可能会影响到美国在墨西哥投资所获得的巨大利益。美国继续放任墨西哥在后革命时期的发展，只施压推动墨西哥向温和化和制度化靠拢，而不要演变成极端主义。

在 1920 年期间，墨西哥经历了一场决定性的转变，始于在阿尔瓦罗·奥布雷贡和伊格纳西奥·波尼亚斯（Ignacio Bonillas）之间进行的总统选举竞争。首先是阿尔瓦罗·奥布雷贡已经与卡兰萨拉开了距离，但他得到了众多革命团体的大力支持，包括军队和平民、城市群体和农村群体、大众阶层和中产阶级的支持。而伊格纳西奥·波尼亚斯早前曾是一位立宪派公务员，当时是驻华盛顿的墨西哥大使，他获得了贝努斯蒂亚诺·卡兰萨的信任，但是在革命派士兵和公众舆论中还是籍籍无名之辈。鉴于多年来国家军队一直是国家层面最具组织性且政治力量最为强大的机构（直到 1917 年 5 月前都是宪政主义派），也鉴于奥布雷贡和波尼亚斯两人在社会政治关系网络、声望和受欢迎程度等诸多方面的对比悬殊，为了让卡兰萨集团能保留统治权，政府觉得有必要诉诸强制主义战术。政府的强制行为激发了阿瓜普列塔起义（Agua Prieta），不过起义持续时间短暂，并且没有造成多少流血冲突。卡兰萨的亲平民主义态度让他丢掉了自己军队的支持，因此不得不逃离墨西哥城，最终在位于普埃布拉山脉的一个小城中死于伏击。

这场冲突所造成的孤立状态导致了卡兰萨的垮台，与此同时，奥布雷贡则迅速获得了广泛支持。诸多社会政治机构，包括政府的和反对派的，以及一些迥然不同的反叛团体，都参与到阿瓜普列塔运动中，最终这场运动被视作“统一革命”。最合理的原因可能是，贝努斯蒂亚诺·卡兰萨与其他的前革命派们如维拉和萨帕塔不同，卡兰萨认为只能通过武力去解决问题，而奥布雷贡、卡耶斯和其他的阿瓜普列塔运动领袖们则认为这些冲突是社会政治性的：与其与之进行战斗，不如将它们吸纳进新的国家中。意识到后革命时代的卡兰萨模式与新国家的天性存在冲突，并且长久以来的不稳定状态已经备受谴责，新的国家领导人们展现出政治让步和社会让步的意愿，向长期较量中具有重要地位的那些团体提出的要求表示屈服。

新 国 家

墨西哥革命后建立的国家政权诞生于1920年，革命时期的各类团体一起组建了新政府，各个团体在新政权下获得了不同程度的利益并发展出各自的影响力。自1920年起，在成员社会阶层、政治以及意识形态等方面都不同于卡兰萨派的一群中产阶级获取了权力，他们与旧政权之间缺乏关联。中产阶级的力量部分来自于他们同平民阶层的结盟。虽然中产阶级对于赢得全国领导权不抱幻想，如同1915年缔结《阿瓜斯卡连特斯公约》时一样，但他们通过表现出支持和顺从的态度换取了可观的政治和社会权力。这种结盟并不表明革命后的墨西哥国家政权是激进的、极端的，而是说明已经进入权力游戏中的中产阶级也与反对革命的诸多势力集团达成了合作协议，后者代表着地方精英势力。

毋庸置疑，墨西哥革命是20世纪最重要的历史事件，创造了一个由不激进的中产阶级引领的新国家政权，他们认识到满足平民大众阶层的基本需求是势在必行的，平民阶层曾在墨西哥革命中起到了决定性作用。墨西哥革命持续了10年，整个国家经历了战乱纷争以及社会政治的变革历程；在此期间，中产阶级和平民阶层崛起，并取代了亲波菲里奥的寡头政客。1910年到1912年，持不同政见的精英们引领了革命，大量中产群体和一些平民群体热烈拥护。自1913年开始，中产阶级进入革命领导层队伍中，与此同时，平民阶层参与革命的重要性越来越得以凸显。虽然含有民族主义的国家身份认同，但是诞生于1920年的新国家政权并非民主政权，新政权是专制政权，但很大程度上是合法的，它是稳定的政权，并且获得了强大的民意支持；一个技术娴熟且态度灵活的政治军事团体领导着国家，并接受了美国的影响（虽然有时是出于迫不得已）。

奥布雷贡是墨西哥革命后的第一位总统，在担任总统期间展现出复杂的个性。随着和平到来以及在阿道夫·德·拉韦尔塔的临时任期内组织了选举，新总统获得了合法性。简单来说，奥布雷贡作为国家领导人来继续完成治理国家的任务。他的基本目标是启动墨西哥的重建进程，而阿瓜普列塔运动带来的普遍和平对实现他的目标具有决定性意义。阿瓜普列塔运动具有广泛包容性，国家权力因为运动而部分实现了集中化和中央化；与之相对的是，墨西哥革命是具有分裂性和瓦解性的。为了建立新的国家政权，相当多的卡兰萨派都需要被取代。但是鉴于阿瓜普列塔运动已经整合了绝大多数的立宪派人士以及一些主要的反卡兰萨派人士，无论他们曾是前革命党人还是反革命党人，因此，各类政治意识形态显然延续到了墨西哥的后革命时代（并未随着革命后新国家政权的建立而消亡）。

譬如，在农村土地方面，虽然奥布雷贡政权满足了一些革命团体关于土地的要求，但主要还是支持中小业主的发展，因为相当多的革命领导人是来自于乡村[①]的。在工人方面，一方面，建立了诸如劳动者联合总会（Confederación General de Trabajadores）等激进机构，另一方面，政府也保持着和墨西哥地区工人联合会（Confederación Regional Obrero Mexicana）之间的互惠互利联盟关系。另外，奥布雷贡政府下令归还在墨西哥革命期间被查封的银行，并允许波菲里奥党人和韦尔塔党人中的流亡人士返回墨西哥。农业、采矿和铁路系统也因社会重新恢复和平而得以恢复。另外，美国开始了辉煌的经济腾飞阶段，美国对墨西哥石油需求量的急速增长可以佐证这一点。

奥布雷贡政府的最大两个问题是：与美国间复杂的艰难关系，以及出于历史遗留原因而依然残存的国内叛乱。实际上，美国政府拒绝正式承认墨西哥的奥布雷贡政府，声称它是军事政变的结果。这远不只是道德谴责，美国人这么做是为了向墨西哥政府施压，以达到让其修改 1917 年《墨西哥宪法》中对美国人不利的一些章节条款。墨西哥政府没有应美国人要求做出改变，而是同意尊重

---

① 乡村（medio rural）是一种地理空间概念，与农村不同；乡村的居住环境与城市形成对应，常与自然相伴，在乡村进行的经济活动可以是农业、畜牧业、林业、开采等，也可以是其他类型，诸如房地产、工业、交通、服务等。

新法律规定的法不溯及既往原则。在奥布雷贡的任期即将结束时，他对美国政府和美国投资者逐渐采取让步态度（通过签署《布卡雷利条约》［*Tratatos de Bucareli*］），当时，奥布雷贡因为选举等问题而面临着可以预见的国内叛乱，还指望着美国对他进行支持。可以说，那些年来普遍存在的民族主义，与其说是政治性和经济性的，不如说是文化性的，新墨西哥必须设计并巩固它新的文化身份：这是一个新的年轻国家，但同时继承着丰富的祖先遗产；这是一个民族国家，没有仇外心理并且具有革命性，但是同时又秩序井然并拥有转型的想象力；最重要的是，这是一个正义性和凝聚力兼备的国家。

墨西哥在革命过程中完成了全面的国家转型。文化领域的变化最为突出。在波菲里奥政权晚期出现了新的一代，即雅典娜一代（Ateneo），他们批评实证主义的主导地位以及人文和艺术发展的匮乏。一些优秀的年轻人从“雅典娜会”[①]中脱颖而出，诸如安东尼奥·卡索、佩德罗·恩里克斯·乌雷尼亚、何塞·巴斯孔塞洛斯、阿方索·雷耶斯和胡里奥·托里（Julio Torri）。几年之后，在十年战争的中期，被称作“1915 代人”的另一代人脱颖而

① 青年墨西哥雅典娜会，后来也被称作墨西哥雅典娜会，是墨西哥民间协会，成立于 1909 年 10 月 28 日，组织了关于文化和艺术的诸多会议以及一系列公开批评和辩论。

出，代表他们的精英群体是“七智者”（los siete sabios）。“1915代人”是国家毁灭的受害者和目击者，因此他们不是致力于发展艺术和人文，而是着手创建那些有益于国家重建的机构，包括各类经济、政治、文化机构。“1915 代人”中优秀的年轻人代表是曼努埃尔·戈麦斯·莫林（Manuel Gómez Morin）、文森特·隆巴多·托莱达诺（Vicente Lombardo Toledano）、阿方索·卡索（Alfonso Caso）、纳西索·巴索尔斯（Narciso Bassols）和丹尼尔·科斯沃·维耶加斯（Daniel Cosío Villegas）。

1920 年，新中产阶级在权力体系中上位，何塞·巴斯孔塞洛斯担任了公共教育部的首任部长。对于巴斯孔塞洛斯来说，革命首先必须是关乎道德的，而不是为了区分农业工作者、工人或者民族主义者。另外，对于他来说，教育不仅是教学，还包括文化和课外学习方面。因此，巴斯孔塞洛斯鼓励出版书籍、组建图书馆，并出于教育目的而带领壁画家何塞·克莱门特·奥罗斯科（José Clemente Orozco）、迭戈·里维拉（Diego Rivera）以及大卫·阿尔法罗·西奇罗斯（David Alfaro Siqueiros）在拥有数百年历史的建筑物外墙上绘制革命主题的绘画，将历史、现在和未来联系起来。另外，发生在那些年的史诗性事件和戏剧性事件催生了一种新的文学潮流，“革命小说”问世，代表作家有马里亚诺·阿苏维拉（Mariano Azuela）、马丁·路易斯·古兹曼（Martín Luis

Guzmán）、拉斐尔 · 穆尼奥斯（Rafael F.Muñoz）、弗朗西斯科 · 乌尔奇索（Francisco L.Urquizo）以及公共教育部部长何塞 · 巴斯孔塞洛斯本人。他们的作品栩栩如生地再现了墨西哥革命中众多参与者的故事，包括普通的无名士兵和墨西哥革命的知名人物的事迹，诸如马德罗、卡兰萨、维拉和奥布雷贡的故事都开始广为传颂。

在巴斯孔塞洛斯任期结束时，他决定支持普鲁塔尔科 · 埃利亚斯 · 卡列斯作为他的继任者，后者是阿瓜普列塔运动的领导人，在德 · 拉韦尔塔的短命政府中担任过战争和海军部部长，在巴斯孔塞洛斯的政府中担任内政部部长。作为一个拥有丰富经验的政治家，卡列斯还拥有广泛的关系网络，并得到了有组织的普通民众的广泛支持；作为一名军人，卡列斯也获得了来自军队方面的重要支持。虽然此职位的头号候选人是前临时总统以及后来的财政部部长阿道夫 · 德 · 拉韦尔塔，但是很多人都在觊觎这个职位，尤其是军方，几位军队首领甚至发动了叛乱。最终结果是由几个因素共同决定的：首先，在 1923 年中期，潘乔 · 维拉被暗杀，此前普遍预测维拉会为支持德 · 拉韦尔塔而发动起义，但在维拉被暗杀后，乱军群龙无首，没能出现一个广受爱戴的军事领袖；其次，墨西哥政府和美国政府签署了《布卡雷利条约》，承诺互相承认政权并相互支持；另外，德 · 拉韦尔塔只获得了来自于军队以及“政治阶层”的支持（即国家合作党［Partido Nacional Cooperatista］

的支持），而奥布雷贡和卡列斯则有美国撑腰，同时获得了大部分政治人士和武装分子，以及有组织的平民大众的支持，包括农民和工人。但是，冲突还是留下了几个教训：第一个教训是，在选举前发生了阿瓜普列塔分子和韦尔塔党人叛乱，表明了前革命党人对规范民选职位在不同势力集团中的分配的需求；另一个教训也对墨西哥提出了警告，墨西哥迫切需要实现国家军队的非政治化，并迫切需要建立一个在未来将会成为墨西哥主要政治机构的国家民事机构；第三个教训是，与美国保持良好关系会带来诸多好处。

普鲁塔科·埃利亚斯·卡列斯虽然是奥布雷贡的合作者和追随者，但是他的军事主义色彩更淡化，同时也更加政治化。这也可以解释卡列斯从1924年底到1928年底的总统任期里凸显出的几大特色：为制度主义而努力，与天主教会进行对抗以及热情推动民主进程。卡列斯统治时期的另外一个特点是双头政治，这也是（墨西哥革命的）领袖奥布雷贡所遗留的深远影响。卡列斯的主要目标是为革命后的转型过程提供秩序和合理性，为此他通过成立全国性的农业委员会、银行业委员会、道路、灌溉以及其他委员会，由各类全国委员会负责制定标准和规则，并由此对各行业进行限制。与此同时，卡列斯也试图通过重建各类经济型机构诸如墨西哥银行以及墨西哥农业信贷银行等，来重启并调节和规范墨西哥的经济活动，试图通过更好地利用石油货币以及更有效的税收系统来为政府供给更多资源。在农村土地方面，卡列斯赞成相对更有效率的中等规模业主体系；相较于农业土地分配，他更信赖依靠灌溉、融资和新技术等作为解决农民问题的工具。关于工人，他倡议向大型的工人中心提供互助服务，比如他青睐的墨西哥工人地区联合会。关于叛乱者阿瓜普列塔分子和韦尔塔党人，卡列斯明白他面临的最大挑战是对前革命军队进行缩减、实现军队的非政治化和重组，卡列斯的主要合作者之一华金·阿玛罗（Joaquín Amaro）主导了军队方面的改革。

由于坚持不懈地努力巩固和扩张国家，卡列斯政府和天主教会间产生了巨大冲突，后者是另一个势力范围也覆盖了墨西哥全境的组织。两者之间的对抗规模巨大，因为它涵盖了旨在控制人民的文化、教育、社会和政治能力的全方位竞争，最终通过“基督战争”（Guerra Cristera）这个军事化手段解决了两者之间的冲突。“基督战争”持续了将近三年，从 1926 年年底一直延续到 1929 年年中；战争覆盖了中西部几个州诸如哈利斯科州、科利马州、米却肯州、瓜纳华托州、克雷塔罗州、阿瓜斯卡连特斯州和萨卡特卡斯州等的农村地区。参与基督战争的教徒们自称基督军，来自于那些遍布牧场主的区域，除了捍卫自己的宗教信仰之外，他们在政府施行的农地改革中更多感受到了威胁而不是承诺。更糟糕的是，新政府中的北方人显示出压倒性的存在，占据了几乎所有政府职位，牧场主和农民们对此感到极度不满。但是基督军的军事局限性也是显而易见的：他们从未能组织出一支具有统一指挥和协调性的军队。更确切地说，他们只不过是组织了一些地区性的防卫力量，由只有可怜的零星军事经验或者完全没有军事经验的乡邻们统帅。此外，基督军们经济窘迫，这从他们羸弱的军事装备就可以看出来；而且他们也没能巩固与城市同行“全国捍卫宗教自由联盟”之间的盟友关系。最后，基督军是与成系统的政府军以及有组织的农民和工人组织进行战斗。虽然基督军的力量不足以推翻政府，但显然基督军的游击队员们也不会轻易被击败，因此，他们的反抗斗争所造成的不稳定状态，如同瘟疫般四散传染。因此，政府最终同意与天主教会的领导人进行谈判：天主教会将遵从政府的权威，放弃公开参政；作为交换，政府同意不强制实施 1917 年宪法中最具有雅各宾派特色的反教会条款。

政府与基督军达成的和解协议是在墨西哥革命后促进恢复和平局势的最重要因素之一。还有另一个非常紧急原因促成了政府与基督军达成和解并建立和平关系——在 1929 年将举行非常特别的总统选举。作为无所不在的双头政治体系存在的证据之一，前革命领袖奥布雷贡成功推动了宪法改革，允许非即时的总统连任竞选。高举反连任主义大旗，接近奥布雷贡的两名高级军官开启了反对派运动，但他们很快就死于暴力。整个社会因此受到了伤害，政治气氛再度紧绷。奥布雷贡此后也死于天主教激进分子的刺杀行动中，当时他已当选为新总统。国家没有了领袖，革命后的政治制度失去了其伟大的选民，即它唯一的仲裁者。是等待一个新领袖的出现，还是建立一个能够履行其职能的机构？国家陷入了困境。暗杀造成的政治危机达到了最大化。要化解危机，仅靠指定另一名总统候选人并组织一次新的选举是远远不够的。1920 年和 1924 年的选举前叛乱，以及 1928 年三名总统候选人被暗杀，所有这些事件都明确表明，促进选举文明化势在必行，而且需要建立一个相关机构来凝聚、组织和纪律化所有的前革命者们，并对热门职位的选举过程进行规范。1929 年 3 月，承担诸多期望（同时也备受指责）的新政治机构（国民革命党，Partido Nacional Revolucionario）宣告成立。随着新党派的成立、基督战争的结束以及军队实现制度化，墨西哥革命的“野蛮”时期终于结束了。一个新的历史阶段宣告开启，虽然变化和问题依然存在，但新时代的主要特点是相当可观的社会和谐与政治稳定——尽管不能因此就断定它是民主的时代——以及长达几十年的经济增长。

-7-

最近的历史阶段（1929—2000年）

路易斯·阿波伊特斯·阿吉拉尔

（*Luis Aboites Aguilar*）

本书最后一章讲述的内容覆盖了从1929年到2000年的71年历史。在这一阶段，墨西哥社会经历了巨大、深刻且激烈的转型，唯有1519年西班牙人到来之后那几年里，墨西哥所经历的巨大转变可以与之相比。最重要的变化无疑是墨西哥从农业社会转向城市社会，此过程与人口的急剧增长同时发生。经济繁荣的几个时期让工业和服务业的重要性日益增长，而农业和采矿业的重要性则日益减退。另一个变化则具有政治性。统治者们设法建立政治解决方案，以维持持久的稳定。专制主义威权政权专注于塑造共和国总统的个人形象和官方执政党形象，在国家治理过程中既诉诸协商手段，但也采取镇压措施来维持其统治地位。然而，在20

世纪末，经济增长和专制政权体系都进入了逐渐萎缩的下行状态。日益都市化的社会和政治稳定则得以维持。

与前几个世纪相比，在这 71 年间发生的全球性事件对墨西哥社会的影响要比以前大得多。1929 年的经济危机、第二次世界大战、20 世纪 80 年代导致“福利国家”（Ewtedo de Bienester）解体的各项改革等，是 20 世纪最有影响力的全球性事件。这些全球事件或让墨西哥人受苦，或让墨西哥人受益，墨西哥人以不同的方式抵制或利用这些世界性事件，但却无法影响它们的发展。

世界危机与政治重组

1929 年秋天，纽约股票市场危机爆发，世界上大部分国家因此被拖入了经济萧条的泥潭，全球要花费数年才能恢复元气。商品价格和世界贸易额都大幅度下跌。公司关闭潮导致各国数百万工人和雇员失业。在墨西哥，危机导致了进口和出口活动减少，这影响了联邦政府的收入——联邦政府的收入很大程度上依赖于对外贸易。在与全球市场关系最密切的地区，如北方矿区，失业率更为显著。另外，1929 年还是一个干旱的年头。因此，大多数的墨西哥人口虽然是居住在乡下、从事农业劳动，但也面临着巨大的困难。

面对一个如此动荡的世界，墨西哥和其他国家的政府都被迫转向国内市场来寻找机会。如果墨西哥制造的产品无法再远销国外，那么在国内市场销售这些商品就成了最好的选择。同样，政府不再认为外国殖民者和海归（即那些已经移居美国的墨西哥人）返国可以帮助墨西哥解决当时面临的最严重的人口稀缺问题。墨西哥仅有 1650 万人口，这被视作国力疲软的迹象之一，并且人们认为人口稀缺阻碍了国家的进步。从那时起，政府采取措施，通过设置关税或进口税等手段来保护国内生产者免于外国竞争，并着手改善国民的生活条件，特别是城市居民的生活条件。

1929 年的经济危机所导致的政府重新定位，有助于我们来了解 20 世纪这段时期的社会发展方向，至少是到 20 世纪 70 年代这段时间里的发展方向。但是，从短期来看，全球危机加速了墨西哥的内部进程，社会中的某些领域被削弱，而其他领域则得到了加强。我们现在来看看这些变化。

1929 年对于政治局势来说同样相当重要。民选总统阿尔瓦罗·奥布雷贡在 1928 年 6 月被暗杀，导致墨西哥陷入政治危机，激化了不同政治团体和军事团体之间的紧张关系。危机同时促发了政府与基督军之间的武装冲突加剧，政府和天主教会之间的对抗关系也变得更为紧张。寻求国家的政治稳定至关重要，最终政府和天主教高层之间达成了和解，至少是正式结束了始于 1926

年的基督战争，这是一项重大的成果。另外，面对因奥布雷贡被刺杀而造成的分裂状态，各政党之间达成了政治协议，开始建立基本明确的规则来解决分歧，并确保能通过和平的方式实现公共职务的继任等，特别是共和国总统职位的和平承续。因此，在1929年3月初，当几名奥布雷贡派军人发动武器起义来反对联邦政府时，国民革命党（Partido Nacional Revolucionario，缩写为PNR）在克雷塔罗市宣告成立。国民革命党是一个由不同党派和地区团体组成的联盟，由1910年革命的胜利者们组成。国民革命党面临的第一次考验是1929年末举行的总统选举，当时官方候选人帕斯夸尔·奥尔蒂斯·卢比奥（Pascual Ortiz Rubio）战胜了来自瓦哈卡州的何塞·巴斯孔塞洛斯，后者曾于1921年至1924年担任公共教育部部长，他领导了一支反对派力量并活跃于一些城市中。

尽管国民革命党的出现与奥布雷贡被暗杀关系密切，但若想对其进行中肯的评价，也必须认识到这是为构建一个强大国家而进行的诸多努力中的一步。首先，国民革命党必须建立一个政治中心，能够对分散遍布于全国各地的各种社会群体充分行使权力。联邦政府将居于权力中心，由共和国的总统统领。19世纪的统治集团未能实现这一政治目标。虽然波菲里奥执政时期的联邦政府在某种程度上让中央政府的力量得以加强，但1910年的革命不仅削弱了联邦中央政府的权力，还在很大程度上将其分裂。如何才能建立一个强有力的政治核心，以此避免诸如 1920 年阿瓜普列塔分子和韦尔塔党人在 1923 年到 1924 年发动的武装叛乱以及 1929 年的埃斯科巴分子叛乱，并且能够抑制全国不同地区的地方领袖的势力不断加强？

国民革命党的出现，意味着墨西哥在建立政治稳定的道路上获得了重大进步。但是只有当国民革命党不再处于卡列斯将军的影响力之下时，它的这个作用才能发挥得更为清晰。卡列斯于 1928 年 11 月从总统职位退下，却成了墨西哥全国政治版图中影响力最强的人，在某种程度上开始被称作"墨西哥革命的最高领导人"。在 1929 年到 1935 年间，卡列斯的影响力巨大，可以自由进出总统内阁，并参与到领导政府的工作中，主要是因为高级公务员阶层对他忠心耿耿、他与军队之间结盟关系牢固以及他作为国民革命党实际领袖的身份。在这一阶段里，墨西哥一共选举了四任总统：来自塔毛利帕斯州的埃米利奥·波特斯·基尔（Emilio Portes Gil）、来自米却肯州的帕斯夸尔·奥尔蒂斯·卢比奥、来自索诺拉州的阿贝拉尔多·卢汉·罗德里格斯（Abelardo L.Rodríguez）以及同样来自米却肯州的拉萨罗·卡德纳斯（Lázaro Cárdenas）。这些年间的一个突出特点是政府在立法工作上所做出的努力，新法律开始逐渐取代 19 世纪后几十年间的法规以及

1917 年宪法的规定等。诸多努力后，政府出台了一系列法律法规，诸如《联邦刑法典》《联邦民法典》《联邦劳动法》《水务法》和《土地法》等。

到了 1935 年，卡列斯的个人形象逐渐崩塌了。新政府的经济偿付能力更强，世界经济危机对墨西哥造成的影响成了历史；在不同的政治群体和平民阶层的不满情绪日益增长、冲突日益加剧的大背景下，因对卡列斯主义（诸如反教权、反对罢工及失业制度）心存诸多不满，共和国新总统卡德纳斯于 1935 年宣告与墨西哥革命的最高领导人卡列斯决裂。晚些时候，到了 1936 年 4 月，迫于卡德纳斯政府的压力，卡列斯被迫流亡国外。卡德纳斯的目的是将联邦政府的最高行政长官即总统变成政治舞台中最关键的基石。某种程度上可以认为是墨西哥革命最高领导人在这些年中所积累起来的影响力和力量开始逐渐转移到了共和国总统手中。

为了巩固成果，卡德纳斯政府与诸多平民团体以及激进团体进行了结盟，其中也包括共产党人，但同时他也与旧有的政治团体以及那些已与卡列斯划清界限的精英团体进行结盟。没有了卡列斯这个政治监护人，卡德纳斯很快就采取了与前任政府截然不同的政策。卡列斯政府明显加快了土地分配的速度，并且将此措施拓展到了具有高生产率的地区，诸如杜兰戈州的拉古纳潟湖地区以及科阿韦拉、位于索诺拉州南部的亚基人谷地、位于下加利福尼亚的墨西卡利（Mexicali）的谷地以及位于尤卡坦的赫纳昆地区（Henequén）等。

农业土地改革起步于1915年1月6日的法令，该法令提出将土地归还给被剥夺了土地的人民，或者是将土地分配给缺乏土地的人民。1917年宪法的第27条规定了墨西哥的土地和地下资源都归国家掌管。此后的几项法律都规定将土地分配给农民们。组建村社公有土地[①]并进行相应的土地分配，成了共和国总统职能的一部分。通过一项总统决议，各地（由一定数量农民组成的）农民中心都获得了土地、水域和森林，这些资源既无法出售也无法用于抵押，但农民们确实能继承这些资源。（集体性的）村社都有自己的自治机关，这导致了市政力量的分化，并在某些时候削弱了市政的力量。农业土地改革在1934年发生了激化。新的《农业法》取消了曾给庄园中的农业劳动者们带来压力的禁令，此前的法规是将这些人排除在土地分配权之外的。

卡德纳斯政府执政的前几年间，村社土地分配在数量上和质量上都出现大幅增长，包括更高比例的土地灌溉面积。同样，政府银行、全国农业信贷银行和全国村社镇信贷银行也增加了提供

① 村社公有土地（ejido）是墨西哥法律规定的一种土地所有制形式，主要与墨西哥革命时期的土地改革有关。通过1915年的土地改革法令，建立起一种村社公有土地制度，此类土地是集体共有的，不可分割，不能被出售。

给农村的信贷额度。在某些地方，信贷促进了村镇的集体主义的发展。同样地，通过 1934 年 10 月的宪法改革，促进了社会主义教育的普及，其不仅是为了取代宗教教义在教育中的地位，而且是为了打击狂热主义，并培养出具有准确的自然知识和社会常识的新青年一代。教师和学生都应该将自己与社会生产和社会机构关联起来。不计其数的教师们自发成为卡德纳斯教育项目的宣传机器，这激起了不少天主教徒和酋长们的激烈暴力反抗。在文化领域中，激进主义则是家常便饭。知识分子们和艺术家们创立了各种机构组织，出版了具有民族主义和本土主义内容的小说，并与欧洲不断推进的法西斯主义进行抗争。以墨西哥壁画教父、墨西哥壁画三杰之一的迭戈 · 里维拉和大卫 · 阿尔法罗 · 西奇罗斯为代表的壁画家们，以毛里西奥 · 马格达莱诺（Mauricio Magdaleno）为代表的作家们和以西尔维斯特雷 · 雷维尔塔斯（Silvestre Revueltas）为代表的音乐家们都积极参与了社会动员活动。墨西哥革命试图发展成无产阶级革命，或是试图将自己定性为无产阶级革命，但是，社会无法达成一致意见。豪尔赫 · 奎斯塔（Jorge Cuesta）、萨尔瓦多 · 诺夫（Salvador Novo）以及哈维尔 · 比雅如蒂亚（Xavier Villaurrutia），都是一个叫作“当代人”的组织的成员，他们表达了对激进分子的怀疑和不信任，因此也被指责成“精英分子”“欧洲化分子”。天主教的师生们，其中包括曼努埃尔·戈麦斯·莫林，控制了墨西哥国立大学，并试图让它脱离社会主义的倾向。他们高举自治和学术自由的旗帜。

卡德纳斯主义的政治主张在国际领域中同样得到了传播。卡德纳斯政府获得了西班牙共和国的强力支持，以对抗以弗朗西斯科·佛朗哥（Francisco Franco）为首的国内保守主义力量，佛朗哥势力得到了法西斯分子阿道夫·希特勒（Adolfo Hitler）和贝尼托·墨索里尼（Benito Mussolini）的支持。在西班牙内战期间以及战后，墨西哥接纳了成千上万的难民，包括此后被称作为“莫雷利亚孩子”（niños de Morelia）①的西班牙共和国孤儿们。

在墨西哥大部分地区的工人和农民都被动员起来的背景下，墨西哥工人联合会（CTM）于1936年成立，其在意识形态上主张阶级斗争。墨西哥工人联合会的领导人文森特·隆巴多·托莱达诺成了卡德纳斯政府的亲密盟友。两年之后墨西哥农民联合会（CNC）宣告成立，其领导人是教师加西亚诺·桑切斯（Graciano Sánchez）。卡德纳斯的意图是将劳动者们组织起来并加强他们与政府的联系以实现支持政府的目的，并且能够利用工人团体来抗衡其他团体，诸如来自蒙特雷的企业家团体，以及对抗外国势力，

① 也被称作战争儿童。

特别是美国。为了巩固这些变化，卡德纳斯于1938年决定解散国家革命党，并且成立一个新的组织机构墨西哥革命党（Partido de la Revolución Mexicana，缩写为PRM）。国家革命党和墨西哥革命党之间最根本的区别是，墨西哥革命党不是由区域性的团体和党派组成的，而是由四个领域的代表——工人、农民、平民大众和军人组成。在这个社会合作性方案中，重新确立了墨西哥共和国总统作为党派组织领导人的身份角色，负责在不同政治党派之间进行调解。通过党内沟通来解决权力角逐以及各类分歧问题，而不是在选举中公开展示问题。

并不是所有的事情都与政治有关。政府对经济发展也颇为上心。面对国内电力需求日益增长，而外国电力公司似乎对此毫无兴趣的窘况，政府于1937年对成立于1933年左右的联邦电力委员会（CFE）进行了重组。1937年联邦政府开始兴建三座大坝：位于索诺拉州的安格斯图拉大坝，位于杜兰戈的帕尔米托大坝（Palmito）以及位于塔毛里帕斯的糖坝或称马尔特戈·麦斯大坝（El Azúcar o Marte R.Gómez）。兴建诸多宏伟工程是为了扩大墨西哥北部的灌溉区面积。墨西哥国立大学在1929年获得了自治权，并经常质疑政府的政策。于是，政府于1937年在墨西哥国立大学正对面创建了国立理工学院（IPN），以实现技术人才培养的多样化，这也是工业化和公共工程扩张所需要的。此外，政府还推动了城市基础设施（饮用水、污水处理、市场）建设，以改善部分城市居民的生活条件。

在 1937 年末、1938 年初，卡德纳斯政府经历了一场严峻的考验。部分外国石油公司无视一项有利于石油工人的最高法院裁决，公开蔑视墨西哥的国家权威。墨西哥政府对此进行的回应是，于 1938 年 3 月 18 日宣布进行石油征用。天主教廷、商人们、工人们、农民们、知识分子和艺术家们，全都支持卡德纳斯总统的这个大胆决定。自此，来自国家层面的设想表现出巨大活力，或许这是墨西哥历史上前所未有的。尽管外国公司试图破坏墨西哥石油业的发展，但归功于墨西哥工人和技术人员的辛勤工作，墨西哥的国家石油工业表现良好；当然，另一个原因在于，这些外国公司从美国政府那里得到的支持少之又少，因为当时美国政府最关注的是即将爆发的世界大战。在宣布石油征用之后的短短几个月内，墨西哥石油公司（Pemex）就宣告成立，但因为其在诞生之初非常脆弱，墨西哥政府不得不对其进行多种形式的补贴。

卡德纳斯政府的激进主义撕裂了墨西哥。1939 年，在律师曼努埃尔·戈麦斯·莫林的领导下，国家行动党（PAN）成立了，其目的是对抗卡德纳斯主义中过度的社会主义倾向和集体主义主张，并希望由此促进形成一种新型的社会模式，这种模式将远离社会主义和自由主义的思想。天主教和保守派团体对社会主义教育持有怀疑态度。相当多受到土地改革影响或威胁的土地所有者们加入了反对派行列。但是一些广受欢迎的团体，诸如在墨西哥中部农村地区如巴希奥、莱昂地区拥有众多拥护者的国粹党，也参与到反对派阵营中。备受内忧（派系林立）外患（因石油征用而受影响的外国利益）煎熬，墨西哥正在经历真正的关键性时刻。当胡安·安德鲁·阿尔玛桑（Juan Andrew Almazán）将军准备竞选总统时，对卡德纳斯铺天盖地的反对浪潮终于在 1940 年 6 月的总统选举中爆发。

面对复杂局势，总统卡德纳斯及其政党表示支持普埃布拉人曼努埃尔·阿维拉·卡马乔（Manuel Ávila Camacho）竞选总统。卡马乔是一位军事色彩非常淡的新领袖，而且与卡德纳斯的激进主义保持了距离。虽然阿尔玛桑广受欢迎，但阿维拉·卡马乔还是在一个备受争议的选举日里赢得了总统选举。尽管选举过程中存在暴力，并且有人指控选举舞弊，卡德纳斯还是成功地将总统职位移交给了其官方党派指定的候选人，也就是说，新的民选总统是在墨西哥共和国前任总统的直接影响下诞生的。由此，墨西哥建立起了 20 世纪的国家政治问题基本解决机制之一：共和国总统通过其所属的官方党派指定其继任者。阿维拉·卡马乔于 1940 年 12 月至 1946 年 11 月间担任墨西哥总统。

稳定和经济增长（1940—1958 年）

新总统卡马乔急于与其前任总统划清界限。新总统呼吁和解以及民族团结。鉴于当时墨西哥所面临的复杂世界局势，新总统的这种主张被证明是有必要的。1939 年 9 月德国军队入侵波兰，第二次世界大战开始打响。起初墨西哥宣布中立，但是 1941 年 12 月，美国在日本轰炸珍珠港后宣布对轴心国开战，墨西哥难以维系此前的中立态度，随即也对德国、意大利和日本宣战。1942 年 5 月，因遭遇德国核潜艇袭击而损失了两艘石油运输船后，墨西哥加入了盟国阵营（此阵营包括大不列颠、美国、法国和苏维埃共和国等），开始参与二战。自此之后，墨西哥开始实施强制兵役。

不同于那些在本国土地上遭受战火洗礼的国家，比如首当其冲的苏维埃共和国，战争实际上对墨西哥的影响相当有利。一方面，外国资本流入、开拓新业务的可能性都强劲刺激了国内经济增长。国内外高速增长的需求巩固了自 1930 年以来的工业化成果。一些私人团体欣喜若狂。如果说因为战争而导致了外国产品短缺，墨西哥的企业家们和政府则找到了一个极好的解决方法：联合起来生产在墨西哥市场上短缺的外国产品。工业化战略，也被称作进口替代战略，极好地保护了墨西哥生产者免受国际竞争，此后墨西哥政府陆续又实施了关税政策和进口税等经济手段来强化此战略。

另一方面，世界大战也迫使美国优化与其拉美邻居们的关系。在此背景下，美国和墨西哥缔结了诸多合约，涉及债务、商业、劳动力、水利、技术协助等诸多方面，当然还涉及因 1938 年墨西哥政府征用石油公司所引发的石油领域老问题等。关于债务问题的解决方案值得一提：在墨西哥的努力下，美国豁免了墨西哥 90% 的债务。经济繁荣再加上政府的政治方向更为缓和，比如删除了社会主义教育的内容、缓和与美国的关系等，这些都有助于我们理解时任政府是如何缓解在卡德纳斯政府末期累积起来的社会不满情绪的。

1943 年，墨西哥社会福利保障局（全称 Instituto Mexicano del Seguro Social，缩写为 IMSS）成立，这是一个对墨西哥社会和经济生活都具有重要作用的机构。它的成立表明政府对现代化的劳动关系颇感兴趣，想要在工人、政府和企业之间分摊社会保障的费用。自此，墨西哥社会福利保障局与墨西哥石油公司、联邦电力委员会（CFE）、一些农业银行以及其他政府机构诸如国家财政部等组成了一个完整体系，表明了公共支出对于刺激经济增长是必不可少的。关于这一点，各派之间没有产生分歧。尽管阿维拉 · 卡马乔和卡德纳斯颇为不同，与墨西哥革命最高革命领袖之间也产生了分歧，但是有同一个观念一直连续贯穿着几届政府任期：公共资金应该在引导经济发展方向方面发挥重要作用。这并不是墨西哥独有的想法，许多国家都将提高公共支出视作从 20 世纪 30 年代世界经济大萧条中恢复的良方。在这一战略指导下，诸多国家都遵从了英国经济学家约翰 · M. 凯恩斯（John M.Keynes）提出的诸多建议，也正是凯恩斯提出了福利国家的理论。与其他被拖入战争旋涡中的国家不同，墨西哥的军费开支大幅减少。因此，墨西哥能够保证逐年增加在道路、水坝、电力、医院、学校和公共服务方面的公共投入。

在此背景下，政府对墨西哥东南部的关注尤其值得重视。政府在分析中强调，墨西哥东南部拥有丰富的自然资源，但是社会发展却相当落后。发展东南部的目的，不仅是让当地摆脱落后状态，同时也要借此机会来提振全国经济。通过分别成立于 1947 年和 1951 年的帕帕诺阿潘河委员会和格里哈尔瓦河委员会，联邦政府启动了一项广泛的投资计划，旨在建设水电大坝、道路和排水控制工程、清理树木繁茂的土地或丛林，以扩张农业和畜牧业，修建道路、学校和医院。同时，政府还确信，东南部大开发可以缓解存在于墨西哥中部某些地区乃至北部的人口过剩情况，例如拉古纳湖区。政府为此启动了几个国内移民项目，但都未取得重大成果。

第二次世界大战是20世纪历史中的里程碑事件，巩固了美国作为世界强权的地位，虽然它还面临着与另外一个世界强权苏维埃共和国的竞争。这场世界性灾难给墨西哥所带来的经济后果是，政府可以借机实施它最青睐的治理手段，可以着力发展它认为最重要的主要经济利益，并且广泛传播它最中意的关于工业和城市发展的大众舆论意见。农业国家的重要性被降低了。此外，它为长期的经济增长奠定了基础，尽管经历了1948年和1954年的比索贬值，但墨西哥经济增长的趋势一直保持到了20世纪60年代末。随着这些年的繁荣发展，基于强有力的中央政府或联邦政府而提出的政治解决方案得以巩固。下面我们通过三个方面来进行详细阐述。

实现国家的工业化成为墨西哥政府工作的重中之重。政府认为墨西哥的现代化取决于工厂、技术人员和工人数量的快速增长。人们坚信，技术创新可以提高劳动生产率，为企业家带来更多的利润，为工人们提供更高的工资，并为政府公共财政增加税收收入。将国内市场作为拉动经济增长的引擎，这种想法自20世纪30年代以来就持续被提及，现在得以实施。

政府同时还采取了其他一些措施来支持工业发展。其中一项措施是通过工会和官方的领导人来控制工人的不满情绪，他们也被称作“牛仔骑手”。为了换取工人们的服从，工会领袖们被授予特权、公共职务，或是执政党治下的人民代表位置。1941 年，墨西哥工人联合会（CTM）领导人隆巴多·托莱达诺下台，这表明墨西哥中部的工人迅速屈服于国家力量。阶级斗争被国家统一这一新目标所取代。此后，继任的墨西哥工人联合会新任领导人菲德尔·委拉斯开兹（Fidel Velázquez）一直担任负责人直至 1997 年去世。在代表政府实现对工人的控制方面，他比任何人都做得更为出色。国家促进工业化发展的另外一项措施是，在城市里对食品价格进行管制。为此政府成立了若干机构，诸如成立于 1938 年的生活必需品市场管制委员会（Comité Regulador del Mercado de las Subsistencias）、成立于 1949 年的墨西哥进出口公司（Compañía Exportadora e Importadora Mexicana）以及成立于 1961 年的全国大众生活必需品公司（Compañía Nacional de Subsistencias Populares，缩写为 Conasupo）。

与工业化紧密相关的是城市化的进程。政府以及那些最具有社会影响力的大众舆论都确信，国家的未来不再存在于农村，而是存在于新兴工业所在的城市。另外，通过让人口集中居住在一个狭小的地理空间内，更容易为人们集中提供现代化的公共服务，诸如照明、饮用水和污水处理、交通、教育以及健康服务等。墨西哥城、蒙特雷和瓜达拉哈拉的大都市区这三个城市地区在此阶段的城市化过程中受益最多。1965 年，上述三个城市共贡献了墨西哥 65% 的工业生产总值。墨西哥的经济地理实现了重组。北方的崛起伴随着一些昔日富裕区域的衰落，诸如伊达尔戈、普埃布拉和尤卡坦，新旧对比相当明显。

农业活动要服从于工业发展的目标。虽然高比例的公共支出投入到农村发展中，但是其目的也是促进农业生产、提高农业生产力，用以支持快速持续增长的城市人口。墨西哥的灌溉渠，特别是北部的灌溉渠，都要生产用于出口的农产品（比如棉花），目的是通过获取外币来购买工业化所需的机械以及支撑工业投入。虽然墨西哥北部和西部经历了一场大干旱（从 1949 年持续到 1958 年），但粮食产量还是保持了较高的增长率，以至于到 20 世纪 60 年代就差不多实现了本地区的粮食自给自足。

在经济增长和公共支出持续扩大的这些年里，墨西哥人口急剧增长，特别是在 1930 年到 1970 年间。事实上，人口增长已成为墨西哥 20 世纪发展的主要特征之一。在这 40 年间，墨西哥人口增加了 2 倍，这与 19 世纪的人口特征形成了鲜明对比：从墨西哥独立一直到墨西哥革命时期，墨西哥人口甚至都未翻番。随着 20 世纪的发展，人口增长率也在持续上升，从 20 世纪 30 年代的 1.72 % 增加到了 20 世纪 60 年代的 3.28 %。我们可以换一种更容易理解的方式来进行对比：按照 20 世纪 30 年代 1.72% 的年人口增长率，实现人口翻番需要 40 多年；而按照 20 世纪 60 年代 3.28%

的年人口增长率，实现人口翻番则只需要22年。很大程度上，人口增长率上升得益于婴儿死亡率显著下降，这要归功于对传染病和寄生虫病的控制取得了成效。公共卫生服务质量的提升、饮用水和污水处理水平的优化、疫苗接种运动的实施以及青霉素的出现等等，也都是促进人口增长的利好因素。从广义的角度来看，20世纪的人口增长是墨西哥历史上的第二个主要人口事件，第一个主要人口事件是西班牙殖民时期头几十年的印第安原住民人口灭绝灾难。

此外，1940年后，墨西哥人口出现了前所未有的流动性，主要是从乡村流向城市。城市地区可以提供更好的薪水以及公共服务。到了1960年，根据当年的人口普查，墨西哥人口的大部分已经居住在城市中了（城市的定义为居民超过2500人）。城市化现象不仅发生在墨西哥，它也是当时几乎席卷全球的社会变化中的一个重要现象。人类将农业领域抛在了后头。在1930年至1970年间，墨西哥人口总体上以非常高的速度在持续增长，城市的人口增长速度则更快。

墨西哥城极好地展示出墨西哥城市化的历史。墨西哥城的人口数量，在1930年徘徊在100万左右，在后来的40年里则增长了6倍。从莱尔马高地（Alto Lerma）输送饮用水到首都、修建米格尔·阿莱曼高架路和外环线等道路、开通地铁、在20世纪

60 年代开始建设深层排水系统等，都使得墨西哥城的高速人口增长成为可能。商人和政界人士都对房地产和建筑业兴趣颇丰。现代化的努力是以城市化为中心的，1950 年在墨西哥城中心举行的拉丁美洲大厦落成仪式或许是这个论断最合适的注脚之一。

战后经济经历了全球化扩张，有人称之为“资本主义的黄金时代”，墨西哥经济在此期间也经历了多年的持续繁荣。1940 年至 1970 年间，墨西哥国内生产总值的年增长率超过 6%，正如政客们所宣称的那样，这是一个真正的“经济奇迹”。在这三十年结束时，工业和服务业（贸易、银行）的重要性日益增长。农业对经济的贡献则在不断减少。

值得注意的一点是，此阶段的墨西哥经济增长主要来自于国内资源，而不是借助于外国贷款。1959 年，墨西哥外债仅为 6.49 亿美元。尽管公共财政来源受限，但归功于政府对基础设施、能源和通信领域的广泛投资，经济增长的目标很大程度上是可以实现的。在经济受到严格保护，以免遭受国外竞争的政策大背景下，国内私人投资也在持续增长。

自 1958 年到 1970 年，伴随着价格稳定以及低通货膨胀率，墨西哥的经济实现了快速增长，即所谓的稳定增长。在这些年里，有一个主要指标显示出积极趋势：实际工资增加，即工资的购买力越来越强。但享受到工资增长利好的仅局限于少数劳动阶层，他们几乎全部来自大城市和工业主要领域中，他们是受益于墨西哥社会保障局服务和接受了公共教育服务的人，同时这个群体也在不断扩大中。尽管规模仍然很小，但很明显，这些受益的劳动阶层的生活条件有了大幅度改善，并因此在墨西哥形成了一个新的社会现象，这个现象有助于我们来理解这些年间墨西哥政治稳定的原因：社会流动性。因为施行了免费的公共教育，工人家庭的孩子拥有大学学位或是接受了专业的技术教育，并且拥有自己的房子、社会保险以及退休基金，这些现象都并不罕见，也并不奇怪。在联邦公务员阶层内同样发生了类似的变化。1925 年，墨西哥创建了养老金管理局，并于 1959 年转变为墨西哥公务员社会保障和福利局（ISSTE）。

1946 年，革命制度党（Partido Revolucionario Institucional，缩写为 PRI）取代了墨西哥革命党（PRM）。两者之间的主要区别之一是对阿维拉·卡马乔总统自 1940 年 12 月以来实施的一项政策——军队士兵复员持有不同态度。这一措施进一步证明了政治制度的稳定性。军队士兵复员、军队完全服从于共和国总统的领导，这也成为墨西哥政治解决方案的另一大特色。新党派参与的第一次总统选举于 1946 年举行，官方候选人、来自韦拉克鲁斯的米格尔·阿莱曼（Miguel Alemán）胜利当选，这是多年来第一次不是来自军队、并且也未曾参加过 1910 年革命的人士当选为总统。阿莱曼毕业于墨西哥国立自治大学，属于新一代的政治家和领导人。反对派候选人，来自格雷罗的埃泽奎尔·帕迪亚（Ezequiel Padilla）与阿尔玛桑在1940年所获得的支持率差不多。那些认为自己是革命胜利者的继承人们，即所谓的“革命家庭”，攫取了政治权力。

阿莱曼致力于推动工业化以及促进公司业务的增长，他和他的一些合作者以及老朋友们对这些领域并不陌生。建筑公司土木工程师联合会（Ingenieros Civiles Asociados，缩写为ICA）很快就会成为墨西哥新商业公司的一个典范，它正是诞生在这个特殊时刻，公司由贝尔纳多·金塔纳（Bernardo Quintana）掌舵。埃米利奥·阿兹卡拉加（Emilio Azcárraga）是另一位杰出的企业家，他利用了电视的创新优势。随着电视逐渐演变成为一种大众传播媒介，通过用它来重新组织家庭生活，向观众灌输新的休闲模式，向观众强加新的思维方式、表达方式以及消费方式，埃米利奥·阿兹卡拉加的财富实现了迅速增长。城市化现象、电视、航空运输和电话通信设施都让生活变得更加便利，同时，政府的管理行为也越来越克制，所有这些因素一起滋养了知识分子和艺术家的思想。1949年，奥克塔维奥·帕斯（Octavio Paz）出版了《寂寞迷宫》（*El laberinto de la soledad*），旨在寻找墨西哥的特色。不同于表现城市生活的繁华，胡安·鲁尔福（Juan Rulfo）在1953年和1955年推出了两部展现墨西哥乡村生活的宏伟作品，分别是《燃烧的原野》（*El llano en llamas*）和《佩德罗·巴拉莫》（*Pedro Páramo*）。1958年，卡洛斯·富恩特斯（Carlos Fuentes）因出版小说《最明净的地区》（*La región más transparente*）而一鸣惊人，通过文字展现出一幅描摹墨西哥城城市生活的精美画轴。激进主义成了历史。像鲁菲诺·塔马约（Rufino Tamayo）之类的艺术家们相比壁画主义时期获得了更大的影响力。开放吸收来自美国、欧洲以及其他拉丁美洲国家的新风格和新形式，促进了墨西哥艺术创作内容的多样化。城市主题的电影院（歌舞表演、穷人、蒙面人、大学生）恰如其分地反映出墨西哥正在经历的变化，或者至少反映了其所处城市中的一些变化。

在此时期，政治中央集权化取得了实质性进展。针对1946年的选举，政府颁布了一项选举法案，这是联邦政府首次处理这一微妙的公民程序。在此之前都是由地方当局来组织选举。1946年，墨西哥成立了水力资源部，加强了水资源管理的集中化。1948年，墨西哥开征商业所得税，其目的是在全国各地设立单一的联邦税。

这些数据都证明了政治解决方案逐渐得以巩固；在这些政治方案中，也越来越强调联邦政府的重要性、重视共和国总统的形象。联邦的其他权力机关，如立法和司法，则越来越弱势。此外，第二次世界大战让萌芽已久的一个现象变得越来越明显：公共收入越来越集中在联邦政府手中；与之相应的是，州和市政府的财政权力逐渐被削弱。尽管这种集中在很大程度上反映出联邦税收（所得税）征收情况逐渐好转，但它也夺取了州和市政府的税收收入，而联邦政府则辩称此举对于进行税收制度标准化和现代化改革是必不可少的。这也反映在 1922 年的石油、1926 年的采矿、1933 年的电力以及随后几年出现的其他政府征用案例中。结果，联邦政府拥有越来越多的资源，自然也必须承担相较于州和市来说更多的义务。逐渐推行且从未中断过的教育联邦化，在旧观念中被理解为是联邦政府扩张的一种表现，实际上则表明了联邦政治中心、州和市政当局之间关系的重新洗牌。各州的经历都大同小异：市政当局被剥夺了主要的税收来源。总的来说，1950 年的市政当局比 1910 年要穷得多。

然而，有迹象表明共和国总统和政府无法掌控全部。这个问题值得进行更多研究，但目前至少可以肯定地说，在财政和水力方面，联邦当局面临诸多限制并遭遇过（来自地方的）明显的不尊重行为。例如，联邦打算全面征收企业所得税的意图遭到最富裕的一些州（韦拉克鲁斯州、下加利福尼亚州、新莱昂州、哈利斯科州、墨西哥州以及其他一些州等）的反对。米格尔·阿莱曼的继任者，同样来自韦拉克鲁斯的阿道夫·鲁伊斯·科尔蒂内斯（Adolfo Ruiz Cortines，1952—1958 年在任），一再努力试图击败地区反对势力，但徒劳无功。水利方面，大企业家们，如埃尔莫斯约海岸（Costa de Hermosillo）的农业从业者们，从未遵守联邦政府要求在井中安装水表的规定，这是为了了解他们到底从地下水土层中提取了多少水。在蒙特雷，工业家们组织了自己的地下供水系统，除了他们自己，其他人都无法控制这个系统。城市可能会遭遇严重的水资源短缺危机，但是水利行业仍然发展蓬勃。但是，这些情况都属于个案，即使这些现象的确存在，也无法影响共和国总统拥有巨大权力这个事实。虽然此说法有一定的合理性，但对此问题的研究目前还相当匮乏。不过，财政部的一位高级官员曾在 1972 年表示，与所有州的财政部部长坐在一起开会，在此之前对于他来说是不可想象的。

失衡以及国家主义者的回应（1958—1982 年）

这些年间墨西哥最突出的特点是经济增长和政治稳定。墨西哥 1910 年革命五十周年系列庆典活动于 1960 年在阿道夫 · 洛佩兹 · 马特奥斯（Adolfo López Mateos，1958—1964 年在任）的总统任期内举行。统治阶级为领导国家所取得的成就而感到自豪。政府在健康、教育和基础设施方面的进步完全可以大书特书，并还通过在 1953 年赋予妇女投票权来加强公民身份。如健康方面，婴儿死亡率急剧下降，从 27‰下降到了 12‰。与此前不同，家庭痛失孩子不再是普遍现象。墨西哥社会福利保障局为总计 400 万人提供了保障，而墨西哥公务员社会保障和福利局（ISSTE）则覆盖了另外 50 万人口。文盲人口比例从 1930 年的 62% 下降到了 1960 年的 45%。归功于政府的投入，墨西哥可灌溉土地的面积达到了 140 万公顷。从 1950 年开始，墨西哥人可以经由陆地穿越全国，从恰帕斯的危地马拉边境旅行到奇瓦瓦州的华雷斯城。自 1938 年以来石油产量几乎增加了 2 倍，发电量也达到了 1930 年的 7 倍。农业和工业领域的增长也相当惊人。为了改善电力供应情况并形成互联的国家电网，总统洛佩兹 · 马特奥斯在 1960 年决定收购外国电力公司。总之，国家领导人们以不同的方式证明他们可以卓有成效地治理国家，对革命政府做出了交代，并屡次以此自夸。而总统洛佩兹 · 马特奥斯则在墨西哥革命意识形态框架下大方宣称自己是“极左派”。政府的这些声明和其他行为，诸如收购电力公司、提供免费书籍等措施，都令企业家们感到担忧。他们担心国家的扩张将蚕食自己可操作的空间以及可施加影响的领域。

对于国家管理者们来说，他们采取这种立场的理由充分。如果仔细观察，会发现墨西哥自 1930 年以来发生了显著变化。人口增长以及向大城市的快速迁移促进了城市中产阶级的大发展，墨西哥中产阶级的规模前所未有。中产阶级的扩大来自于私人企业雇员和管理阶层、公务员及官僚、独立专业人士以及小企业主数量的增长。诸多因素综合在一起，都给中产阶级提供了丰富的生长土壤和养料。在诸多因素的共同作用下，滋养出了一系列新的政策、潮流观念、价值观等，有利因素诸如经济繁荣；政府在公共领域如卫生、教育、基础设施方面增加了公共支出；国内市场扩张带来的快速发展等。一个可以表现出此阶段墨西哥社会活力的指标——虽然粗略但还是有一定的说服力——是大学生人数增加到原本数量的近15倍：从1930年的23000人增加到了1970年的335000人。大学城于1952年落成，1953年在联邦特区周边开始兴建巨大的卫星城，大型百货商场遍地开花，这些都体现出城市扩张势头十足。另一个不仅能表明经济增长活力，同时也能展现出社会和文化活力的指标是，1930年至1970年间墨西哥汽车保有数量增加到19倍，从63000台增加到了1200000台。电话用户则在1940年到1970年间增长到近10倍，从88000人增加到了859000人。这些数字仅仅只是表明城市日常生活发生变化的部分参数之一。除此之外，洗衣机、冰箱、收音机、唱片机、电视机、缝纫机等改变家庭生活方式的新工具都普遍流行开来。新的消费模式、新观念、新的工作实践和新的休闲娱乐形式，因教育或工作或家族企业的发展等带来的新可能性，都让大众对实现社会阶层跃升充满希望，所有这些因素都有助于塑造一个不那么地方化和农业化的社会。一个更加都市化和城市化的社会正在逐渐成形。

在这股狂热的社会转型浪潮中，也有一些领域是格格不入的。只有一小部分人口从经济发展中获益，主要是城市人口，与此同时，农村地区则越来越落后。中产阶级规模逐渐扩大的同时，城市周边也开始形成巨大的贫困带。全国范围内的不平等问题成为墨西哥社会的一个突出问题。通过计算 1950 年至 1963 年间的收入分配情况，可以得出一个令人震惊的结论：墨西哥一半的财富集中在 10% 的人口手中。

有时通过协商和让步，有时则诉诸暴力手段，政府最终还是平息了工人和农民的不满情绪。比如，在 1951 年，政府选择无视装载着数千名矿工及其家人痛苦的“饥饿大篷车”，他们从科阿韦拉州的新罗西塔（Nueva Rosita）步行了 1400 公里前往首都进行抗议，抗议美国熔炼公司（American Smelting and Refining Company）虐待劳工。1958 年，电报行业、石油工人和教师行业的一些领导人遭到了政府镇压和监禁。在下加利福尼亚州、奇瓦瓦州和圣路易斯波托西州举行的政治选举动员会，显示出执政党和整个联邦政府的专制手段开始出现问题。1959 年，政府出动军队镇压了一场大型铁路工人罢工活动，包括德梅特里奥 · 巴耶霍（Demetrio Vallejo）在内的一些罢工领导人被指控犯有社会解体罪，并在监狱里被关押多年。时值美国与苏联的对抗时期（所谓的冷战时期），在美国和墨西哥，占主导地位的观念都是将异见分子贴上共产主义者标签，铁路工人因此被判定为共产主义者并被关进监狱。1962 年，政府出动军队残杀了独立农民领袖鲁本·哈拉米略（Rubén Jaramillo）及其家人。

古巴革命则进一步助长了墨西哥国内的不满氛围和意识形态高度分歧的状态。菲德尔·卡斯特罗（Fidel Castro）率领的游击队于 1959 年 1 月夺取了古巴政权，推翻了独裁者富尔亨西奥·巴蒂斯塔（Fulgencio Batista）的统治。1961 年，卡斯特罗宣称自己是马克思列宁主义者，古巴与美国的紧张关系因此进一步恶化。古巴的革命实践激发了墨西哥乃至整个拉丁美洲的不满情绪和激进氛围。一方面，1961 年，在前总统卡德纳斯领导下，民族解放运动（el Mocimiento de Liberación Nacional）在墨西哥发起，他试图将不同领域的异见分子们聚集在一起，他们都不认可现任政府的政策方向。另一方面，天主教会高喊口号“支持基督教、反对共产主义”，并组织了几次公开示威，使得政治局势更加紧张。在此背景下，墨西哥最富有的商人——总数不超过 30 人，创建了墨西哥商人理事会（CMHN），这个组织很快将在墨西哥社会中发挥出巨大的经济和政治影响力。理事会加入了其他一些历史更悠久的企业家组织队列里，诸如国家商会联合会（Concanaco）、工业联合会（Concamin）、全国转型工业商会（Canacintra）、墨西哥共和国雇主联合会（Coparmex）以及墨西哥银行家协会等。

在一种令人窒息的政治和外交氛围中，美国政府发起了一场运动，试图消除古巴革命实践在拉丁美洲所激起的热烈反响。作为冷战的表现之一，在1962年至1964年间，美国向拉美政府施加压力，迫使古巴在经济和外交上处于孤立状态。但是美国的倡议遭到了墨西哥的拒绝。墨西哥是美洲国家组织成员中唯一一个坚定保持了独立姿态的国家，这为墨西哥赢得了国际声誉。与此同时，美国政府推动成立了一个“进步联盟”，旨在通过推动各种社会和政治改革以防止拉丁美洲爆发新的起义和暴乱。在此背景下，墨西哥采用了党派议员代表制度，从1964年起开始允许少数的反对派代表进入议会。

总统洛佩兹·马特奥斯的继任者是普埃布拉人古斯塔沃·迪亚斯·奥达斯（Gustavo Díaz Ordaz，1964—1970年在任）。古斯塔沃政府任期初始即面临由国内医生以及来自于墨西哥社会福利保障局、墨西哥公务员福利保障局和其他医生机构成员们参与的大规模抗议运动。这场冲突后来变了质。1965年9月23日，一小撮人袭击了位于奇瓦瓦马德拉的军营。尽管游击队的武装起义很快就被镇压了，但这个事件标志着，受古巴革命实践所影响，一些武装团体开始在墨西哥国内活跃运动，他们试图通过暴力手段来改变国家。游击队队员们认为，资本主义的剥削导致大多数墨西哥人生活于水深火热的悲惨境地中。有些游击队活跃于城市中，诸如由农村教师公费培训体系[①]的教师赫纳洛·瓦斯奎兹（Genaro Vázquez）和卢西奥·卡巴尼阿斯（Lucio Cabañas）所领导的一些团体；另外一些则在农村地区活动，特别是格雷罗山区。

但毫无疑问，体现国家政治解决方案失衡的关键事件是1968年的学生运动，这一年，世界各地的年轻人都在大肆抗议。1968年的学运，尤其是10月2日在特拉特洛尔科的大屠杀，表露出日益城市化、多元化的社会与现有政治体制之间的距离，这种体制想当然地认为它所推动现代化的努力永远不会对其权威构成威胁或形成挑战。政府采取镇压行动表明了，在现有的政治体制下无法进行谈判并解决冲突，而对抗最初仅始于学生之间的打架冲突行为。迪亚斯·奥达斯总统确信他发现了一个威胁到国家稳定的共产主义阴谋。随着同年10月12日将在墨西哥城开幕的第十九届奥运会逐渐临近，局势变得更加复杂。9月，军队占领并清空了墨西哥国立自治大学以及墨西哥国立理工学院。10月12日的下午迎来了事件的最终结局。还未来得及展开活动，聚集在

① 农村教师公费培训体系（normalista），即乡村师范学校体系，是墨西哥自20世纪20年代开始实施的雄心勃勃的教育大众化计划的一部分，乡村师范项目是墨西哥社会转型的重要组成部分，也成为培育墨西哥社会运动的土壤。

特拉特洛尔科广场的学生就遭到了军队士兵的袭击。现在我们都知道，潜伏在位于战略要地的狙击手首先进行了挑衅，军队对此进行了回击，而狙击手们则是接受高层政府官员的命令指示才展开行动的。镇压活动导致数十人死亡、数百人被关押在莱昆贝里监狱（Lecumberri），其中包括作家何塞·雷维尔塔斯（José Revueltas）和工程师埃贝尔托·卡斯蒂略（Heberto Castillo）。除了这些政治犯，1959 年铁路罢工和 1965 年医疗运动的参与者也都被关押在监狱里。为了抗议大屠杀，诗人奥克塔维奥·帕斯辞去了墨西哥驻印度大使的职务，他在 1990 年获得了诺贝尔文学奖。

1968 年以后，很明显旧有的政治制度越来越无法领导一个日益城市化、多元化、开明化的社会；最重要的是，人们不满意但是又缺乏表达其观点的方法和途径。这与政府统治的另一个特点紧密相关：政府严格管控了印刷和电视媒体。数十年来最具影响力的电视新闻节目记者雅克布·扎布卢多斯基（Jacobo Zabludowsky），他的形象就是政府进行信息控制的一个例证。1971 年 6 月 10 日在墨西哥城发生的另一次镇压学生事件，进一步拉开了反对派及不满派与 1910 年革命后成立的国家政权之间的距离。

国家试图通过推行不同的战略来收复失地、恢复原状。然而，20 世纪世界历史上的一个关键事件使这项任务变得相当困难。战后黄金时代行将结束，世界经济增长率开始下降。1973 年成为战后黄金时代结束、战后全面危机时代开启的分割点。

在墨西哥，在总统路易斯·埃切维里亚（Luis Echeverría，1970—1976 年在任）和何塞·洛佩兹·波蒂略（José López Portillo，1976—1982 年在任）两任总统任期内，政府都试图通过多种手段来吸引对政府不满的团体，诸如施行大赦、开设新的高等教育中心（如成立于 1974 年的大都会自治大学）、实施支持工人阶级的系列机制（如创建于 1972 年的工人住房国家基金会，墨西哥劳动者全国住房基金委员会等）、进行选举改革、进行与民主开放及民族主义相关的高调演讲等。政府为加强与各类知识分子和艺术家群体的紧密关系也做出了相当多的努力，例如通过加大对电影业的投资等来获取行业好感。“要么是埃切维里亚，要么是法西斯主义”，一位接近政权的作家如此表述。然而，政府旨在拉近与知识分子关系的诸多努力并未获得成功。现在我们来看看原因何在。

一方面，经济增长率开始下降。自 20 世纪 30 年代以来，特别是第二次世界大战以后，通过进口替代战略来实现工业化的发展模式逐渐失效。粮食减产、外汇收入下降，种种迹象表明农业部门现在精疲力竭，已经无力支撑工业化。国家出口和进口之间的差异逐渐扩大，形成了所谓的贸易逆差。另一方面，国内储蓄余额也不再足以为经济扩张提供资金。与其他国家相比，墨西哥非常贫穷。由于企业家对投资冒险不感兴趣，情况变得越来越严重。尽管埃切维里亚总统试图进行税收改革以征收更多税款，但企业家们都表示强烈反对。鉴于国内措施全部失败，墨西哥政府决定申请外部贷款来维持甚至提高公共支出，这是总统软弱的另一个表现。公共财政赤字（或者说收入与支出之间的差异）不停累增，这些负担将对墨西哥的后代产生影响。

1973 年 9 月 17 日，夸乌特莫克啤酒公司（Cervecería Cuauhtémoc）的所有者、成立于 1943 年的蒙特雷科技大学（Tecnológico de Monterrey）的创始人、实力雄厚的蒙特雷商人尤金·加尔萨·萨达（Eugenio Garza Sada），在“9 月 23 日联盟”（La Liga 23 de Septiembre）的游击队员试图绑架他的过程中惨遭杀害。在葬礼上，哀悼者们愤怒地声讨了总统埃切维里亚。这一事件成为导致政府和一些商业部门之间关系紧张的导火索之一。鉴于墨西哥所面临的巨大经济困难，政府和企业家之间的紧张局势进一步加剧。在此背景下，1975 年墨西哥商业协调中心成立，由工业家协会、企业家和商人协会、雇主协会、银行家协会以及具有广泛影响力的原墨西哥商业人士委员会（CMH）共同组成。另外，工人领域中，特别是以拉斐尔·加尔万（Rafael Galván）为首的电工们，与亲政府领导人控制的工会进行了顽强斗争。工人和农民都相当不满。

这是一个具有不同倾向的政治团体层出不穷的激进主义时期，从毛泽东主义者到与解放神学有关的天主教徒派都有他们的追随者，而这些流行的各类主义都要求为穷人提供更多选择，特别是为拉丁美洲的穷人。除了这些挑战之外，国家还在试图掩盖所谓的“肮脏战争”，即在整个20世纪70年代持续不断进行的非法镇压武装反抗运动。除了行使合法权力、通过暴力去征服那些以武装手段挑战它权威的反抗者，政府还对数十名武装反抗分子实施了酷刑、被迫失踪、暗杀，并对其家人进行恐吓。在国内战争正在进行的同时，墨西哥政府对外则吹嘘自己进步的立场，并宣称支持第三世界。墨西哥政府大张旗鼓公开支持智利总统萨尔瓦多·阿连德（Salvador Allende）政府和古巴政府，对数千名来自乌拉圭、阿根廷和智利的流亡者敞开大门表示欢迎，他们为逃离本国军事独裁统治而流亡。

经济管理不善的表现之一是通货膨胀，自1973年以来这个问题开始逐渐凸显出来。墨西哥此时期的通货膨胀问题主要是由于全球市场的经济困难造成的，但同时也是因为在没有获得有效支持的情况下增加货币发行量并增加了政府公共支出。相比于20世纪60年代的不到5%的价格年增长率，1973年之后价格年增长率则超过了20%。通货膨胀率上升导致了1976年8月比索贬值。自1954年以来，一直保持着1美元兑换12.5比索的水平，到了

1976 年则下降到了 1 美元兑换 20 比索。这是持续贬值的开始，导致比索价值在 2000 年 11 月仅为 1976 年 8 月时的 1/760（如果我们不删除 1993 年通过法令取消的三个零，则每 1 美元可兑换的比索从 12.5 比索增加到了 9500 比索）。为了克服 1976 年的危机，埃切里维拉政府被迫向国际货币基金组织求援。作为贷款的交换条件，国际货币基金组织要求墨西哥政府大幅度削减公共支出。

1978 年初，当坎佩切湾发现大型油田时，命运似乎在对墨西哥政府和所有墨西哥人微笑示好。洛佩兹 · 波蒂略总统表示，墨西哥必须做好准备来管理丰富的资源。墨西哥政府坚持不懈地利用外国贷款，促使墨西哥石油公司提高了生产能力。统计数字非常喜人：例如，原油出口量从 1976 年的每天 9.4 万桶增加到了 1982 年的每天 150 万桶。在韦拉克鲁斯南部、塔巴斯科和坎佩切，墨西哥石油公司的存在既是天堂又是噩梦。支付给劳动力的高工资极其随意，在没有基础设施配套的城市地区住房需求高涨，由于外汇需求激增而导致生产至上的观念盛行，根本不顾对环境造成的破坏。很快，对石油行业的投入提升到了联邦支出预算的三分之一。

过往的历史与 1973 年开始出现的另一场世界危机所造成的影响紧密纠缠在一起，共同影响了墨西哥。石油输出国组织（OPEC）于 1973 年对美国和其他国家实施石油禁运，导致桶装石油的价格显著上涨。桶装石油价格从 1970 年的不到 3 美元一路激增到 1981 年的 35 美元以上。世界经济因运输和投入成本上升而遭受打击。石油国家将获得的数十亿美元注入国际金融体系中，导致利率下降。举债成为一个有吸引力的选择。

这个全球紧要关头对于墨西哥也是一个关键时刻，墨西哥政府试图利用局势来弥补其财政疲软的现状并启动石油项目。1966 年，墨西哥的外债为 19 亿美元，但在 1982 年已经高出了 30 倍，达 590 亿美元。但是墨西哥的政府官员们并不担心，因为他们相信桶装石油的价格会持续上涨，可能会涨到每桶 70 美元，偿还债务完全不会是问题。

20 世纪 70 年代的增加公共支出带来了几个积极的效果，例如每年经济增长率超过了 7%、实际工资持续增长（至少到 1976 年）以及自 1929 年以来最高比例的健康、教育和基础设施投入。根据专家的结论，墨西哥社会和区域的不平等程度出现了显著下降，或至少在过去十年里显著下降。

至少有两个源于此时期的变化对墨西哥社会产生了持久影响。第一个是在控制计划生育的基础上施行新的人口政策。人口增长率越来越高，墨西哥经济将无法承载以此规模继续增长的人口数量，这已经成为共识。政府就此采取了行动。1974 年 3 月，墨西哥成立了国家人口委员会（CONAPO），目的是实施措施以降低人口增长率。尽管遭到了天主教会的强烈反对，控制人口的政府倡议对墨西哥人口活力产生了明显的影响。在接下来的几十年里，墨西哥人口增长率急剧下降，从 1970 年到 1990 年间，年增长率从 3.6％降至 2.6％。

第二个变化与政治有关。自从发现来自墨西哥革命制度党的候选人成为 1976 年总统选举的唯一参与者之后，洛佩兹 · 波蒂略政府在 1977 年推动了政治改革，试图将少数族裔力量、特别是左翼团体纳入党派斗争中。通过比例代表制，建立了两套代表选举渠道（单选和多选），根据每个团体获得的选票百分比来确定各党派在议会中的席位数量，共产党、墨西哥工人党和墨西哥民主党（起源于共同统治派［Sinarquista］）等政党均被纳入选举活动中。墨西哥议会第一次出现了共产党人代表。墨西哥国家行动党设法增加了它在联邦代表中的席位数量。虽然 1977 年的选举改革完整保留了立法机关相对于联邦行政机关的从属地位，并且保留了革命制度党的霸权地位，但仍可以视作是迈开了历史性的第一步。自此以后，墨西哥为变革选举制度和普遍性的政治解决方案进行了持续努力。

然而，1981 年和 1982 年发生的严重经济和政治事件，使这些政治成就黯然失色。我们一起来看看细节。

首先，对石油市场的估算彻底失败了。自 1981 年 5 月以来，石油价格开始下降，而利率则逐步攀升。由于收入减少、债务利息支出增加，公共财政无以为继。1982 年 8 月，财政部部长宣布墨西哥经济破产，并暂停向外国债权人付款。为保护资产，投机者以及小储户们开始支取大量资金并撤离墨西哥，导致墨西哥比索兑换 1 美元的价格从 26 比索攀升到了 70 比索。通货膨胀率几乎达到了 100%。在这一关键背景下，总统于 1982 年 9 月 1 日宣布征用银行。有些人对这项举措表示称赞，但此举并未吸引到人民的普遍支持。相反，明显可以感知到人们对统治集团的不信任正在蔓延。

公民运动和政治变革（1982—2000 年）

1979 年玛格丽特 · 撒切尔夫人（Margaret Thatcher）当选为英国首相，1980 年罗纳德 · 里根（Ronald Reagan）当选为美国总统，这些都是相应国家对 1973 年爆发的世界危机开始采取保守反应的政治信号。体现这一新政治立场的两个主要政策方向为：减少公共支出和加强私营企业活动；否决此前对凯恩斯主义和福利国家的倡议。凯恩斯被新的经济学家所取代，他们认为导致经济恶化的根本弊端来自于过度的公共支出。与此同时，美国在与苏维埃政权的对抗中处于下风，这导致美国主张武装战略的政治派系开始掌控局面且军事竞赛大行其道。1978 年底登基的新教皇也开始以积极的姿态参与到世界事务中。1979 年 2 月教皇胡安·巴勃罗二世（Juan Pablo Ⅱ）首次访问墨西哥，受到了人们的热烈欢迎和称颂。

洛佩兹·波蒂略政府任期结束之前爆发了危机，与此同时个人电脑也开始在办公室、企业、家庭和学校中普及，这都让政府的管理行为开始发生巨变，深远影响了大部分墨西哥人。新任总统、来自科利马州的米格尔·马德里（Miguel de la Madrid，1982—1988 年在任）必须解决这些危机。根据美国和英国政府的要求，以及世界银行和国际货币基金组织为克服 1982 年经济危机而施加的条件，墨西哥的公共支出和公共投资大幅度下降（例如，1983 年公共支出仅为此前的三分之一），并开始出售许多半国营公司。墨西哥政府必须不惜一切代价减少公共财政赤字。通胀反弹和政府的遏制措施导致工资锐减。此后，一个老问题以戏剧化的形式重新登场：失业。许多家庭都意识到现在得靠自己解决生计问题了。自雇人员数量开始增长，成百上千名街头小贩开始在人行道、广场和街道上谋生。还有一些家庭的男性成员决定冒着生命危险非法偷渡到美国定居。其他人则选择以不同的方式进行抗议，例如全国教育工作者协调委员会（Coordinadora Nacional de Trabajadores de la Educación）的成员们，1979 年以来对执政领导层及工资下降表示不满的教师们组成了这个机构。其他人则诉诸选举；人们开始在具有一定政治影响力的地方市政选举中挑战并击败墨西哥革命制度党，特别是在墨西哥北部，反对派在杜兰戈州和奇瓦瓦州的首府以及1983年在边境城市华雷斯市都获取了选举胜利。从此之后，越来越多对社会现状不满的社会团体被动员起来，占领街道和广场，占据道路和收费站，占领政府办公室，并开展抵制电视台、静坐、游行和绝食活动。并不是说以前不曾出现过这些抗议行为，不过现在抗议活动变得更加频繁了。而且抗议活动的参与者不仅有贫困的工人和农民，工商界人士、城市和农村的中产阶级也都加入进来了。1985年9月19日和20日的地震影响了墨西哥中西部相当大一片区域，墨西哥城里的死者成千上万。但是政府的反应却相当软弱且迟钝。与之相反，邻里社区的反应则相当给力。软弱无力的政府和强有力的社会组织之间形成了鲜明的对比。似乎饱受经济问题困扰的政府在灾难面前完全丧失了机动行为能力。另一个领域的恶化也让民众加深了对政府的不满看法：贩毒活动似乎日益日常化了。在20世纪80年代和90年代间，因为美国市场对大麻、可卡因和其他毒品替代物的消费量激增，毒贩生意越做越大。随着毒品市场的发展，各国毒贩开始形成了一个联盟：哥伦比亚人制毒、墨西哥人贩运、美国人分销。各类相关新闻消息，诸如向负责起诉罪犯的当局机关行贿、做假账、为毒贩“洗钱”、抓捕毒枭如拉斐尔·卡罗·金特罗(Rafael Caro Quintero)、截获大宗毒品等，简直让公众目不暇接。另外，城市里犯罪和绑架活动频出，道路劫匪猖獗，如同回到了19世纪。

因严重的经济困难局面，一些州长们和某些商业领域的企业家们开始质疑把进口替代战略作为经济发展推动轴心的可行性。这种质疑引导墨西哥逐渐向世界开放其国内市场。1986年加入关税及贸易总协定(GATT)体现出墨西哥经济管理思路的根本性转变。在北美经济蓬勃发展的背景下，墨西哥的加工业进入繁荣发展的阶段，墨西哥进口投入品和零部件，并以出口为目的，在墨西哥国内进行产品组装；在阿瓜斯卡连特斯、索诺拉、奇瓦瓦和科阿韦拉开设新工厂的汽车公司也是照此模式运转。墨西哥城的诸多工厂或被关闭，或迁移到了其他地方。墨西哥城曾是国家推动的现代化项目的最佳象征，现在却经历着财富缩水。

1988年的总统选举在此背景下开始举行，与此同时，1987年墨西哥的通货膨胀率高达近160%。从墨西哥革命制度党的一个部门里衍生出了一个新的民主党分支，由前总统拉扎罗·卡德纳斯的儿子夸乌特莫克·卡德纳斯(Cuauhtémoc Cárdenas)领导，他多年来一直是官方执政党的党派成员，并且长期担任米却肯州州长一职。这个新的民主党分支吸引并团结了其他团体，共同组成了全国民主阵线(el Frente Democrático Nacional)。代表墨西哥革命制度党参加总统竞选的候选人是来自首都的卡洛斯·萨利纳斯·德戈塔里（Carlos Salinas de Gortari）。墨西哥国家行动党则选择了来自锡那罗亚的曼努埃尔·克劳西尔（Manuel J.Clouthier）作为候选人，他来自于因国家没收银行而对政府和墨西哥革命制度党都采取疏离态度的企业家团体。

关于 1988 年 7 月 2 日的选举，投票计数过程中发生的“系统崩溃”至今让人们记忆犹新。这次技术失灵激起了反对党的怀疑和不安，但并没有妨碍由内政部部长领导的选举当局宣布革命制度党候选人萨利纳斯胜利当选。墨西哥国家行动党人和卡德纳斯党人愤怒地抗议选举结果。他们认为官方候选人实际上是一败涂地的。但是慢慢地，因被击败的候选人克劳西尔和卡德纳斯未能达成一致的共同战略，抗议选举舞弊的声浪逐渐式微，萨利纳斯当选总统成为既成事实。在革命制度党取得成功的同时，1988 年的选举事件引起了强烈反响。新政府虽然开张了，但是它的合法性相当可疑。为了巩固自己的地位，总统萨利纳斯决定发动具有重大媒体效应的政治行动：出动警察和军队力量，逮捕了享有盛誉、绰号为“拉奎纳”（La Quina）的石油工人领导人华金·埃尔南德斯·加利西亚（Joaquín Hernández Galicia）。另一个余波是在 1989 年首次有反对党候选人在选举中胜利当选为州长（国家行动党成员埃内斯特·鲁弗［Ernesto Ruffo］），他赢得的是下加利福尼亚州州长职务。还有一个事件是 1989 年民主革命党（PRD）的诞生，它由前革命制度党人、共产党人和不同取向的社会主义者们所组成。

墨西哥政府当时所处的国际环境是：全球范围内发生的重要变化在不断撼动全球政局。1989 年到 1991 年间，柏林墙倒塌，欧洲社会主义国家和苏维埃共和国宣告解体。这些事件都进一步强化了美国和英国的国家治理立场，他们都侧重于减少公共支出、倡导实现世界市场自由化、支持促进私人投资和发展市场规则，通常也被称为“新自由主义”。在墨西哥，一个倾心学习并顺从于这些新指导方针的政府也决定“削弱”国家的作用，通过减少开支来控制通货膨胀，并出售更多政府管辖的国有公司，如墨西哥银行和电话公司，后者自 1972 年以来一直由政府管控。新的商业人物开始占据财富榜首，比如卡洛斯·斯利姆（Carlos Slim）。政府还进行了其他重大改革，例如改革宪法第 27 条，这意味着土地分配宣告终结，并开启了转让合作社型农场（即村社公有土地）的可能性。另外还改革了宪法第 130 条，它承认了教会的法律地位并承认人民信仰自由、信仰实践自由的权利。这项改革也为重建墨西哥与梵蒂冈的外交关系开辟了道路。

在 1989 年至 1990 年期间，墨西哥政府就 1981 年以来严重影响公共财政的墨西哥外债与各方进行了重新谈判。这次重新谈判对政府强调的宏观经济方面起到了积极的平衡作用，公共财政赤字和通货膨胀都显著减少，但这并没有阻止墨西哥经济继续下滑。工资和就业情况都没有得到改善，削减卫生和公共教育等方面的预算则使大部分人口的生存状况变得更加恶劣。在农村，不仅是农民，小业主们也都遭受到了政府政策的冲击，因为政策只支持那些可以生产出口产品的少数人。1993 年爆发了债务者权利组织（El Barzón）运动，参与者多为银行的债务人，其中许多人是农民，这反映出社会中间阶层处于非常不舒适的状态。尽管如此，政府发言人重申，墨西哥距离第一世界只有一步之遥。政府表示，只缺最后一步推动，墨西哥即可加入第一世界阵营，即与美国和加拿大签署北美自由贸易协定（TLC）。

实际上，减少国家对经济的干预，有利于各国之间的货物自由流动，这是新经济发展模式的另一个组成部分，而这种模式反过来又自证为一种适应经济全球化发展的智能方式。与 1986 年加入关税及贸易总协定的决定一脉相承，萨利纳斯政府开始就与美国和加拿大达成贸易协议而进行了诸多操作。这说明了萨利纳斯政府决定放弃进口替代战略，转而推动贸易自由化和出口，并以此作为国家发展的基础。这一变化旨在加强与美国的经济一体化，它在诸多领域已经表现得很明显，诸如劳动力市场、加工厂扩张、出口目的地专注于美国、墨西哥的百万富翁们都青睐于在美国银行存款等。自此之后，墨西哥经济的命运将很大程度上取决于其邻国美国。墨西哥与美国和加拿大签署的北美自由贸易协定于 1993 年获批，并于 1994 年 1 月 1 日生效。一切似乎都很顺利，但 1994 年是充满了意外的一年。

第一个意外发生在 1994 年第一天，位于恰帕斯州的萨帕塔民族解放运动组织（Ejército Zapatista de Liberación Nacional，缩写为 EZLN）举行了起义。该组织中的印第安原住民成员们向军队及其最高指挥官即共和国总统宣战。起义军攻占下了几个城市，其中最重要的是圣克里斯托瓦尔 · 德拉斯卡萨斯市（San Cristóbal de Las Casas）。在墨西哥城和其他城市都爆发了大规模运动以呼吁停止敌对行动。战争只持续了 11 天，但其影响非同寻常。政府声称距离第一世界只有一步之遥，这激发了各类群体发声提出诉求，其中社会诉求（健康和教育服务）与加强印第安原住民权利的政治诉求结合在了一起。恰帕斯州并非墨西哥唯一的贫穷印第安原住民聚居地区，但它的这种特质与当地的其他各类因素结合在了一起：如城市激进群体的武装军事行动，如萨帕塔民族解放运动“副司令”马科斯（Marcos），如支持解放神学的天主教徒运动，如加速的畜牧业扩张和土地分配所造成的分裂情绪，以及新教不同寻常的崛起等。叛乱给萨利纳斯政府的乐观主义送上当头一棒。

第二个意外发生在 3 月份，革命制度党的总统候选人、来自索诺拉的路易斯 · 多纳尔多 · 科洛西奥（Luis Donaldo Colosio）被暗杀。统治集团的内部分裂逐渐外显化，似乎正将整个墨西哥社会拖入深渊。也许是政府高层分歧所激发的普遍恐惧感起了作用，新的革命制度党总统候选人、来自首都的埃内斯托 · 塞迪略（Ernesto Zedillo）在 1994 年 7 月的选举中轻松获胜。但是政治犯罪开始重演，革命制度党的高层领导人、何塞 · 弗朗西斯科 · 鲁伊斯 · 马谢乌（José Francisco Ruiz Massieu）在 9 月被谋杀了。

1994 年的第三个意外发生在圣诞节前不久，来自经济领域。比索突然贬值几乎 100%，这几乎击垮了墨西哥经济，导致 1995 年墨西哥经济增长率跌幅超过 6%。失业率上升、工资增长进一步滞后、利率飙升。许多债务人之前接受了萨利纳斯党人的乐观态度（进行了超前消费），但现在他们无法支付用以购买机器、物资、房屋和汽车（部分以美元计）的合同贷款，使银行陷入了困境。在战后经济繁荣时期形成的墨西哥中产阶级经历了最糟糕的时期。借助美国的金融支持，塞迪略总统治下的政府大干快上，并在第二年成功恢复了经济增长，当然主要还得感谢全球石油价格恢复了上涨态势。但是，墨西哥政府必须为这些援助支付一笔巨额账单：承诺通过保护储蓄银行基金（Fondo Bancario de Protección al Ahorro） 来承担银行的负债（不良贷款），但是其中一些银行负债的合法性非常可疑。官方为出手拯救银行给出的理由是为了保护墨西哥人的储蓄，如果银行倒闭则人民的储蓄面临风险。但关键在于，这个决定为早已脆弱不堪的墨西哥公共财政增加了新的负担——600 亿美元（新增债券）再加上利息。

20 世纪 80 年代被称作是拉丁美洲发展中“失去的十年”，自 1980 年以来困难重重累积，现在又增加了 1995 年的巨额财政负担。此时，数百万墨西哥人在持续的危机中出生并长大。更糟糕的是，在 20 世纪 90 年代，一场大干旱使农村局势变得更加复杂；过去十年政府对农村毫无投入扶持，另外，进入墨西哥市场的外国产品因受到原产地国的政府补贴而价格低廉，这些因素已经让农村地区饱受冲击。墨西哥出现了前所未有的移民美国浪潮。据估计，1997 年有将近 900 万墨西哥人移居到美国，移民们几乎都处于最年富力强的阶段。这些移民成为当时无法预估的大规模外汇来源：1997 年外汇总额约为 60 亿美元，略高于旅游收入。在接下来的几年里，涌至墨西哥的境外汇款总额持续增长，在 2003 年增加到超过 130 亿美元，仅低于石油出口收入，但超过外国投资和旅游收入。来自墨西哥中心地区的四个州，米却肯州、哈利斯科州、瓜纳华托州和墨西哥州，收到的汇款金额最多。

到 20 世纪末，四分之三的墨西哥人口居住在城市里；但与此同时，其余人口分布在数量惊人的乡村小城镇中。妇女平均生育率越来越低（从1974年平均每人生育6.1人下降到1999年的2.5人），妇女已经大规模加入劳动力市场中。文盲率从1960年的45%下降到2000年的9.5%。在不同的教堂里进行宗教活动的新教徒越来越多，特别是在东南部。离婚数量和以妇女为户主的家庭数量持续增加。在另一个领域，即舆论领域，传媒的开放和竞争以及媒体面对政府立场的独立性，都加强了公民在各个领域的参与性，诸如捍卫人权、妇女、“失踪者”、土著人民、艾滋病患者和同性恋者的权利等。非政府组织数量的增加是公民运动蓬勃发展的另一个指针。每年都有数百名没有证件的人们为了到达北方邻国美国而被杀害，以及自1990年以来在奇瓦瓦州华雷斯城被谋杀的300多名年轻女性，现在报纸和电子媒体上都开始对其进行连篇累牍的报道。

必须着重强调的是，虽然伴随着巨大的经济困难，但墨西哥社会中正在形成一股强大的力量来改变政治解决方案，也为民主实践提供了更多空间，这一点至少在选举进程中得到了体现。1996年进行的宪法改革，赋予了联邦选举委员会（IFE）充分的自主权。自1946年以来，联邦政府首次无法控制选举，不从属于任何政党的公民现在掌控了选举。新的联邦选举委员会认为筑基于革命制度党一党独大及其与共和国总统的（从属）关系之上的旧政治解决方案已是明日黄花；它还明确表示要根据日益活跃的公民需求创建一个新的体系。同样，还有联邦特区首脑选举制度的改革，这曾是旧式总统制的主要阵地之一。反对派在市政当局选举、地方代表大会和州长选举中赢得越来越多的席位。值得突出强调的是民主革命党人卡德纳斯的胜利，他于 1997 年成为联邦特区的第一任政府首脑。同年，革命制度党首次在众议院失去了多数席位。

2000 年，墨西哥人口为 9750 万，几乎是 1930 年的 5 倍，是世界上人口第十一多的国家。一些数据也显示出社会状况有所改善：人均预期寿命达到了 75 岁，而在 1930 年则只有 36 岁。出生率和婴儿死亡率的下降都促使社会迈向老龄化。但是另一方面，自 1984 年以来，墨西哥社会的不平等现象有所加剧，仅社会中最富有的阶层收益颇丰。根据官方数据显示，超过一半的墨西哥人口是穷人，而根据学者的定义，则几乎三分之二的墨西哥人口都可被定义为穷人。地理方面也显示出联邦特区、西部和北部等富裕地区与南部贫困地区（格雷罗州、瓦哈卡州、恰帕斯州）之间存在着巨大反差。

2000 年的总统选举是在一种不安全的情况下举行的，与体制腐败密切相关，并伴随着诸多社会问题，诸如银行欺诈丑闻和“白领”犯罪、经济增长率长期低迷、失业率居高不下、自 1976 年以来的工资购买力下降了 73％等。革命制度党的总统候选人是来自锡那罗亚的弗朗西斯科 · 拉巴斯蒂达（Francisco Labastida），他与民主革命党人卡德纳斯以及瓜纳华托前州长、国家行动党人文森特 · 福克斯（Vicente Fox）进行竞争。

在 2000 年 7 月 2 日晚，令墨西哥人和外国人都感到惊讶的是，联邦选举委员会和共和国总统共同宣布，福克斯胜利当选为总统。人们对这位离开商界、进军政界，且充满了个人魅力的人物寄予了厚望。福克斯吸引了来自不同群体的公民选票。很明显，大多数人都希望能改变政治制度，但是也并不完全信任福克斯。国家行动党甚至在议会中未能获得多数席位，就是明证之一。无论如何，因 1928 年奥布雷贡遭暗杀造成了政治危机而诞生的政治解决方案，至此因反对派的胜利而宣告终结，官方执政党及其与共和国总统之间的紧密联系已经成了过去式。幸运的是，此前采用的政治解决方案的其他组成部分得以保留，并未被改变，诸如武装部队听命于总统的从属地位。由此，伴随这些根本性的转变到来（虽然只局限于政治领域），墨西哥跨入了新世纪。人们希望转变，能让大多数人口的生活条件得到实质性改善。人们期待着一个公民能越来越多地参与公共事务的社会、一个越来越强大的社会。

在这 70 年间，墨西哥经历了政治和社会稳定的时期。这是墨西哥 20 世纪的一个主要特征，不应低估它所取得的成就，特别是与 19 世纪的动荡形成了鲜明对比。这一阶段也包含了经济增长时期，城市和城市中产阶级的规模显著扩张。但是，这些成就还不足以抵消保持贫困现状、使农村和城市大部分人口陷入贫困，以及持不同政见者和反对派的不满日益加剧等社会问题所带来的高昂代价。持续发展的社会不平等似乎在 1960 年至 1980 年间有所缓解，但自 1999 年以来变得更加突出。世界经济发展的各个阶段（大萧条、战后的繁荣和 1973 年开始的危机）都标记在墨西哥社会的发展模式中。20 世纪 80 年代中期以来，经济开始向全球市场和北美转移，并放弃了国家干涉的模式，使得自 1929 年以来建立的墨西哥政治解决方案面临着危机。如果说在 20 世纪 30 年代初，墨西哥面临的是世界经济萧条和严重的内部不稳定状态，那么在 2000 年，它是在和平和经济困难的背景下重组了政治体系；或许 2000 年的经济困难程度不像 1929 年那样严重，但是墨西哥会面临更长的困难时期。墨西哥在此时期的最突出收获之一是在 20 世纪末巩固了国力，2000 年发生的政治变革恰恰证明了这一点。但很明显，为了实现更广泛、更深刻的变革，这个迄今为止墨西哥历史上最活跃和最强大的社会仍有很长的路要走。

人名地名译名表

A

阿巴赫塔卡利克（Abaj Takalik）

阿卡普尔科（Acapulco）

阿库尔科（Aculco）

阿瓜普列塔（Agua Prieta）

阿瓜斯卡连特斯（Aguascalientes）

阿瓜特卡（Aguateca）

阿维特索特尔（Ahuítzotl）

阿拉莫斯（Álamos）

阿梅利亚（Amelia）

阿纳瓦克（Anáhuac）

阿帕辛甘（Apatzingán）

阿托托尼尔科（Atotonilco）

阿斯卡波察尔科（Azcapotzalco）

阿纳斯塔西奥·布斯塔曼特（Anastasio Bustamante）

阿方索·卡索（Alfonso Caso）

阿方索·雷耶斯（Alfonso Reyes）

阿尔班山（Monte Albán）

阿道夫·希特勒（Adolfo Hitler）

阿道夫·洛佩兹·马特奥斯（Adolfo López Mateos）

阿道夫·德·拉韦尔塔（Adolfo de la Huerta）

阿雷汉德拉·莫雷诺·托斯卡诺（Alejandra Moreno Toscano）

阿玛多·内尔沃（Amado Nervo）

阿尔瓦罗·奥布雷贡（Álvaro Obregón）

阿尼塞托·奥尔特加（Aniceto Ortega）

阿苏尔河（蓝河）（Río Azul）

阿贝拉尔多·卢汉·罗德里格斯（Abelardo L.Rodríguez）

阿道夫·鲁伊斯·科尔蒂内斯（Adolfo Ruiz Cortines）

阿卡勒斯·塞旦（Aquiles Serdán）

埃斯特班·奥斯汀（Esteban Austin）

埃梅内希尔多·布斯托斯（Hermenegildo Bustos）

埃内斯托·塞迪略（Ernesto Zedillo）

埃米利亚诺·萨帕塔（Emiliano Zapata）

埃米利奥·阿兹卡拉加（Emilio Azcárraga）

埃米利奥·波特斯·基尔（Emilio Portes Gil）

埃米利奥·拉瓦萨（Emilio Rabasa）

埃弗伦·雷波耶多（Efrén Rebolledo）

埃泽奎尔·帕迪亚（Ezequiel Padilla）

埃贝尔托·卡斯蒂略（Heberto Castillo）

埃尔南多·科尔特斯（Hernando Cortés）

埃里伯托·弗里亚斯（Heriberto Frías）

埃梅内希尔多·加莱阿纳（Hermenegildo Galeana）

埃内斯特·鲁弗（Ernesto Ruffo）

安哥拉（Angola）

安哥斯特拉（Angostura）

安东尼奥·玛利亚·布卡雷利（Antonio María de Bucareli）

安东尼奥·迪亚斯·索托·伽马（Antonio Díaz Soto y Gama）

安东尼奥·瓦内加斯·阿罗约（Antonio Vanegas Arroyo）

安东尼奥·卡索（Antonio Caso）

安东尼奥·佩拉乔·拉巴斯蒂达（Antonio Pelagio de Labastida）

安东尼奥·洛佩兹·桑塔·安纳（Antonio López de Santa Anna）

安东尼奥·门多萨（Antonio de Mendoza）

安德鲁·杰克逊（Andrew Jackson）

安的列斯群岛（Antillas）

安赫尔·德坎波（Ángel de Campo）

安塞尔莫·波蒂亚（Anselmo de la Portilla）

奥克塔维奥·帕斯（Octavio Paz）

奥古斯特·孔德（Augusto Comte）

奥地利（Austria）

奥古斯丁·伊图尔维德（Agustín de Iturbide）

奥利瓦雷斯伯爵（conde-duque de Olivares）

奥里萨巴（Orizaba）

奥图巴（Otumba）

爱德华多·布兰克尔（Eduardo Blanquel）

B

巴西（Brasil）

巴黎（París）

巴托皮拉斯（Batopilas）

巴利亚多利德（省/监政区）（provincia o intendencia de Valladolid）

巴乌尔（El Baúl）

巴勃罗·冈萨雷斯（Pablo González）

巴勃罗·马塞多（Pablo Macedo）

巴加尔二世（巴加尔大帝）（Kinich Janaab Pakal Ⅰ［Pakal el Grande］）

巴拉姆（Kan Balam）

贝尼托·墨索里尼（Benito Mussolini）

贝尔纳多·雷耶斯（Bernardo Reyes）

贝尔纳多·金塔纳（Bernardo Quintana）

贝尔纳迪诺·萨阿贡（Bernardino de Sahagún）

贝尔纳尔多·巴尔布埃纳（Bernardo de Balbuena）

贝胡卡尔（Bejucal）

贝努斯蒂亚诺·卡兰萨（Venustiano Carranza）

贝尼托·华雷斯（Benito Juárez）

贝尔纳多·库托（Bernardo Couto）

贝尼托·赫罗尼默·费伊豪（Benito Jerónimo Feijoo）

贝尔纳多·加尔维斯（Bernardo de Gálvez）

比利时（Bélgica）

比亚曼里克侯爵（marqués de Villamanrique）

波菲里奥·迪亚斯（Porfirio Díaz）

波多黎各（Puerto Rico）

波兰（Polonia）

波尼托（美丽城）（Pueblo Bonito）

布朗斯维尔（Brownsville）

布兰科河（白河）（Río Blanco）

伯利兹（Belice）

柏林（Berlín）

秘鲁（El Perú）

C

查尔卡钦戈（Chalcatzingo）

查尔奇威特斯（Chalchihuites）

查尔奇赫特利奎（Chalchiuhtlicue）

查普尔特佩克（Chapultepec）

查亚尔（Chayal）

D

大安的列斯群岛（Antillas Mayores）

大不列颠（Gran Bretaña）

大哥伦比亚（Gran Colombia）

大卫·阿尔法罗·西奇罗斯（David Alfaro Siqueiros）

丹尼尔·科斯沃·维耶加斯（Daniel Cosío Villegas）

达英苏（Dainzú）

多洛雷斯（Dolores）

杜兰戈州（estado de Durango）

盾虎二世（Itzamnaaj Balam Ⅱ）

得克萨斯（Texas）

蒂卡尔（Tikal）

蒂卡尔国王“美洲虎爪王”（Chak Tok Ichaak）

蒂卡尔国王蜷鼻王（Yax Nuun Ayiin Ⅰ）

德国（Alemania）

德梅特里奥 · 巴耶霍（Demetrio Vallejo）

迭戈 · 里维拉（Diego Rivera）

E

厄瓜多尔（Ecuador）

F

法国（Francia）

费尔南多·德·阿尔瓦·伊斯特利尔霍奇特尔（Fernando de Alva Ixtlilxóchitl）

费德南多 · 卡尔德隆（Fernando Calderón）

费尔南多七世（Fernando Ⅶ）

费德里科 · 甘博阿（Federico Gamboa）

弗朗西斯科 · 阿兰戈伊思（Francisco de Arrangoiz）

弗朗索瓦 · 阿希尔 · 巴赞（François Achille Bazaine）

弗朗西斯科 · 克罗伊（Francisco de Croix）

弗朗西斯科 · 布尔内斯（Francisco Bulnes）

弗朗西斯科 · 埃尔南德斯 · 德科尔多巴（Francisco Hernández de Córdoba）

弗朗西斯科 · 卡内多（Francisco Cañedo）

弗朗西斯科 · 佛朗哥（Francisco Franco）

弗朗西斯科 · 拉巴斯蒂达（Francisco Labastida）

弗朗西斯科 · 拉戈斯 · 查萨罗（Francisco Lagos Cházaro）

弗朗西斯科·莱昂·德拉巴拉（Francisco León de la Barra）

弗朗西斯科·哈维尔·利扎纳（Francisco Xavier Lizana）

弗朗西斯科·马德罗（Francisco I.Madero）

弗朗西斯科·哈维尔·米纳（Francisco Xavier Mina）

弗朗西斯科·L.乌尔奇索（Francisco L.Urquizo）

弗朗西斯科·皮蒙特尔（Francisco Pimentel）

弗朗西斯科·哈维尔·贝内加斯（Francisco Xavier Venegas）

弗朗西斯科·瓦斯奎兹·戈麦斯（Francisco Vázquez Gómez）

佛罗里达（Florida）

佛得角（Cabo Verde）

菲利克斯·迪亚斯（Félix Díaz）

菲利克斯·玛利亚·加耶哈（ Félix María Calleja）

菲利克斯·苏洛阿加（Félix Zuloaga）

菲德尔·卡斯特罗（Fidel Castro）

菲格罗阿兄弟（Figueroa, hermanos）

菲律宾（Filipinas）

菲利普四世（Felipe Ⅳ）

菲利普五世（ Felipe Ⅴ）

菲德尔·委拉斯开兹（Fidel Velázquez）

菲洛梅诺·马塔（Filomeno Mata）

富尔亨西奥 · 巴蒂斯塔（Fulgencio Batista）

梵蒂冈（El Vaticano）

风暴王尤考姆 - 卡贝萨（Yuknoom-Cabeza）

G

高景（Alta Vista）

广东（Cantón）

古巴（Cuba）

古斯塔沃 · 迪亚斯 · 奥达斯（Gustavo Díaz Ordaz）

哥伦比亚（Colombia）

哥伦布市（Columbus）

格雷罗州（estado de Guerrero）

盖尔维斯侯爵（marqués de Gelves）

瓜达拉哈拉（Guadalajara）

瓜达卢佩镇（villa de Guadalupe）

瓜纳塞维（Guanaceví）

瓜纳华托（Guanajuato）

瓜纳华托州（estado de Guanajuato）

瓜伊马斯（Guaymas）

瓜达卢佩 · 维多利亚（Guadalupe Victoria）

H

哈瓦那（La Habana）

哈布斯堡家族的卡洛斯一世（神圣罗马帝国的查理五世）（Carlos Ⅰ de Habsburgo， Carles Ⅴ de Alemania）

哈布斯堡家族的弗朗西斯科 · 何塞（Francisco José de Habsburgo）

哈布斯堡家族的马克西米利安（Maximiliano de Habsburgo）

哈维尔 · 卡瓦亚里（Javier Cavallari）

哈维尔 · 比雅如蒂亚（Xavier Villaurrutia）

哈拉帕（Jalapa）

哈利斯科（Jalisco）

胡斯托 · 谢拉（Justo Sierra）

胡里奥 · 托里（Julio Torri）

胡安 · 阿尔达马（Juan Aldama）

胡安 · 安德鲁 · 阿尔玛桑（Juan Andrew Almazán）

胡安 · 阿尔瓦雷斯（Juan Álvarez）

胡安 · 奥多诺胡（Juan de O'Donojú）

胡安 · 比亚尔巴（Juan de Villalba）

胡安 · 帕拉福克斯（Juan de Palafox）

胡安 · 鲁伊斯 · 阿波达卡（Juan Ruiz de Apodaca）

胡安 · 安东尼奥 · 里亚尼奥（Juan Antonio Riaño）

胡安 · 阿尔蒙特（Juan N.Almonte）

胡安娜 · 伊内斯 · 克鲁斯（Juana Inés de la Cruz）

胡安 · 鲁尔福（Juan Rulfo）

胡安 · 杰克尔（ Juan B.Jécker）

胡安 · 巴勃罗二世（Juan Pablo Ⅱ）

华金 · 阿玛罗（Joaquín Amaro）

华金 · 阿雷纳斯（Joaquín Arenas）

华金 · 埃尔南德斯 · 加利西亚（ “拉奎纳” ）（Joaquín Hernández Galicia［La Quina］）

华金 · 布兰达（Joaquín Baranda）

华金 · 卡萨苏斯（Joaquín Casasús）

华金 · 克劳瑟（Joaquín Clausell）

华金 · 加利西亚 · 伊卡斯巴尔塞塔（Joaquín García Icazbalceta）

华金 · 奥布雷贡 · 冈萨雷斯（Joaquín Obregón González）

何塞 · 克鲁斯（José de la Cruz）

何塞 · 托马斯 · 库埃里亚尔（José Tomás de Cuéllar）

何塞 · 波拿巴（José Bonaparte）

何塞 · 华金 · 格拉纳多斯 · 加尔维斯（José Joaquín Granados Gálvez）

何塞 · 加尔维斯（José de Gálvez）

何塞 · 玛利亚 · 埃斯特拉达（José María Estrada）

何塞·华金·费德南德斯·利萨迪（José Joaquín Fernández de Lizardi）

何塞·玛利亚·古铁雷斯·埃斯特拉达（José María Gutiérrez de Estrada）

何塞·华金·埃雷拉（José Joaquín de Herrera）

何塞·玛利亚·伊格莱西亚斯（José María Iglesias）

何塞·伊图尔里加雷（José de Iturrigaray）

何塞·马里亚诺·希门内斯（José Mariano Jiménez）

何塞·伊维斯·利曼图尔（José Yves Limantour）

何塞·洛佩兹·波蒂略·伊罗哈斯（José López Portillo y Rojas）

何塞·洛佩兹·波蒂略（José López Portillo）

何塞·玛利亚·皮诺·苏亚雷斯（José María Pino Suárez）

何塞·玛利亚·路易斯·莫拉（José María Luis Mora）

何塞·玛利亚·莫雷洛斯·帕冯（José María Morelos y Pavón）

何塞·克莱门特·奥罗斯科（José Clemente Orozco）

何塞法·奥尔蒂斯·多明戈斯（Josefa Ortiz de Domínguez）

何塞·瓜达卢佩·波萨达（José Guadalupe Posada）

何塞·玛利亚·罗阿·巴塞纳（José María Roa Bárcena）

何塞·雷维尔塔斯（José Revueltas）

何塞·胡安·塔布拉达（José Juan Tablada）

何塞·弗朗西斯科·鲁伊斯·马谢乌（José Francisco Ruiz Massieu）

何塞·安东尼奥·托雷斯（José Antonio Torres）

何塞·巴斯孔塞洛斯（José Vasconcelos）

何塞·玛利亚·贝拉斯科（José María Velasco）

赫苏斯·冈萨雷斯·奥尔特加（Jesús González Ortega）

赫苏斯·阿里亚加（Jesús Arriaga）

赫拉克里奥·伯纳尔（“锡那罗亚之光”）（Heraclio Bernal [“El Rayo de Sinaloa”]）

赫苏斯·弗洛雷斯·玛贡（Jesús Flores Magón）

赫雷斯（Jerez）

赫纳洛·瓦斯奎兹（Genaro Vázquez）

华雷斯城（Ciudad Juárez）

豪尔赫·奎斯塔（Jorge Cuesta）

黑石城（Piedras Negras）

华盛顿特区（Washington D.C.）

霍奇卡尔科（Xochicalco）

霍奇米尔科（Xochimilco）

J

教宗庇护九世（Pío Ⅸ）

吉尔莫·普列托（Guillermo Prieto）

金塔纳罗奥州（estado de Quintana Roo）

加那利群岛（Islas Canarias）

加迪斯（Cádiz）

加布里埃尔·耶莫（Gabriel de Yermo）

加利福尼亚（California）

加拿大（Canadá）

加布里埃尔·瓦伦西亚（Gabriel Valencia）

加西亚诺·桑切斯（Graciano Sánchez）

几内亚（Guinea）

K

卡米洛·阿里亚加（Camilo Arriaga）

卡米纳尔胡尤（Kaminaljuyú）

卡洛斯·玛利亚·布斯塔曼特（Carlos María de Bustamante）

卡洛斯·富恩特斯（Carlos Fuentes）

卡门·罗梅罗·卢比奥（Carmen Romero Rubio）

卡波拉圣女特蕾莎（Santa Teresa de Cabora）

卡洛斯·萨利纳斯·德戈塔里（Carlos Salinas de Gortari）

卡洛斯·锡古恩萨·贡戈拉（Carlos de Sigüenza y Góngora）

卡洛斯·斯利姆（Carlos Slim）

卡卡斯特拉（Cacaxtla）

卡耶梅（Cajeme）

卡拉克穆尔（Calakmul）

卡尔普拉尔潘（Calpulalpan）

卡纳内阿（Cananea）

卡拉库阿罗（Carácuaro）

卡洛斯三世（Carlos Ⅲ）

卡洛斯四世（Carlos Ⅳ）

卡洛塔·阿玛利亚（Carlota Amalia）

卡萨富尔特侯爵（marqués de Casafuerte）

卡萨斯格兰德斯（Casas Grandes）

卡斯蒂利亚（Castilla）

卡尔德隆大桥（Puente de Calderón）

坎佩切（Campeche）

坎佩切州（estado de Campeche）

坎·巴拉姆（巴拉姆二世）（Kan Balam［Kinich Kan Balam Ⅱ］）

夸乌特莫克·卡德纳斯（Cuauhtémoc Cárdena ）

夸特林昌（Coatlinchan）

夸乌特莫克（Cuauhtémoc）

夸乌特拉（Cuautla）

科阿韦拉州（estado de Coahuila）

科利马州（estado de Colima）

科潘（Copán）

科约阿坎（Coyoacán）

库埃纳瓦卡（Cuernavaca）

库尔瓦坎（Culhuacan）

库库玛兹（Kucumatz）

库库尔坎（Kukulcán）

库西维里亚奇克（Cusihuiriáchic）

奎奎尔科（Cuicuilco）

喀巴尔·苏克（Kabal Xook）

克里斯托弗·哥伦布（Cristóbal Colón）

克雷塔罗（Querétaro）

克雷塔罗州（Querétaro, estado de）

L

洛伦佐·梅耶尔（Lorenzo Meyer）

洛伦佐·萨瓦拉（Lorenzo de Zavala）

洛克·冈萨雷斯·加尔萨（Roque González Garza）

罗森多·皮内达（Rosendo Pineda）

罗纳德·里根（Ronald Reagan）

雷阿尔德蒙特（Real del Monte）

雷维利亚希赫多（Revillagigedo）

鲁菲诺·塔马约（Rufino Tamayo）

莱昆贝里（Lecumberri）

莱昂（León）

莱安德罗·瓦耶（Leandro Valle）

拉斐尔·卡罗·金特罗（Rafael Caro Quintero）

拉斐尔·德尔加多（Rafael Delgado）

拉斐尔·加尔万（Rafael Galván）

拉斐尔·列戈（Rafael de Riego）

拉斐尔·穆尼奥斯（Rafael F. Muñoz）

拉古纳（La Laguna）

拉利贝尔塔（自由城）（La Libertad）

拉莫哈拉（La Mojarra）

拉文塔（La Venta）

拉本蒂亚（La Ventilla）

拉蒙·科拉尔（Ramón Corral）

拉卡姆阿（Lakamhá）

拉雷多（Laredo）

联邦地区（Distrito Federal）

卢卡斯·阿拉曼（Lucas Alamán）

卢西奥·卡巴尼阿斯（Lucio Cabañas）

路易斯·卡布雷拉（Luis Cabrera）

路易斯·多纳尔多·科洛西奥（Luis Donaldo Colosio）

路易斯·冈萨雷斯·奎瓦斯（Luis G.Cuevas）

路易斯·埃切维里亚（Luis Echeverría）

路易斯·冈萨雷斯（Luis González）

路易十四（Luis XIV）

路易斯安那（Luisiana）

里卡多·弗洛雷斯·玛贡（Ricardo Flores Magón）

里达（Mérida）

里奥贝尔德（Río Verde）

雷耶斯山谷（Villa de Reyes）

伦敦（Londres）

鲁本·哈拉米略（Rubén Jaramillo）

拉萨罗·卡德纳斯（Lázaro Cárdenas）

M

毛里西奥·马格达莱诺（Mauricio Magdaleno）

玛格丽特·撒切尔（Margaret Thatcher）

迈克尔·科（Michael Coe）

玛雅潘（Mayapán）

玛蒂尔达·蒙托亚（Matilde Montoya）

马里亚诺·阿里斯塔（Mariano Arista）

马里亚诺 · 阿苏维拉（Mariano Azuela）

马里亚诺 · 马塔莫罗斯（Mariano Matamoros）

马里亚诺 · 帕雷德斯 · 阿里利亚（Mariano Paredes y Arrillaga）

马丁 · 科尔特斯（Martín Cortés）

马丁 · 路易斯 · 古兹曼（Martín Luis Guzmán）

马里亚诺 · 埃斯科贝多（Mariano Escobedo）

马蒂阿斯 · 加尔维斯（Matías de Gálvez）

马蒂亚斯 · 罗梅罗（Matías Romero）

马德拉（Madera）

马德里（Madrid）

马尼拉（Manila）

马科斯（“副司令”）（Marcos [“subcomandante”]）

马塔卡潘（Matacapan）

马萨特兰（Mazatlán）

马塔莫罗斯（Matamoros）

曼努埃尔 · 迭戈斯（Manuel Diéguez）

曼努埃尔 · 阿巴德 · 伊奎比波（Manuel Abad y Queipo）

曼努埃尔 · 阿维拉 · 卡马乔（Manuel Ávila Camacho）

曼努埃尔 · 克劳西尔（Manuel J.Clouthier）

曼努埃尔 · 古铁雷斯 · 纳赫拉（Manuel Gutiérrez Nájera）

曼努埃尔·多布拉多（Manuel Doblado）

曼努埃尔·杜布兰（Manuel Dublán）

曼努埃尔·安东尼奥·弗洛雷斯（Manuel Antonio Flores）

曼努埃尔·戈麦斯·莫林（Manuel Gómez Morin）

曼努埃尔·戈麦斯·佩德拉扎（Manuel Gómez Pedraza）

曼努埃尔·冈萨雷斯（Manuel González）

曼努埃尔·米埃尔·特兰（Manuel Mier y Terán）

曼努埃尔·爱德华多·格罗斯蒂萨（ Manuel Eduardo de Gorostiza）

曼努埃尔·洛萨达（Manuel Lozada）

曼努埃尔·维拉尔（Manuel Vilar）

曼努埃尔·玛利亚·隆巴迪尼（Manuel María Lombardini）

曼萨尼略（Manzanillo）

曼努埃尔·罗梅罗·卢比奥（Manuel Romero Rubio）

曼努埃尔·奥罗斯科·贝拉（Manuel Orozco y Berra）

曼努埃尔·派诺（Manuel Payno）

曼努埃尔·佩莱斯（Manuel Peláez）

曼努埃尔·佩尼亚·佩尼亚（Manuel de la Peña y Peña）

曼努埃尔·托尔萨（Manuel Tolsá）

梅尔乔·奥坎波（Melchor Ocampo）

穆西欧·马丁内斯（Mucio P.Martínez）

蒙克祖玛·伊尔维卡米纳（蒙特祖玛）（Moctezuma Ilhuicamina［Moteczuma］）

蒙特祖玛（蒙克祖玛）（Moteczuma［Moctezuma］）

蒙克洛瓦（Monclova）

蒙特雷（Monterrey）

莫雷利亚（Morelia）

莫雷洛斯州（estado de Morelos）

米格尔·阿莱曼（Miguel Alemán）

米格尔·阿特里斯坦（Miguel Atristáin）

米格尔·多明戈斯（Miguel Domínguez）

米拉多尔（El Mirador）

米格尔·莱尔多·特哈达（Miguel Lerdo de Tejada）

米格尔·马塞多（Miguel Macedo）

米格尔·马德里（Miguel de la Madrid）

米格尔·伊达尔戈·科斯蒂亚（Miguel Hidalgo y Costilla）

米格尔·米拉蒙（Miguel Miramón）

米却肯州（estado de Michoacán）

米拉马尔（Miramar）

米斯科瓦克（Mixcoac）

梅西拉（Mesilla）

梅茨蒂特兰（Metztitlán）

梅斯卡拉（Mezcala）

美国（Estados Unidos）

墨西卡利（Mexicali）

墨西哥城（ciudad de México）

墨西哥州（estado de México）

墨西哥 - 特诺奇提特兰城（México-Tenochtitlan）

墨西哥 - 特拉特洛尔科城（México-Tlatelolco）

N

纽约（Nueva York）

纳西索 · 巴索尔斯（Narciso Bassols）

纳克贝（Nakbé）

纳兰永（Naranjo）

纳亚里特州（estado de Nayarit）

拿破仑 · 波拿巴（Napoleón Bonaparte）

拿破仑三世（Napoleón Ⅲ）

尼古拉斯 · 布拉沃（Nicolás Bravo）

尼古拉斯 · 特里斯特（Nicholas Trist）

努尼奥 · 古兹曼（Nuño de Guzmán）

内萨瓦尔科约特尔城（Nezahualcóyotl）

O

欧拉里奥 · 古铁雷斯（Eulalio Gutiérrez）

欧邱 · 贝纳多（“美洲虎”）（Ocho Venado [El Jaguar]）

P

潘菲洛 · 纳尔瓦埃斯（Pánfilo de Narváez）

庞西亚诺 · 阿里亚加（Ponciano Arriaga）

佩德罗 · 塞莱斯蒂诺 · 内格雷特（Pedro Celestino Negrete）

佩德罗 · 恩里克斯 · 乌雷尼亚（Pedro Henríquez Ureña）

佩滕（Petén）

佩特克斯巴囤（Petexbatún）

佩斯克罗河（Río Pesquero）

佩雷格林 · 克拉维（Pelegrín Clavé）

帕斯夸尔 · 奥罗斯科（Pascual Orozco）

帕伦克（Palenque）

帕努科（Pánuco）

帕魁姆（Paquimé）

帕拉尔（Parral）

帕茨夸罗（Pátzcuaro）

帕斯夸尔 · 奥尔蒂斯 · 卢比奥（Pascual Ortiz Rubio）

帕丘卡（Pachuca）

普罗格雷索（Progreso）

普埃布拉（Puebla）

普埃布拉州（estado de Puebla）

普鲁塔尔科·埃利亚斯·卡列斯（Plutarco Elías Calles）

皮欧·马尔查（Pío Marcha）

葡萄牙（Portugal）

潘乔·维拉（Pancho Villa）

Q

钦春钱人（Tzintzuntzan）

恰尔科 - 阿登科（Chalco-Atenco）

恰帕德科尔索（Chiapa de Corzo）

恰帕斯（Chiapas）

奇琴伊察（Chichén Itzá）

奇瓦瓦州（estado de Chihuahua）

奇拉帕（Chilapa）

奇尔潘辛戈（Chilpancingo）

乔卢拉（Cholula）

乔尔·R. 波因塞特（Joel R.Poinsett）

R

日本（Japón）

S

萨尔瓦多·阿连德（Salvador Allende）

萨尔瓦多·阿尔瓦拉多（Salvador Alvarado）

萨尔瓦多·贝穆德斯·卡斯特罗（Salvador Bermúdez de Castro）

萨尔瓦多·迪亚斯·米龙（Salvador Díaz Mirón）

萨佩（El Zape）

萨尔瓦多·诺夫（Salvador Novo）

萨尔蒂约（Saltillo）

萨克·库克（Sak Kuk）

萨卡特卡斯（Zacatecas）

萨卡特卡斯州（Zacatecas, estado de）

萨莫拉（Zamora）

萨拉曼卡（Salamanca）

桑托斯·德戈亚多（Santos Degollado）

塞尔万多·特雷萨·米埃尔（Servando Teresa de Mier）

塞巴斯蒂安·莱尔多·特哈达（Sebastián Lerdo de Tejada）

塞巴尔（Seibal）

塞维利亚（Sevilla）

塞拉亚（Celaya）

圣多明戈（Santo Domingo）

圣餐桌山（Cerro de las Mesas）

圣安德鲁斯图克斯特拉（San Andrés Tuxtla）

圣安东尼奥（San Antonio）

圣安东尼奥诺嘎纳（San Antonio Nogalar）

圣布拉斯（San Blas）

圣克里斯托瓦尔·德拉斯卡萨斯市（San Cristóbal de las Casas）

圣克里斯托瓦尔·埃卡特佩克（San Cristóbal Ecatepec）

圣何塞莫戈特（San José Mogote）

圣胡安德洛斯拉戈斯（San Juan de los Lagos）

圣胡安德乌卢阿（San Juan de Ulúa）

圣洛伦佐（San Lorenzo）

圣路易斯德拉巴斯（San Luis de la Paz）

圣路易斯波托西（San Luis Potosí）

圣路易斯波托西州（estado de San Luis Potosí）

圣米格尔格兰德（San Miguel el Grande）

圣巴巴拉（Santa Bárbara）

圣达菲（Santa Fe）

圣罗萨利亚（Santa Rosalía）

双柱城（多斯皮拉斯）（Dos Pilas）

上加利福尼亚州（Alta California，estado de）

索诺拉（Sonora）

苏维埃共和国（Unión Soviética）

T

托马斯·梅希亚（Tomás Mejía）

托里比奥·莫托里尼亚（Toribio de Motolinía）

特奥蒂瓦坎人“枭王”（Búho-Lanzadardos）

特奥多罗·德埃萨（Teodoro Dehesa）

特考克（Tecoac）

特万特佩克（Tehuantepec）

特洛洛阿潘（Teloloapan）

特诺奇提特兰城（墨西哥 - 特诺奇提特兰城）（Tenochtitlan［México-Tenochtitlan］）

特奥潘特瓜尼特兰（Teopantecuanitlán）

特奥特南沟（Teotenango）

特奥蒂瓦坎（Teotihuacán）

特奥提兰（Teotitlán）

特佩吉（Tepeji）

特佩克斯潘（Tepexpan）

特皮克（Tepic）

特拉萨斯家族（familia Terrazas）

特拉科鲁拉（Tlacolula）

特拉科潘（Tlacopan）

特拉洛克（Tláloc）

特拉帕科亚（Tlapacoya）

特拉特洛尔科（Tlatelolco）

特拉蒂尔科（Tlatilco）

特拉斯卡拉（Tlaxcala）

特拉斯卡拉州（estado de Tlaxcala）

特斯科科人（Texcoco，Tetzcoco）

特斯卡特利波卡（Tezcatlipoca）

特雷斯萨帕特斯（Tres Zapotes）

塔巴斯科（Tabasco）

塔库巴亚（Tacubaya）

塔斯科（Taxco）

塔亚萨尔（Tayasal）

塔欣（Tajín）

塔毛利帕斯（Tamaulipas）

坦皮科（Tampico）

托卢卡（Toluca）

托莫奇克（Tomochic）

托尼那（Toniná）

托雷翁（Torreón）

托卢卡谷地（Valle de Toluca）

廷加姆巴托（Tingambato）

提克斯特拉（Tixtla）

图拉（Tula）

图卢姆（Tulum）

图图特佩克（Tututepec）

图科斯潘（Tuxpan）

图克斯佩克（Tuxtepec）

图斯特拉斯人（Los Tuxtlas）

W

乌夏克吞（Uaxactún）

乌斯玛尔人（Uxmal）

威廉·塔夫脱（William Taft）

瓦莱罗侯爵（marqués de Valero）

位于米却肯的巴利亚多利德（现位于莫雷利亚）（Valladolid de Michoacán）

瓦伦丁·戈麦斯·法里亚斯（Valentín Gómez Farías）

瓦塔班波（Huatabampo）

瓦图尔科（Huatulco）

瓦哈卡州（estado de Oaxaca）

文森特 · 菲利索拉（Vicente Filisola）

文森特 · 里瓦 · 帕拉西奥（Vicente Riva Palacio）

文森特 · 福克斯（Vicente Fox）

文森特 · 格雷罗（Vicente Guerrero）

文森特 · 隆巴多 · 托莱达诺（Vicente Lombardo Toledano）

温菲尔德 · 斯科特（Winfield · Scott）

危地马拉（Guatemala）

韦拉克鲁斯（Veracruz）

韦拉克鲁斯州（estado de Veracruz）

维克托里亚诺 · 韦尔塔（Victoriano Huerta）

伍德罗 · 威尔逊（Woodrow Wilson）

亡灵之地“席巴巴”（Xibalbá）

X

西班牙（España）

西亚 · 卡克（“火生”）（Siyaj Kak）

献祭祭坛（Altar de Sacrificios）

下加利福尼亚州（estado de Baja California）

新西班牙（Nueva España）

新加利西亚（Nueva Galicia）

新格拉纳达（Nueva Granada）

新奥尔良（Nueva Orleans）

新罗西塔（Nueva Rosita）

新比斯卡亚（Nueva Vizcaya）

新拉雷多（Nuevo Laredo）

新莱昂（Nuevo León）

新墨西哥（Nuevo México）

新桑坦德（Nuevo Santander）

西尔维斯特雷·雷维尔塔斯（Silvestre Revueltas）

西劳（Silao）

西沙尔（Sisal）

锡那罗亚（Sinaloa）

希佩（Xipe）

Y

牙买加（Jamaica）

雅克布·扎布卢多斯基（Jacobo Zabludowsky）

伊格纳西奥·波尼亚斯（Ignacio Bonillas）

伊格纳西奥·拉米雷斯（Ignacio Ramírez）

伊格纳西奥·阿连德（Ignacio Allende）

伊格纳西奥·曼努埃尔·阿尔塔米拉诺（Ignacio Manuel Altamirano）

伊格纳西奥 · 伯纳尔（Ignacio Bernal）

伊格纳西奥 · 洛佩兹 · 拉永（Ignacio López Rayón）

伊格纳西奥 · 科蒙福特（Ignacio Comonfort）

伊格纳西奥 · 萨拉戈萨（Ignacio Zaragoza）

伊西德罗 · 巴拉达斯（Isidro Barradas）

伊达尔戈（Hidalgo）

伊瓜拉（Iguala）

伊瓦奇奥（Ihuatzio）

伊萨帕（Izapa）

伊察帕拉帕（Iztapalapa）

伊苏卡（Izúcar）

尤考姆大帝（Yuknoom el Grande）

尤金 · 兰德斯欧（Eugenio Landesio）

尤金 · 加尔萨 · 萨达（Eugenio Garza Sada）

尤皮钦科（Yopitzinco）

尤卡坦（Yucatán）

亚瑟 · 齐默尔曼（Arthur Zimermann）

亚克斯奇兰（Yaxchilán）

亚历山大 · 洪堡（Alejandro de Humboldt）

亚利桑那（Arizona）

亚速尔群岛（islas Azores）

意大利（Italia）

印第安（India）

英国（Inglaterra）

约翰·M. 凯恩斯（John M.Keynes）

羽蛇神（Quetzalcóatl）

Z

智利（Chile）

中国（China）

中部美洲（Mesoamérica）

珍珠港（Pearl Harbor）

詹姆斯·克里尔曼（James Creelman）

詹姆斯·加兹登（James Gadsden）

詹姆斯·波尔克（James Polk）

扎卡里·泰勒（Zachary Taylor）

兹塔瓜洛（Zitácuaro）